Connectez-vous avec Jésus et sa parole

Cliquez

Les leçons de l'éducation chrétienne

Pour les jeunes* et pour les jeunes adultes*

Livre #1

Connecter avec Jésus* et Sa Parole.
Leçons d'éducation chrétienne pour les jeunes * et les jeunes adultes *
Livre #1
Le Titre original est en Espagnol: Clic
Connecté à Christ et à sa Parole
Leçons d'éducation chrétienne pour les adolescents et les jeunes

*Publié à l'origine en Espagnol par la Maison de Publication Nazaréenne
17001 Prairie Star Parkway
Lenexa, KS 66220, USA.
Informacion@editorialcnp.com • www.editorialcnp.com
Tous droits réservés.

Publications Ministérielle *
Conceptions de couverture par Jerson Chupina *
Général en chef des conceptions de dessein texte, Jerson Chupina et Daniel Aguilar *

Catégorie: Education chrétienne.

Traduit par: Marc Versil, Dezama Jeudi

Cette edition est publiée par Discipolat Nazaréen International (DNI) - Région Mésoamérique Eglise du Nazaréen

Rev. Monte Cyr

www.DNIRessources.MesoamericaRegion.org

discipleship@mesoamericaregion.org

ISBN: 978-1-56344-098-4

Droit d'auteur © 2017
Modifié: 2022

Permissions:

Lorsque vous achetez ce livre, l'autorisation n'est accordée que pour copier ou / et photocopier les pages de travail des leçons. Ces droits ne sont autorisés que pour l'utilisation dans les églises locales et non à des fins commerciales.

DISCIPULAT NAZARÉEN
INTERNATIONAL
RÉGION MÉSOAMÉRIQUE

Table des Matières

Présentation		5
Aide pour les enseignants		6

Première unité • Intendance

Leçon 1:	Quelle est la valeur de l'argent?	9
Leçon 2:	Travailler 'Quelle Peine!	12
Leçon 3:	Gérants ou Propriétaires?	15
Leçon 4:	Qui peut vous aider?	18
Leçon 5:	Conserver aujourd'hui pour demain.	21
Leçon 6:	Emprunter ou donner?	25
Leçon 7:	Apprendre à donner	29
Leçon 8:	Notre maison	32
Leçon 9:	Contrôle toi, toi-même!	36
Leçon 10:	Créé pour Dieu?	39
Leçon 11:	Vivre la vie!	43

Deuxième unité • Les hommes et les femmes de la Bible

Leçon 12:	Atteindre la promesse	47
Leçon 13:	Miracle de la Santé	50
Leçon 14:	Femme, vous avez la patrimoine	53
Leçon 15:	Elle a dit: Oui, Seigneur	57
Leçon 16:	On peut changer	60
Leçon 17:	Transformé!	63
Leçon 18:	Seconde chance	66
Leçon 19:	Aller soeur!	69

Troisième unité • Temple du Saint Esprit

Leçon 20:	Je suis un temple.	72
Leçon 21:	Comment dois-je manger?	76
Leçon 22:	La liberté de dire non.	80
Leçon 23:	Sexe du bon!	84
Leçon 24:	Méfiez-vous! Danger!	87
Leçon 25:	Habitudes des habitudes!	91
Leçon 26:	Fixer des limites!	95
Leçon 27:	Un jeune pur	99
Leçon 28:	Décès silencieux	102
Leçon 29:	Mmm, quelle tentation!	105

Quatrième Unité • Chrétiens et les croyances d'aujourd'hui

Leçon 30:	Pourquoi suis-je chrétien?	108
Leçon 31:	Pourquoi suis-je un Nazaréen?	111
Leçon 32:	Culte	114
Leçon 33:	Nouvelle ère	118
Leçon 34:	Occultisme	122
Leçon 35:	Satanisme	126

Cinquième Unité • Émotions

Leçon 36:	Les Différences	130
Leçon 37:	Petit miroir, petit miroir	133
Leçon 38:	Rencontre unique	136
Leçon 39:	Comptez jusqu'à 10	139
Leçon 40:	Joug inégal	143
Leçon 41:	Tout pour Jésus	146
Leçon 42:	Véritable amour	149
Leçon 43:	Comment ça fait du mal!	152
Leçon 44:	Option ou commande?	156
Leçon 45:	L'ennemi Intime	159

Sixième unité • Le projet de vie

Leçon 46:	Créé pour un but	162
Leçon 47:	24 heures	165
Leçon 48:	Citoyen du ciel	169
Leçon 49:	Faible mais fort	173
Leçon 50:	Approuvé ou désapprouvé	176
Leçon 51:	L'utilité de rêver	179
Leçon 52:	Pèlerin responsable	182

Présentations

Félicitations pour l'acquisition de ce livre avec des leçons d'éducation chrétienne pour les adolescents et les jeunes adultes.

En tant que professeur aux jeunes et les jeunes adultes, vous serez heureux de savoir que le matériel que vous avez dans vos mains est 100% biblique et qu'il a été préparé spécialement pour les jeunes et les jeunes adultes. Chaque leçon a été préparée par une équipe de personnes qualifiées dans les différents sujets et savent très bien les jeunes et les jeunes adultes d'aujourd'hui.

Dans les pages suivantes, vous trouverez 52 leçons, divisées en six unités thématiques. Les unités n'ont pas la même quantité de leçons, mais elles varient en fonction de leur importance et les sous sélectionnés actualités.

Bien que ce livre a été conçu, la compréhension des caractéristiques typiques et des besoins de 2 groupes d'âge: les jeunes de 12 à 17 ans et les jeunes adultes de 18 à 23 ans, de toute façon vous pouvez vous sentir libre de l'adapter aux besoins et aux possibilités que vous avez dans l'église locale.

Dans chaque leçon, vous trouverez les sections suivantes:

- Au début de chaque leçon, vous trouverez une boîte avec un avertissement. Cela vous aidera à suivre la section Défi présentée à la fin de la leçon précédente.
- L'objectif de la leçon. Ce qui devrait être atteint ou atteint d'ici la fin.
- Pour mémoriser : Une partie importante dans l'apprentissage, c'est la mémorisation. Pour cela, nous vous suggérons de mémoriser et d'encourager aux élèves de mémoriser les textes bibliques de chaque leçon.
- La section «Connecter», qui est l'introduction au sujet. Voici la dynamique d'introduction pour chaque âge.
- La section «Telecharger» Est le développement de la leçon.
- La section «Révisez / Application» est l'endroit où vous trouverez l'activité pratique. Dans ce livre, vous avez les réponses à chaque activité. Nous sommes conscients que grâce à cette activité, vous serez en mesure de donner votre avis et de fixer le principe fondamental dans l'esprit et le cœur de vos élèves.
- Défi : Finalement, c'est un défi personnelle à réaliser durant la semaine. L'idée est d'aller au-delà de la classe. Faire vivre le cours par chacun des participants au cours.

Nous espérons que ce matériel est maximisé à son église locale et à travers lui et pour aider les adolescents et les jeunes et la santé, les sectes, l'administration et la vie spirituelle, entre autres sujets dans ce livre.

Patricia Picavea
Rédacteur en Chef, Publications Ministérielles

Aide

Pour les enseignants

Enseigner la Bible est un privilège que Dieu nous donne, mais c'est une grande responsabilité, et que l'éducation doit être fondée sur la Parole de Dieu. Par conséquent, nous devons être très prudents dans les Écritures. Dans la poursuite de l'objectif de ce que Dieu veut communiquer à travers les écrivains bibliques.

Dans ce travail, sans aucun doute, vous apprendrez plus à étudier et à enseigner chaque leçon. Alors, soyez reconnaissants pour le privilège d'approcher les Écritures et puis l'enseigner aux autres. Faites de chaque rencontre avec la Bible un moment intime avec le Seigneur. Pensez que le Seigneur lui-même enseigne avec amour et patience pour vous de grandir et d'enseigner aux autres tout ce qu'Il a enseigné (Mathieu 28:20).

Ci-dessous, nous incluons quelques suggestions que nous espérons pouvoir vous aider à préparer et mieux présenter chaque leçon.

Préparation de la Leçon

1. Avant de préparer chaque leçon, prier Dieu pour la sagesse et le discernement pour comprendre les passages Bibliques de l'étude et de les appliquer à votre vie. Aussi, priez pour vos élèves d'être réceptifs à vous enseigner la Parole de Dieu. Car au milieu des situations particulières qui vivent de la Parole de Dieu pour être utile, la force et l'orientation.

2. Préparer un endroit sans distractions pour étudier la leçon. Un endroit où vous avez une table ou un bureau. Il est important d'avoir une certaine utilité comme les feuilles, stylos, crayons, gomme, entre autres.

3. Outre du livre Cliquez également sur le besoin de la Bible, et il sera extrêmement utile d'avoir des versions différentes. Aussi, essayez d'avoir un dictionnaire de la langue, un dictionnaire de la Bible et quelques bons commentaires bibliques liés au sujet de la leçon.

4. Lire le but de la leçon à plusieurs reprises. Savoir où vous voulez obtenir la voie facile.

5. Mémorisez le verset Biblique. Vous devez être un exemple de ce que vous allez enseigner.

6. Lisez la leçon autant de fois que nécessaire. Connaissant le sujet en profondeur va vous aider à développer votre classe.

7. Le livre est conçu pour les jeunes des deux groupes d'âge (12-17 et 18-23 ans). Lisez donc l'introduction dynamique pour le groupe qui en a la garde. Pratiquer pour s'assurer qu'il est réalisable. Vérifiez si vous avez besoin de prendre un peu de matériel supplémentaire à la classe.

8. Regardez dans la Bible et lire chaque référence biblique qui est indiquée. La lecture de pratique, en particulier les passages qui sont difficiles à prononcer les mots.

9. Pendant que le livre est le développement de la leçon, il est bon que vous fassiez votre propre résumé pour vous guider dans la classe. Écrire sur une feuille le nom de la leçon, les points clés en développement et un résumé de l'étude de la leçon, point par point. Rédiger et mettre en évidence les citations bibliques qui seront lus pendant la classe.

10. Trouver le sens des mots inconnus, de sorte que vous puissiez mieux comprendre la leçon.

Présentation de la leçon

1. Soyez le premier à aller en classe et fixer le lieu de la meilleure façon possible. À chaque nouvelle apparition, vous pouvez modifier la disposition des chaises, ardoises, etc. Cherchez des façons de créer un environnement agréable pour le développement du genre. Rappelez-vous qu'un bon environnement prédispose de bonnes attitudes des participants.

2. Commencez toujours à l'heure.

3. Commencez par accueillir les élèves. Cela vous permet de créer un environnement d'apprentissage agréable. Connaître le nom de chacun, trouver des moyens pour retenir le nom des nouvelles personnes.

4. Commencez la classe avec une prière, demandant au Seigneur de nous aider à comprendre sa Parole et prendre la disposition à obéir.

5. Commencez par l'introduction dynamique, cela vous aidera à entrer dans le sujet.

6. Tapez le titre du point 1 et commencer à expliquer. Utilisez le tableau blanc et un autre comme une ressource pédagogique pour enregistrer les explications. Lorsque vous avez terminé l'article 2, entrez le titre de l'article 3 et ainsi de suite. Mettre en évidence les aspects importants du sujet.

7. Générer la participation de toutes les personnes dans la classe. Formez des groupes de travail pour élaborer un point. Demandez à vos élèves de trouver des citations bibliques, les lire et de commenter. Et qu'ils donnent leurs points de vue. Demander la participation des personnes qui, pour une raison quelconque, ne participent pas. Ne pas critiquer toute intervention, être courtois et ne pas éviter des discussions difficiles au lieu de mauvais conseil de la parole de Dieu.

8. Prenez un moment pour commenter et d'appliquer les vérités bibliques apprises en classe, à notre vie quotidienne.

9. Encouragez-les à inviter d'autres jeunes à la classe suivante. D'une manière créative, de leur donner un aperçu de ce que sera la prochaine leçon. Créer l'attente sur les jeunes.

10. Terminer la classe avec la prière. Faire différemment chaque jour.

Autres suggestions

1. Objectifs et avantages: vous pouvez offrir un prix facile pour les étudiants au cours de chaque classe ou de l'unité:
   - Mémoriser tous les textes bibliques
   - Assister rapidement à toutes les catégories de classe

2. Mémorisation. Une chose importante dans l'apprentissage est la mémorisation de la bible. Vous devez être conscient que de plus en plus on mémorise quelque chose, elle devient compréhensible. Alors, aidez vos élèves à comprendre chaque texte biblique à mémoriser. Cela peut aider à une lecture ou d'écriture dans les différentes versions de la bible, en expliquant le sens des mots difficiles et de les aider à appliquer le texte à une situation réelle de leur vie. Ce qui suit sont des gens que, nous espérons aider dans la tâche de mémorisation et de mémoriser la parole de Dieu. Bien sûr, vous voulez choisir l'activité qui convient le mieux à votre situation. Pensez à la quantité de personnes dans votre classe, de leurs caractéristiques, les équipements et les ressources.

- Tapez le texte sur le tableau et que la leçon se déroule, on efface les mots que les étudiants mémorisent. Donner un prix à la première personne qui arrive à le dire correctement.

- Formez des équipes de plus de quatre personnes. Chaque équipe passe les cartes avec les mots du texte à mémoriser (un mot par carte). Donnez un ou deux minutes pour que, sans regarder la feuille de calcul ou de la bible, de faire l'armement du texte correctement et tous les membres de l'équipe vont mémoriser. Donner un prix à l'équipe gagnante.

- Masquer le texte quelque part dans la salle de classe. De temps à trouver et mémoriser. Celui qui réussit sera le vainqueur. Ne pas oublier un prix!

- Assurez les stations dans des différentes parties de la salle de classe. Dans chaque leçon qui se déroule. Avant de commencer chaque point du verset mémorisé. Il est prévu qu'à la fin de la leçon que nous avons tous en mémoire.

- Faire deux groupes et demandez à chacun les gestes appris. Après quelques minutes, nous avons tous en mémoire les gestes qui doivent exposer à l'autre groupe.

- Divisez la classe en plusieurs groupes afin de mémoriser le texte. Le premier groupe à mémoriser et réciter ensemble sans erreurs recevra un cadeau ou un prime.

Quelle est la valeur de l'argent ?

Leçon 1
Rebeca López • Mexique

Objectif : Les élèves découvriront la valeur réelle de l'argent au cours de la vie du chrétien.

A mémoriser : « Jésus a dit: Si tu veux être parfait, va, vends tout ce que tu possèdes, donne-le aux pauvres, et tu auras un trésor dans le ciel. Puis viens, et suis-moi » Mathieu 19:21.

Connecter | Télécharger

Introduction dynamique (12-17 ans).

- Matériaux : papier et crayon.
- Itinéraire : Écrire sur le bord de la déclaration suivante cette question: Si vous aviez beaucoup d'argent (mettre un montant élevé, en fonction de chaque pays) que feriez-vous avec? Cet exercice servira à refléter ce qu'ils apprécient, la pertinence des jeunes dans la classe et nous allons produire l'intro de l'émission.

Introduction dynamique (18-23 ans).

- Matériaux : cartes et un crayon.
- Itinéraire : écrire sur le tableau ou sur une carte la déclaration suivante: Si vous-avez cette somme d'argent (un montant élevé, selon les pays) que feriez-vous avec? Ils écriront ce qu'ils pourraient faire avec le montant mentionné. Quand ils auront terminé, chacun va devoir dire à haute voix ses réponses. En cas de réponses différentes ils doivent dire pourquoi ils ont donné cette réponse et enfin on discutera ensemble sur les réponses donnée.

Saviez-vous qu'une personne peut devenir aveugle pour l'argent? C'est vrai! Pour l'argent, une personne peut rester sans voir la famille, sans voir les gens autour de lui, sans voir le monde dans le besoin, qui se développe chaque jour et il est près d'elle. Mais surtout sans voir la Parole de Dieu.

Connecter | Télécharger

L'argent a été et est quelque chose d'important dans la vie quotidienne des gens. Il travaille, entre autres raisons, pour l'argent, avec lequel on achète et on vend. Il y a un dicton populaire: "presque tout ce que vous pouvez acheter, se fait avec de l'argent." L'argent est venu de résoudre les complications qui ont été générées avec le troc (échange de produits ou de services), qui a été utilisé pour acquérir et fournir des biens et services dans la société. L'argent que nous utilisons pour acheter, à payer pour les services et/ou notre économie permet de sauvegarder. Mais avez-vous déjà demandé qu'est ce que l'argent? Oui, ils sont des morceaux de papier et de métal. Esthétiquement belles pièces parfois pas nécessairement belles, cependant, il y a à peine une personne sur cette terre qui ne souhaite pas l'avoir et peu importe combien d'argent qu'on arrive à avoir, on veut toujours avoir plus.

Dans la bible, Jésus se trouve dans une conversation avec un jeune «riche» qui dit: «Si tu veux être parfait, va, vends tout ce que tu possèdes, donne-le aux pauvres, et tu auras un trésor dans le ciel et venez me suivre. Le jeune homme se tourne, s'en alla tout triste, car il avait de grands biens » (Mathieu 19:21-22). Pour l'attitude que montre ce jeune homme nous permet de comprendre la valeur de l'argent. Il est nécessaire de trouver le bon chemin, à voir la valeur réelle de l'argent, c'est pour nous servir et non pour le servir. L'amour de l'argent et le désir d'avoir de nombreux biens ne sont pas les derniers numéros, mais ils sont très vieux, si la Bible mentionne. « Parce que la racine de tous les maux, c'est l'amour de l'argent... » (1 Timothée 6:10).

1. La valeur de l'argent

L'argent est artificielle, il doit être gagné d'une manière honnête et utilisé avec sagesse. Les Ecritures indiquent que l'argent protège contre la pauvreté et les problèmes qu'elle entraîne et permet aux gens d'acquérir des objets indispensables dans la vie. Pas pour chérir, mourir parce que nous ne prenons rien. Dans notre vie quotidienne, il est fréquent d'entendre les commentaires liés à l'argent, surtout avec l'absence de celui-ci. Il y a quelques années dans une classe de collège, nous avons eu un livre très intéressant " Avec le consumérisme et nouveaux pauvres», et le titre a beaucoup à dire. Dans ce livre soulève la grande problématique nous amène à la situation politique et économique qui gouvernent le monde. Le principal problème était la valorisation des marques, aujourd'hui comme vue mais peu importe comment vous habiller c'est la marque qui compte, et pas assez pour répondre aux besoins, mais les goûts qui font de la société une société de consommation. En bref, il semble que plus d'argent pour les besoins de base (nourriture, logement et habillement), est de remplacer la vanité.

Si nous nous arrêtons pour voir nos possessions, être honnête avec nous-mêmes et nous demander: Combien de ce que nous avons réellement besoin ou pour le plaisir? Quelle sera notre réponse? Un des problèmes que nous voyons, c'est que l'argent est de plus en plus insuffisant. D'une part, c'est certain, sans comprendre beaucoup sur l'économie, nous constatons que l'histoire économique mondiale traverse un moment dificile et la monnaie est dévaluée tous les jours. En plus de ces situations, il y a un problème en grande partie invisible : l'argent ne suffit pas, car le marché offre des produits de plus en plus inutiles, mais très frappant et croient à tort que l'on donne une valeur supplémentaire si vous en avez. La bible dit dans I Timothée 6.9 : « Mais ceux qui veulent s'enrichir tombent dans la tentation, dans le piège et beaucoup de désirs insensés et pernicieux qui plongent les hommes dans la ruine et la perdition. "L'homme travaille et fonctionne comme si pour obtenir acheter le dernier produit mis en vente, donc lui donner le bonheur éternel est d'acheter tout et rien ne se passe, la semaine prochaine obtenir les mêmes produits " mise à niveau ", qui Retourne au désir, tombant ainsi dans un cercle vicieux. C'est ce que Dieu appelle insensé dans Sa Parole.

Donc, nous ne pouvons pas dire que l'argent est mauvais ou bon ou c'est le diable. L'argent est d'une grande utilité pour les personnes et les chrétiens ne peuvent pas nous exclure et dire : Nous n'avons pas besoin de l'argent. Mais la valeur que nous donnons est totalement différente que le monde donne. Demandez aux élèves: Quelle valeur faut-il croire que les chrétiens donnent à l'argent?

2. L'utilité de l'argent

Commencez par demander aux élèves pourquoi l'argent est-il utile? Quels sont les problèmes que peut apporter l'amour de l'argent? vous suggère de regarder les passages suivants: I Timothée 6:7-10, 17 et 18.

L'argent a la capacité de répondre à nos besoins de base tels que : la nourriture, l'éducation, l'habillement et le logement, tout le reste est pure vanité, «...avoir de la nourriture et des vêtements et cela nous suffit» (I Timothée 6:8). Comment utilisons-nous l'argent que nous faisons ou pas?

Nous en tant que chrétiens, nous savons que l'argent nous aide à répondre à nos besoins et nous devons également reconnaître que pour beaucoup de goûts inutiles.

Nous ne devrions pas avoir de la difficulté à obtenir de plus en plus d'argent, mais nous devrions être heureux avec ce que nous avons. Nous devons dire clairement que nous n'avons pas la peine pour ce que nous n'avons pas, mais pour que nous soyons comme son peuple. Pourquoi devrions-nous utiliser l'argent que nous gagnons?

Dans plusieurs passages de la Bible, nous pouvons trouver une bonne utilisation de l'argent, par exemple dans Ephésiens 4:28 nous dit de travailler et de gagner de l'argent pour avoir à partager et 2 Thessaloniciens 3:7-12 nous dit de travailler et de gagner de l'argent pour avoir pour notre subsistance. Ensuite, nous voyons l'argent à partir d'une nouvelle perspective : pas de satisfaire ou à thésauriser, mais pour servir Dieu pour le personnel de soutien et de faire ce qui est bon, c'était l'enseignement que Dieu avait pour le jeune homme dans Mathieu 19:21. L'argent en soi n'est pas mauvais ou bon, mais nous pouvons dire que c'est bon ou mauvais, l'usage que nous en donnons.

3. La gestion de l'argent

Commencez par demander aux élèves ce que nous trouvons dans ces passages comme problème concernant la non partage de ce que nous avons ? Quels avantages pouvons-nous avoir en partageant ce que nous avons avec les autres ? Suggérer les à chercher les passages suivants: Mathieu 19:21-22 et 2 Corinthiens 9:6-8. En tant qu'enfants de Dieu, nous devons montrer qui est notre Père, dans la gestion de notre argent. Nous devons être très conscients du fait que l'argent est fourni par Dieu et lui seul, pas la nôtre, mais il faut l'administrer. Les gens essaient de remplir leur vie avec l'argent et les possessions parce qu'ils sont dans une telle consommation de la société plutôt que les chrétiens comprennent que Dieu a fourni absolument tout et nous avons encore à donner. En tant que chrétiens, si nous cherchons le royaume de Dieu, nous n'allons pas manquer de quelque chose pour notre gagne-pain, c'est la promesse dans Mathieu 6:32-33. La vision chrétienne de l'argent comme une disposition de Dieu pour votre vie et devient un acte de foi, l'espérance que Dieu pourvoira à tous nos besoins.

L'argent est une bénédiction, une bénédiction et nous demandons la sagesse pour gérer correctement, être prêts à donner notre voisin et servir le Seigneur. Nous prenons en compte les conseils de John Wesley: "Gagnez tout ce que vous pouvez, économisez tout ce que vous pouvez et donnez tout ce que vous pouvez."

Nous devons penser à la façon de répartir notre argent afin que nous pouvons pratiquer tout ce qui est de Dieu, nous atteignons les besoins de base et pourtant nous avons laissé à partager avec les autres et si possible d'économiser de l'argent. Cela est possible si nous voyons l'argent n'est pas une fin en soi mais comme un moyen de bénédiction que Dieu nous donne pour bénir les autres aussi. 2 Corinthiens 9:6-8 nous encourage à être des chrétiens généreux qui non seulement pensent à nos besoins, mais aussi les besoins des autres. Nous allons tester notre capacité à donner. Combien de fois nous avons rompu un bien ou de l'argent pour notre prochain dans le besoin, ou l'œuvre de Dieu dans notre église ? Nous les étudiants et certains travailleurs n'ont pas une économie libre, nous ne pouvons pas avoir un revenu fixe si nous n'avons pas un emploi stable, ou si nous ne travaillons pas encore, mais nous avons tous quelque chose à donner. En général, nous donnons le peu de ce qui nous est revenu, ainsi nous prenons l'habitude d'exercer de façon désintéressée la pratique de la générosité.

Révisez/Application :

Il faut que chaque élève réponde aux questions suivantes puis partagez-les avec la classe. En tant qu'enseignant, vous pouvez répondre aux questions en tenant compte de ce qui a été exposé dans la leçon.

1. Quelle est la différence qui existe entre ce qui est vanité et un besoin ? *La vanité est quelque chose de superficiel, un goût, une mode qui marque la société. Le besoin est fondamental dans la vie.*

2. Selon Éphésiens 4:28, que devrions-nous faire de l'argent ? *Partager avec ceux qui sont dans le besoin.*

3. Quel est le conseil que Wesley nous donne ? *Gagner autant qu'on peut, économiser autant qu'on peut et donner autant qu'on peut.*

4. Quelle est l'utilité et la valeur de l'argent ? *L'argent est utile pour les besoins de base. En termes de rapport qualité/prix, ce n'est ni bon ni mauvais. Sa valeur est déterminée par l'usage que nous lui donnons.*

Défi :
Maintenant, pensez à quelqu'un autour de vous qui n'a pas quelque chose que vous avez et partagez-le. S'il y a quelque chose que vous avez en tête et que vous en voulez beaucoup, réfléchissez à sa nécessité, puis décidez si vous devriez l'acheter ou mieux le partager avec quelqu'un ou l'offrir dans un but précis dans l'église. Écrivez ce que vous allez partager. Engagez-vous envers Dieu dans la prière pour partager ce que vous avez promis.

Travailler 'Quelle Peine!

Leçon 2

Patricia Picavea • Guatemala

Objectif : Les élèves vont comprendre la responsabilité que nous avons devant Dieu pour notre travail.

A mémoriser : « Tout ce que vous faites, faites-le de bon cœur, comme pour le Seigneur et non pour des hommes » Colossiens 3:23.

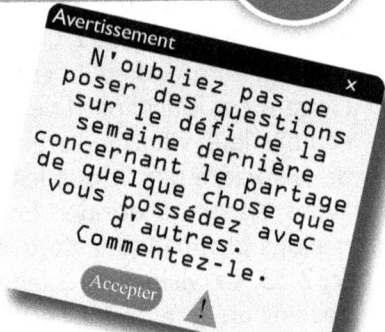

Avertissement
N'oubliez pas de poser des questions sur le défi de la semaine dernière concernant le partage de quelque chose que vous possédez avec d'autres. Commentez-le.
Accepter

Connecter

Introduction dynamique (12-17 ans).

- Matériaux : chacun reçoit un papier et un crayon.
- Instructions : Demandez aux élèves de former un cercle. Donnez un petit morceau de papier et un crayon pour chaque élève. Puis leur demander d'écrire le nom d'un emploi ou une profession que vous souhaitez jouer, (maçon, peintre, architecte, médecin, cuisinier, gestionnaire, etc.) Sans que personne ne voit ce que l'autre ecrit. Ensuite, demandez à chaque élève de quitter sa place et demander à l'autre ce qu'il écrit, ceux qui ont la meme profession ou ceux qui ont des professions qui se correspondent vont se regrouper et vous les ferez partager les raisons pour lesquelles qu'ils aiment ce travail. Si certains étudiants ne trouvent pas de personnes ayant le meme choix qu'eux, demandez-les de dire pourquoi ils aiment ce travail, de sorte que tout le monde puisse participer.

Introduction dynamique (18-23 ans).

- Matériaux : chacun reçoit une feuille de papier et un crayon.
- Itinéraire : Demandez à chaque élève de mentionner les caractéristiques qu'ils pensent qu'un emploi idéal peut avoir et puis demandez-leur de partager ce qu'ils ont écrit avec le groupe.

Aussi, vient généralement avec le travail le mécontentement, soit par l'insuffisance des salaires, d'innombrables responsabilités ou des pressions excessives, et pourquoi ne pas dire que c'est la crainte de perte d'emploi. Le travail fait partie de la vie humaine. Notre travail occupe une grande partie de notre temps et nous utilisons nos capacités en elle. Pour être satisfaits de notre travail, les Écritures nous enseignent que tout ce que (y compris le travail), nous faisons, faisons le comme pour le Seigneur.

Télécharger

Aujourd'hui, plusieurs personnes imaginent une journée de travail de plus de huit heures, sans être fatigué le samedi et le dimanche ou l'un des deux ou n'importe quel jour de la semaine et d'autres ont droits aujourd'hui aux vacances, les primes, l'assurance médicale, etc. Au XVIe siècle, les conditions de travail étaient très différentes, les heures de travail pourraient être jusqu'à 16 heures avec des emplois qui ont commencé à 4 heures pour terminer à 20 heures. Cependant, bien que dans de nombreux cas, les conditions se sont améliorées, il y a beaucoup de désaccords. Aujourd'hui, il essaie de promouvoir " jeu au travail" mais pas tous les lieux de travail peuvent installer dans leurs entreprises des salles de massage, relaxation, des tables de billard, etc. Ce que nous voulons établir, c'est l'état d'esprit des travailleurs, afin d'accroître l'efficacité du travail.

1. Qui a inventé le métier ?

La Parole nous enseigne que le travail a été institué par Dieu avant la chute. Lisons Genèse 2:15. La première chose que Dieu a faite avec Adam, il l'a mis au travail (Genèse 2,19). Le travail a été créé pour le bénéfice des êtres humains, même si certains ne le croient pas. Le travail n'est pas une conséquence du péché. Il y a une malédiction après la chute, le travail est devenu plus difficile (Genèse 3:17-19), mais c'était la punition pour le péché, mais le travail aide les gens, donc dans Exode 20:09, Dieu dit : « Pendant six jours tu travailleras et tu feras tout ton ouvrage... ». D'autre part, Dieu lui-même travaillé comme Exode 20.11.

2. Pourquoi devons-nous travailler ?

Le travail est un bien qui vient de Dieu et grâce à lui prévu pour notre subsistance, l'Ecclésiaste 5:18 dit : « Voilà donc le bien que je l'ai vu pour être bon à manger, à boire et jouir d'une bonne de toute la peine qu'il se donne sous le soleil tous les jours de sa vie que Dieu lui donne ». Ce passage nous enseigne que nous devons apprécier le travail et les récompenses qu'elle apporte et ne devrait pas irriter ou de nous modifier pour eux.

Dans la Bible, nous trouvons ce qui suit :

- Si nous sommes fidèles Dieu qui nous fait prospérer dans le travail. Cette vérité doit être la motivation de notre performance en tant que salariés. Beaucoup n'ont pas eu la chance de s'épanouir dans leur travail et leur vie sont frustrés parce qu'ils ne comprennent pas cette vérité, Genèse 39:2-3.

- Dieu nous donne les compétences. Exode 36:1 nous montre cette vérité. Dieu nous donne des capacités uniques. Il n'ya pas de personne mieux que l'autre, mais Dieu nous a donné des compétences différentes. Cela nous développe et à tirer la meilleur partie.

- Dieu contrôle notre promotion. Psaume 75:6-7 nous montre que ce n'est pas dans notre tête, mais la hausse Dieu. Cela doit changer notre attitude au travail.

L'enfant de Dieu doit faire tout ce qui vient à sa main de la meilleure façon, dans Ecclésiaste 9:10 dit, « Et tout ce qui vient à votre main, faites-le de toutes vos forces, dans la tombe, où vous allez, pas de travail et pas de plans » (version internationale) quand il dit que tous, y compris le travail aussi bien.

Des années plus tard Paul dans Colossiens 3:22-25 se réfère aux serviteurs de les envoyer à obéir à leurs maîtres selon la chair, ne servant pas quand elle est perçue comme servant bien, même quand ils ne sont pas contrôlés ou non d'être vus. Tout ce travail se fait dans le cœur de faire cette réflexion que le service de Dieu et fait partie de la déposition, si le travail est laïque ou chrétienne ou si la tête est bonne ou mauvaise. Selon l'apôtre, absolument tout ce que vous faites est vu par Dieu que nous prétendons aimer et servir l'apôtre nous motive à faire tout ce qui vient du cœur.

3. Pourquoi devrais-je travailler ?

La Bible encourage à tout faire avec diligence et d'excellence. Jamais un chrétien, il ne devrait réagir avec la paresse ou la médiocrité. Dans 2 Thessaloniciens 3:8-9

l'apôtre écrit une expression courante chez les Hébreux « Ni ne nous mangeons le pain de personne » ce qui inclut l'idée de gagner sa vie, l'apôtre affirme qu'on ne doit pas accepter de manger de la nourriture de quelqu'un sans avoir à payer pour cela. L'apôtre fait allusion à ce que personne ne devrait être conservé ou qui vit aux dépens du travail d'un autre.

Dans 2 Thessaloniciens 3:10 poursuit en disant « Lorsque nous avons dit que nous étions avec vous, sauf si on est prêt à travailler sinon on n'a pas le droit de manger » (version actuelle) Ce verset montre clairement qu'il s'agit d'une exhortation pour les gens qui voulaient travailler. Vous pouvez ralentir les gens qui demandaient de la nourriture à l'église, et Paul commande de travailler, cela vaut la peine pour les gens afin d'avoir leur nourriture quotidienne. C'était une règle générale pour les pauvres gens qui devaient travailler tous les jours pour gagner leur vie et avoir à manger.

Devrait-il être clair que le passage ne traite pas avec des gens qui ne trouvent pas de travail, ou ceux qui ont un handicap, il se réfère uniquement à ceux qui refusent de travailler. Se référant aux travaux, en tant que chrétiens nous devons être prudents. En aucun cas, nous devons travailler pour interférer avec le service de Dieu, parce que si vous êtes en admettant les faits que le travail vient en premier dans la vie et non pas Dieu, Mathieu 6:33. Il est important de garder le sabbat. Le mandat de l'Ancien Testament est très utile aujourd'hui. Le corps est comme une machine et que vous devez avoir votre temps de repos. C'est souvent difficile quand il est sous pression ou un travail de pression économique ou d'étude, mais il est important d'appliquer la foi et la conscience de travailler dur six jours, prier pour que le Seigneur rendre notre temps sur ce que nous faisons. Le Seigneur lui-même a institué une journée de repos Exode 20:8-11, pour la santé physique, mentale et spirituelle. Ne négligez pas la santé a également été donné par le Seigneur. Le travail est très important pour assurer la subsistance, mais également important, car il contribue à développer le caractère du travailleur. Le travail crée la discipline, la diligence, la compétence, la modération, la responsabilité et le leadership (dans certains cas).

Révisez/Application :

Classez les élèves en groupes pour répondre aux questions, puis partagez avec la classe.

1. Qui a inventé le travail et pourquoi ? *Dieu, pour gérer la création, la subsistance et l'épanouissement personnel.*

2. Que nous enseigne la lettre de 2 Thessaloniciens 3 :6-12 sur le travail ? *Aucun chrétien ne devrait être associé à la paresse ou à la médiocrité. Chacun doit travailler pour son soutien.*

3. Quels principes de réussite dans le travail obtenons-nous du témoignage de Joseph dans Genèse 39:1-5 ; 21-23 ; 41h39 ? *Si nous obéissons à Dieu et nous comportons correctement dans notre travail, Il sera avec nous et tout fonctionnera pour le bien.*

4. Selon Colossiens 3:22-24, même avec notre travail nous servons Dieu. Est-ce vrai dans votre vie ? Quelle direction ?

5. Ecclésiaste 9:10 Que nous laisse-t-il enseigner ? *Tant que nous avons la vie, nous devons faire de notre mieux dans tout ce que nous faisons.*

Défi : Quelle attitude as-tu dans tes études, la collaboration à la maison, le service à l'église ou dans ton travail ? Examinez votre vie et prenez la décision de changer. Chaque jour, lorsque vous vous réveillez, répétez le texte. Le soir, écrivez comment ça s'est passé et partagez-le dimanche prochain avec vos camarades de classe.

Gérants ou Propriétaires?

Leçon 3

David Bonilla • Costa Rica

Objectif : Les élèves comprendront que tout ce qu'on possède est pour le Seigneur et on est qu'un intendant de ses biens.

A mémoriser : « Celui qui est fidèle dans les moindres choses l'est aussi dans les grandes, et celui qui est injuste dans les moindres choses l'est aussi dans les grandes » Luke 16:10.

Avertissement

Renseignez-vous sur le défi de la semaine dernière. Permettez-leur de s'exprimer par rapport à ce qu'ils ont fait ou n'ont pas fait et pourquoi. Aidez-les à réfléchir à la nécessité de suivre l'exigence biblique de servir.

Accepter

Connecter | Télécharger

Etre né de nouveau en tant que chrétiens, les gens sont confrontés à un certain nombre de défis et de nouvelles connaissances que l'action de la demande et de la pratique dans la vie quotidienne. Le défi de donner le « je » pour faire la volonté de Dieu est peut-être le plus grand conflit avec lequel vous aurez à faire face dans votre vie. Ce sera un dilemme de goudron confronté chaque jour, Jésus lui-même a souligné, en disant: « Si quelqu'un veut venir après moi, qu'il renonce à lui-même, qu'il se charge chaque jour de sa croix, et qu'il me suive. » (Luc 9:23).

Introduction Dynamique (12-17 ans).

- Matériaux: papier à la main de rupture et un crayon.

- Instructions: Demandez à chacun d'écrire et de présenter une liste de 10 choses qu'il possède et qu'il aime beaucoup. Pour énumérer, on doit mettre avant le pronom possessif ma, par exemple: mon téléphone, mon ordinateur, mon portefeuille, mes bagages, etc.

  Demandez-leur ensuite de réfléchir sur le Psaume 24:1 «A l'Éternel la terre et ce qu'elle renferme, Le monde et ceux qui l'habitent! " et les aider à penser que tout ce qu'ils ont, est au Seigneur non seulement en théorie mais aussi en pratique.

  Une fois terminé, dites leur d'écrire à nouveau toutes les choses qu'ils ont mentionné dans la liste mais surtout en utilisant l'adjectif possessif (ton) par exemple: Ton téléphone, ton ordinateur, ton portefeuille, tes bagues, etc.

Introduction dynamique (18-23 ans).

- Instructions: Demandez-leur d'expliquer la différence entre gérant et le propriétaire.

  À partir de ce qu'ils ont écrit de chacun de ces mots, on formera alors une définition en une phrase. Puis commencer par le thème et utiliser ces définitions à la fin dans le temps de travailler dans la feuille de l'élève.

Connecter | Télécharger

L'homme, par nature est égoïste, a tendance à penser de son «Je» et rien de plus. Un des moments qu'on peut mieux le constater c'est chez les enfants de moins de 4 ou 5 ans, qui exigent pour eux-mêmes et de déclarer la possession d'absolue, toutes les choses qui sont autour d'eux, y compris l'attention de leurs parents, les soignants adultes et leurs amis dans le match.

Même si, au fil des ans, il y a un processus de maturation, la tendance à penser " que moi " persiste tout au long de la vie.

A la naissance du Christ, commence le conflit avec cet aspect, comme l'objectif, selon les mots de Paul, doit être que « ce n'est plus moi qui vis, mais c'est Christ qui vit en moi » (Galates 2:20 adaptation). Ce dilemme prend une autre dimension face à l'idée biblique que les choses que l'homme prétend avoir, même la vie, ne sont pas vraiment de lui, mais ils sont de Dieu et que les êtres humains, en revanche, est simple administrateur, Psaume 24:1 dit : « A l'Éternel la terre et ce qu'elle renferme, Le monde et ceux qui l'habitent ! »

1. A partir de cela, nous sommes les intendants

L'idée qui nous est transmise par la Bible est un Dieu qui possède tout, qui met tout sous la domination de l'humanité. Pour que nous puissions être des intendants (non propriétaires) de ces ressources, et nous nous en soucions comme de bons intendants.

Quelles sont les choses que nous gérons?

Il serait important à ce moment de se rappeler les choses que Dieu nous a préparés comme administrateurs, selon Genèse 1:26, 28.

Lister les étudiants que nous sommes les intendants et les idées de disques sur le plateau. Ceux-ci peuvent être quelques-unes des réponses. Dieu nous a confiée à gérer:

L'âme, l'esprit fait à l'image de Dieu, avec la compréhension, l'imagination, la mémoire, la volonté et les émotions qui viennent avec l'être humain.

Le corps de toutes ses forces, ses membres, ses organes et les sens.

Les biens de ce monde : la nourriture, des vêtements, un logement, de l'argent.

Les talents qui nous permettent de développer dans notre vie dans ce monde.

2. Comment puis-je être un bon intendant?

Même si nous avons vu une partie de cette leçon dans le point 1, maintenant nous allons voir plus en détail. Wesley extrait trois points qui résume brillamment comment nous devrions gérer les ressources.

a. « Gagnez tout ce que vous pouvez »
- Sans le faire au détriment de notre vie, la santé et les organismes. Cela n'inclut pas un mode de vie inadmissible et préjudiciable mais à une vie équilibrée et en pleine santé.
- Aucun dommage à nos esprits, en gardant surtout un esprit sain.
- Sans que cela n'implique pas un péché ou quelques choses illégales.
- Pas de mal aux autres : ni eux-mêmes ni leurs organes ou à leurs biens, sans les inculper injustement.

b. « Economiser tout ce que vous pouvez »
- Pas de dépense sur quelque chose seulement pour satisfaire les désirs de la chair et les plaisirs des sens : la nourriture et embellissements coûteux et inutile.
- Ne pas dépenser pour des choses qui ne sont que d'être reconnu et admiré par les gens.
- Ne Pas dépenser pour des choses autres que des avantages pour eux, au contraire, en donnant juste assez et que, sans doute, est de construire leur vie.

c. « Donnez tout ce que vous pouvez »
- Premièrement : Fournit ce dont vous avez besoin pour vous-même : nourriture, vêtements, santé.
- Deuxièmement : fournit tout ce dont vous avez besoin pour votre famille et pour ceux qui vivent sous votre toit.
- Si vous restez : faites du bien à ceux de la maison de la foi.
- Et, si vous restez plus : faire du bien à tout le monde.

3. La parabole de l'intendant

Astuce pour étudier la parabole :

- La parabole du gestionnaire rusé, tout le monde peut lire ensemble et ensuite divisé en équipes pour analyser et réfléchir sur l'enseignement de cette parabole pour nos vies aujourd'hui.
- Demander aux élèves de répondre à la feuille de calcul individuellement, puis les inviter à partager leurs réponses avec le groupe, pour tirer des conclusions.

Sur la gérance ou l'administration parle spécifiquement de la parabole du gestionnaire avisé qui est en Luc 16:1-13, qui, à l'avance est considérée, il n'est pas facile d'interpréter un passage. Cette parabole, le commentateur Barclay est un peu pittoresque pour dire : Nous donnons un exemple du mal que l'on retrouve très bien dans la vie réelle que dans la littérature. Cette parabole a été réalisé, selon le passage, mais les disciples compris les supporters et même les pharisiens qui écoutaient, selon le verset 14.

Cet intendant fit preuve de tout infidèle qui pourrait être un maître ou modèle, mais dans le verset La figure 9 montre les paroles de Jésus et semble confus.

Jésus était-il endosse malhonnêteté dans l'intendance? Non, loin de là, son enseignement était plutôt élaboré dans ce qui suit:

- C'est en tant que gardien que nous devons utiliser la richesse du monde de sorte que l'utilisation correcte provoquera de l'accumulation de la richesse céleste et éternelle. Les disciples devaient faire preuve de diligence, la sagesse et la prudence, à assurer une place dans l'éternité, et le travail du maître d'hôtel pour assurer un avenir ici sur terre.
- Jésus a enseigné que les chrétiens seraient plus authentiques si elles étaient tellement intéressés à vivre et à servir le Christ jusqu'à la fin, car ils ont à obtenir de l'argent du monde et tout ce que vous obtenez avec elle.
- Notre vie chrétienne commence à être vraie et porte du fruit lorsque nous consacrons beaucoup de temps et intérêt pour l'Evangile, comme il est dédié aux loisirs, aux entreprises, amis ou amies, sports ou études.

Sans aucun doute, être chrétien et être pleinement prétendant, être un gestionnaire ou un intendant conscient de son rôle à Dieu, à lui et à son voisin. Une bonne relation avec le propriétaire et créateur de toutes choses conduit à une bonne exécution des fonctions déléguées à ses créatures, l'humanité, dans ce cas, implique une bonne gestion, (gestion) de tout ce qu'il a apporté pour elle dans ce monde.

Révisez/Application :

Plus qu'une simple réponse, méditez sur les questions suivantes.

1. Qu'est-ce que je ressens quand je pense que les choses que j'ai écrites dans la liste de « mes possessions » ne sont pas vraiment à moi, mais que je les gère juste momentanément ?
2. Parmi les grandes surfaces que je dois gérer, à laquelle dois-je faire plus attention pour mieux gérer ? Pourquoi ?
3. Pour être honnête avec moi-même, si je devais me donner une note de 10 à 100 pour évaluer la façon dont je gère mes biens, quelle note me donnerais-je ? Pourquoi ?
4. Quels changements doivent avoir lieu dans ma vie à la lumière de ce que j'ai appris dans cette leçon ?

Défi : Cela vaut la peine de se demander, comment je gère mon âme : est-ce que je fais ma part pour que ma relation avec Dieu soit saine et grandissante ? Mon corps est-il en bonne santé, de sorte que Jésus soit satisfait de mon état physique ? Oui ou non. En fonction de ma réponse, que fais-je pour qu'il en soit ainsi ? Est-ce que je gère correctement les choses que je reçois de ma famille ? Est-ce que j'utilise mes talents pour servir Dieu et mon prochain ?

D'autre part, comment est-ce que je gère mon argent : est-ce que je gagne correctement ce que j'ai, est-ce que j'épargne et donne le plus possible ?

Qui peut vous aider ?

Leçon 4
David González • États-Unis

Objectif : Les élèves apprécient l'importance de demander conseil et à prendre des décisions éclairées.

A mémoriser : « Écoute les conseils, et reçois l'instruction, Afin que tu sois sage dans la suite de ta vie » Proverbes 19:20.

Connecter | Télécharger

Introduction Dynamique (12-17 ans).

- Matériaux: un cercle de tir à la cible et fléchettes avec de la colle sur la pointe.
- Instructions: former deux ou trois groupes. Placez le cercle sur le mur où vous devez placer la fléchette. Chaque groupe élit un représentant qui bande les yeux. Le représentant de chaque groupe de marcher avec les yeux couverts de l'endroit où il a son groupe au cercle de tir. Une fois là, vous aurez l'occasion d'essayer de mettre des choses à faire dans le milieu du tir. Les membres de votre équipe peuvent vous guider par les instructions vocales de leurs places, mais ne jamais avoir de contact physique avec lui. L'équipe avec son représentant colle plus près du centre du cercle de tir. Une variante est que les membres des autres équipes sont une distraction, donnant des instructions erronées. Sinon obtenez un jeu de tir à la cible peut changer par petites boules qui doivent tomber dans un panier avec les yeux fermés.

Après la dynamique introduction on prend des décisions sages qui deviennent souvent comme une fusillade aux yeux bandés, donne un cadeau s'il y a par hasard. Pour cette raison, il est nécessaire, l'aide des autres, pour nous montrer des choses que nous ne pouvons pas voir, c'est à dire nous en aviser.

Introduction Dynamique (18-23 ans).

- Matériaux: Papier et crayon pour tous les participants.
- Itinéraire: Aujourd'hui, nous allons parler des conseils écoutés et à prendre des décisions éclairées et pour répondre à la question suivante: à qui nous souhaitons aborder à obtenir de bons conseils?

Conduire les jeunes à une brève discussion, sans donner une réponse définitive à la question, puis commence le développement de la leçon.

Connecter | Télécharger

Aujourd'hui, que les adolescents et les jeunes vivent entourés de medias de communication et se sont bombardés de toutes sortes de produits, programmes, jeux, etc... L'utilisation quotidienne d'Internet, les amis de l'école et le travail, la vie accélérée, les parents qui travaillent toute la journée, une faible fréquentation de l'église, la perte des valeurs morales, etc. Faire de chaque journée, les jeunes confrontent des situations difficiles à prendre des décisions éclairées. Il est donc nécessaire d'avoir les bonnes personnes qui peuvent vous conseiller. Aujourd'hui, nous voulons que les élèves se rendent compte qu'ils ont besoin d'aller à des gens capables de recevoir de bons conseils et ne pas dévier du droit chemin.

1. A la recherche de bons conseillers

Dans le Psaume 1, verset 1, il y a deux conseils sur les administrateurs.

a. Évitez les mauvais conseils :

Le premier dit que si vous voulez être heureux, vous devriez éviter de vivre sous les conseils des méchants, ce sont les gens qui n'ont pas la crainte de Dieu, à ceux qui n'ont pas peur d'aller contre la volonté de Dieu avec une telle attitude pour satisfaire leurs propres désirs. Il est donc important, pour décider à qui demander conseils. Considérons deux jeunes qui ont suivi les mauvais conseils et comment cela a été. Vous pouvez diviser la classe en deux groupes et demandez à chaque groupe de lire une histoire et tirer une leçon. Ensuite, demandez à chaque groupe de choisir un représentant, pour expliquer et partager les enseignements tirés et l'autre groupe fera la même chose. De cette façon, tous les deux groupes apprendront l'un de l'autre.

- Amnon : 2 Samuel 13:1-29 Après que son frère lui a envoyé pour tuer.
- Roboam : 1 Rois 12:1-20 perdit le royaume et le soutien de la population.

b. Trouvez les bons administrateurs :

Au lieu de cela, demander l'avis des gens qui craignent Dieu, d'obéir à Sa Parole, que leurs vies sont le reflet de leur relation avec Lui, les gens que nous aimons, les gens qui nous disent la vérité, les gens de confiance, les gens qui s'engagent à prier avec nous et pour nous. Ce serait génial si ces personnes ont vécu des expériences similaires à la nôtre parce que nous partageons leur expérience, mais ce n'est pas une loi écrite dans la prière.

Cela veut-il dire que vous ne devriez pas demander l'avis de quelqu'un qui n'est pas un chrétien? Bien sûr, vous pouvez demander, mais vous devez considérer sur qui on va approcher. Essayez de trouver quelqu'un qui, soit par leur expérience scolaire ou au travail et dans la vie quotidienne, apporter de nouvelles connaissances, ou pour vous aider à analyser plus clairement la situation. Toutefois, si vous entendez l'avis d'experts sur le sujet et qu'ils ne sont pas chrétiens, demandez toujours l'aide de croyants de la famille et collègues pour assurer votre décision, si cela reflète l'amour et le désir et qui plaît à Dieu. Dans le livre des Proverbes, il y a beaucoup de principes sur l'importance de bons conseillers : « Les projets échouent faute d'un avocat, mais avec de nombreux conseillers, ils réussissent » Proverbes 15:22 « Plus dans le grand nombre des conseillers vous aurez de la sécurité » Proverbe 11:14 b, « Car c'est par les sages conseils tu feras la guerre, et le grand nombre des conseillers est la victoire » Proverbes 24:6.

Un des grands avantages d'avoir des conseillers est qu'ils aident à interpréter la situation et voir des détails qui n'étaient probablement pas envisagés. Un conseiller peut également vous aider à conserver une position équilibrée, ce qui empêche l'analyse des alternatives et les critères sont manipulés.

2. Cherchons le conseil de Dieu

La deuxième astuce (même si, dans l'ordre d'importance, il est le premier) trouvé dans le Psaume 1 est le suivant : « Rendez votre volonté dans l'obéissance à la Parole de Dieu. » Verset 2 méditer sur l'invitation des Écritures de nuit et de jour, en d'autres termes, parler tout le temps, en toutes circonstances, à tout endroit, peu importe les conséquences, il y a un engagement envers Dieu et Sa Parole.

Plus nous savons Sa Parole, plus nous avons à comprendre qu'ils sont des conseils, lorsque le roi David a traversé une période d'essai et de crise émotionnelle, tombé dans le désespoir, est allé à l'église et prier, il y trouva le conseil de Dieu (Psaume 73:1-28). Au verset 24, David s'exclame : « Tu me conduiras par ton conseil, Puis tu me recevras dans la gloire. » Là, il se rend compte que son espérance est Dieu et tout le reste ne vaut rien. D'autres passages soutiennent également l'idée de chercher le conseil de Dieu dans Sa Parole.

Proverbes 3:1, et 21 dit: « Mon fils, n'oublie pas mon enseignement, et que ton cœur garde mes commandements... garde la loi et mon conseil » ou s'exclame le prophète Esaïe 25:1 « O Éternel! tu es mon Dieu; Je t'exalterai, je célébrerai ton nom, Car tu as fait des choses merveilleuses; Tes desseins conçus à l'avance se sont fidèlement accomplis. »

Dieu a un conseil d'administration en tant que mot pour chaque besoin ou décision que vous allez prendre, vous avez juste besoin de trouver ce conseil dans la prière et par Sa Parole.

3. Les situations dans lesquelles vous devriez demander conseil

Le visage d'un jeune chrétien de tous les jours dans la nécessité de prendre de nombreuses décisions, dont certaines sont à court terme, tels que les vêtements que je porte, l'équipe que j'aime, si je vais à l'école ou pas, si je vais à tel ou tel garçon, si je fais la tâche ou non, etc..

Mais certaines décisions que nous prenons, sont à long terme et peuvent changer notre vie, c'est à dire avec qui je vais me marier, quelle carrière j'étudie, je teste ou pas des médicaments et de l'alcool ou non, je suis un bon chrétien, avec qui je vais investir l'argent que je gagne, allez au travail, etc.

Il est important qu'en tant que jeune chrétien, vous êtes prêts à ne pas prendre des décisions à la légère, mais de prendre des décisions sages. Lisez sa Parole, la recherche de Dieu et les gens qui vous aiment, ils vous donneront de bons conseils.

Révisez/Application :

Demandez aux élèves de répondre individuellement, puis discutez en groupe si les gens se sentent à l'aise :

A la recherche de bons conseillers :

* Comment pouvez-vous distinguer les bons conseillers des mauvais conseillers, selon le Psaume 1 : 1-2 ? *(Le premier verset dit que si vous voulez être heureux, vous devez éviter les conseils des méchants, ceux qui ne craignent pas d'aller à l'encontre de la volonté de Dieu. Au contraire, vous devez rechercher les conseils des personnes qui craignent Dieu et gardent sa Parole).*

* Quelles conséquences l'écoute de mauvais conseils a-t-elle eues sur la vie d'Amnon (2 Samuel 13 :1-29) et de Roboam (1 Rois 12 :1-16) ? *Ammon est mort parce que son frère l'avait fait tuer. Roboam a perdu la royauté d'Israël et le soutien du peuple.*

* Cherchez le conseil de Dieu :
  * Croyez-vous que Dieu peut vous conseiller ? Comment?

* Pourquoi est-il souvent difficile de demander conseil à Dieu ?

* Mentionnez dans quels domaines de votre vie vous auriez besoin de demander conseil en ce moment.

Défi : Faites une liste des personnes qui sont votre plus grande influence en ce moment ou demandez-leur conseil.

Si vous deviez analyser lesquelles de ces personnes vous donnent vraiment de bons conseils, qui choisiriez-vous ?

Engagez-vous envers Dieu à rechercher les bonnes influences et éloignez-vous de ceux qui ne vous aident pas. Il y a peut-être des gens dont il vous sera plus difficile de vous éloigner, à cause de la famille, du travail, des études, etc. Cependant, même au milieu de cette situation, demandez à Dieu la patience, la sagesse, la maîtrise de soi et surtout, la puissance nécessaire pour avoir une influence positive sur ceux qui vous entourent.

Conserver aujourd'hui pour demain

Leçon 5
Tabitha González • États-Unis

Objectif : Les élèves verront l'importance de l'épargne et la façon d'économiser, selon les principes bibliques.

A mémoriser : « Les projets de l'homme diligent ne mènent qu'à l'abondance, Mais celui qui agit avec précipitation n'arrive qu'à la disette » Proverbe 21:5.

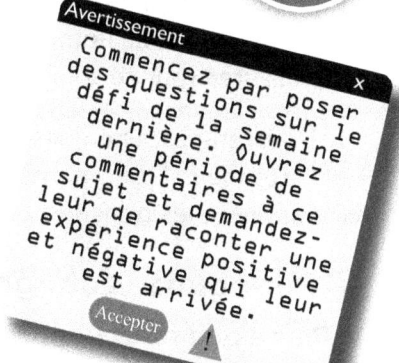

Avertissement
Commencez par poser des questions sur le défi de la semaine dernière. Ouvrez une période de commentaires à ce sujet et demandez-leur de raconter une expérience positive et négative qui leur est arrivée.
Accepter

Connecter | Télécharger

Introduction Dynamique (12-17 ans).

- Matériaux : Vous aurez besoin d'un tableau à écriture, papier, crayon, et six pièces en chocolat ou de vraies pièces ou l'argent d'école pour chaque élève.

- Instructions : Avant le cours, écrire sur un tableau noir dans une liste les articles suivants (ou couper le produit des journaux et les placer sur la carte ou sur une table), vêtements à la mode, cours de formation professionnelle * téléviseurs à écran plat, un collège bien sûr *, la musique reproductive, système audio et vidéo, des jeux vidéo, la maison *, voyages, cours de langue *, et les parfums importés (vous pouvez inclure des choses dans la liste que les jeunes sont intéressés avec).

  Lorsque vous démarrez la distribution de papier en classe, un crayon et trois pièces en chocolat ou vraies pièces ou billets de jouet pour chaque élève. Dites la valeur de chaque pièce de chocolat ou de pièces de monnaie en argent réel ou billet de jouet et acheter juste une des choses sur la liste qui se trouve sur le plateau, cela signifie que vous pouvez acheter jusqu'à 3 choses. Demandez-leur de choisir leurs options. Après que chaque élève fasse son choix, discutez avec eux pourquoi ils ont décidé d'acheter ces choses. Les étudiants qui ont acheté des choses qui ont un « * » recevront trois pièces de plus comme une récompense pour leur bon achat. A la fin de l'activité parlez aux élèves combien seriez-vous économiser pour ces choses. Le but de la dynamique est de permettre aux élèves de réfléchir sur l'importance de l'épargne et d'emmagasiner intelligemment. Profiter l'achat à long terme.

Introduction Dynamique (18-23 ans).

- Matériaux : Vous aurez besoin d'avoir un stylo et du papier à la disposition de chaque élève.

- Itinéraire : L'enseignant lira à la classe qui suit : « Un oncle, de la famille, éloigné et très riche, vous a choisi aujourd'hui et a décidé de vous donner un cadeau spécial pour toutes les années au cours desquelles qu'il t'a pas donné des cadeaux pour ton anniversaire. Comme tu ne sais pas très bien quoi voudrais-tu recevoir, tu peux lui demander d'envoyer une somme équivalant à mille dollars (faire le changement en fonction de la monnaie dans ton pays ou choisis une somme significative). Ensuite, demandez-leur de faire une liste des choses qu'ils feraient avec cet argent ».

  Après avoir lu ce qui précède, donnez un temps pour les élèves d'écrire leur liste de choses. Une fois que les élèves ont leur liste, demandez à Certains bénévoles de partager ce qu'ils ont écrit.

  Ensuite, posez les questions suivantes : Dans votre avenir, quels sont vos objectifs et quel sera le nécessaire à faire pour les atteindre ? Comment l'argent que ton oncle t'a donné pourrait t'aider à atteindre ces objectifs ?

  Puis les aider à percevoir le lien entre ce qu'ils ont reçu aujourd'hui et les choses que qu'ils rêvent accomplir dans l'avenir.

| Connecter | Télécharger |

La nouvelle génération est connue pour trouver la satisfaction momentanée, sans se soucier de ce qui se passera dans l'avenir. Ce qui importe, c'est le temps, ce que vous ressentez et ce que vous aimez. Cette pensée a ajouté au système de consommation dans lequel nous vivons, a conduit de nombreux jeunes à prodiguer ce qu'ils reçoivent ou gagnent sur des choses insignifiantes (qui ne sont pas nécessaires), en laissant de côté les défis à venir.

L'épargne est une question de sagesse. Les économies préparent le jeune à relever les défis qui l'attendent. Donc, nombreux sont les avantages de l'épargne, mais seulement quand nous le faisons selon les principes bibliques.

1. Pourquoi épargner ?

a. Parce que nous honorons Dieu quand nous économisons comme le sage,

Proverbes 21:20 dit: « De précieux trésors et de l'huile sont dans la demeure du sage; Mais l'homme insensé les engloutit. » Avoir trésors à l'époque était un moyen d'économiser et signifiait de la fourniture de pétrole. En d'autres termes, le verset peut être compris comme suit: « Le sage sauve et ne pas manquer de la richesse dans la maison, mais l'homme insensé dilapide tout. » Le désir de Dieu est de l'honorer avec tout ce que nous avons (Proverbes 3:9). Une façon de lui rendre hommage est de s'occuper sagement ce que nous avons reçu de Lui. En économisant nous honorons Dieu, obéissant à sa parole, étant intendant, on doit sagement se soucier de ce qu'on a reçu, (Ecclésiaste 7:12).

b. Parce qu'il nous aide dans les moments difficiles

Un des avantages de l'épargne, c'est que nous réservons pour les temps difficiles. Après le rêve interprété par Joseph à Pharaon et lui dire tout ce qui se passerait en Egypte (les sept années d'abondance et sept années de famine), sagement conseillé de faire l'économie ! (Genèse 41:34-36). À travers l'histoire de Joseph, nous voyons des soins de Dieu pour son peuple et sa provision dans les moments difficiles. Si vous prenez bien soin de ce que nous recevons et conservons à bon escient, ces ressources peuvent faire partie de la provision de Dieu pour nous dans les moments difficiles et des besoins. Dieu a donné à Joseph sagesse, et pendant sept ans d'épargne par le peuple de Dieu et de nombreuses autres personnes ont été capables de survivre aux périodes de vaches maigres.

c. Parce qu'il nous aide à mieux déployer et nous libère de dettes

L'épargne est l'opposé de l'endettement. Lorsque nous avons de l'économie, nous fournissons pour l'avenir, au contraire, quand on contracte des dettes, cela enlève notre disposition pour l'avenir. Plusieurs fois, lorsque nous avons investi dans quelque chose à payer en plusieurs fois avec intérêt, cela diminue notre pouvoir d'achat pour perdre ce qui est dépensé pour payer les intérêts : Attention aux cartes de crédit et les paiements petits ! C'est un piège, si nous ne l'utilisons pas. Beaucoup d'économistes disent que la meilleure façon d'acheter quelque chose est en espèces. Nous pouvons obtenir des rabais lorsque nous faisons bien et qu'ils ne perdent pas intérêt. Pour faire enregistrer une habitude, nous diminuons le potentiel d'être dans la dette et de renforcer notre bon exemple devant les hommes (Proverbes 21:05).

2. Sauf pour les bonnes raisons

a. Pas pour l'amour des richesses

I Timothée 6:9-10 parle de la tentation de l'homme qui veut devenir riche, et à la fin, dit « parce que la racine de tous les maux, c'est l'amour de l'argent ». Beaucoup d'hommes qui aiment la richesse sont prises pour retenir la dîme, de ne pas payer ce qui est dû au gouvernement, de profiter des gens en ne payant pas ce qui est juste et, en raison de l'amour de l'argent s'est écarté de la foi. L'objectif de l'épargne ne devrait pas être le désir d'être riche, mais uniquement et exclusivement de bien gérer ce que nous avons reçu de Dieu et gloire à son honneur. Sauvegarder ce que nous avons juste pour le plaisir de devenir riche est enracinée dans la cupidité et elle conduit à des attitudes qui nous empêchent de croire en Dieu et en son dessein pour notre vie (Mathieu 6:24).

b. Sans oublier nos responsabilités

Quand nous avons quelque chose en plus, il est beaucoup plus facile d'aider les autres qui sont dans le besoin. Dans Galates 6:10, il nous motive à faire du bien à tous spécialement à ceux de la maison de la foi. Si vous avez une vie où les dettes consomment tout ce que nous avons, nous n'aurons pas la capacité d'aider les autres. Mais si nous prenons soin de ce que nous avons et économiser sagement, nous pouvons aider les autres avec ce que nous avons, en particulier notre maison.

c. Sans oublier le plus important

Dans Luc 12:13-21, nous trouvons la parabole de l'homme qui, après sa grande moisson prévu de construire des granges pour stocker tout ce qu'il avait, et posa son âme. La première erreur commise par cet homme de la parabole était de garder pour lui tout ce qu'il avait. Cet homme n'a pas donné à Dieu ce qui lui appartenait, ne partageait pas ce qu'il avait reçu. Il a juste pensé à lui-même et a donné lieu à la cupidité dans sa vie.

La deuxième erreur est que, selon le passage, son âme repose et se réjouit à cet égard. Il n'y a qu'un seul endroit où notre âme doit se tenir debout, et cet endroit est en Dieu. Notre joie vient de Lui, et non pas des choses que nous avons, mais ce que nous sommes en Dieu, en fin de compte, tout ce que nous sommes et avons vient de Lui (Jean 3:27).

Enfin, cet homme a fait le contraire de ce que Jésus a enseigné dans Mathieu 6:20, accumulé des trésors et il a oublié de sauver les trésors dans les cieux (Mathieu 6:33).

3. Conseils pour économiser

« Il y a sur la terre quatre petites choses, Et cependant des plus sages ; Les fourmis, peuple sans force, Préparent en été leur nourriture » (Proverbes 30:24-25).

Beaucoup diront que parce qu'ils sont jeunes, il est très difficile d'épargner. Il est un fait que les jeunes n'ont souvent pas beaucoup de ressources, et la plupart n'ont pas terminé leurs études. Mais il est très important d'économiser en particulier pendant que vous êtes jeunes, parce que le temps viendra bientôt ou tu deviendras indépendant, le départ du domicile parental, fonde une famille, etc. Cela nécessitera une bonne économie de l'effort et de la sagesse dans l'utilisation de leurs finances. Ainsi, les économies, en particulier pour les jeunes, est un travail de fourmis ! Peut-être que vous travaillez déjà et recevez un petit salaire ou d'études et vos parents donnent à votre charge ou à une allocation. Avec ce que vous recevez, vous pouvez commencer dès maintenant à acquérir la bonne habitude de l'épargne.

Voici quelques conseils qui vous aideront à gagner du temps et tout ce que tu peux.

a. Conservez vos factures en matière de contrôle. Garder dans les comptes de contrôle s'empêche de faire des dépenses incontrôlées et non nécessaires, et en même temps, cela vous aide à avoir une meilleure idée de ce qui peut vraiment être épargné. Faire un budget de vos revenus et dépenses de ce que vous aurez au cours du mois ou par quinzaine.

b. Après la dîme, il faut penser à ce qu'on a planifié d'épargner. Si vous ne vous détournez pas dès le départ de ce que vous pouvez épargner sûrement vous pouvez être tenté d'utiliser ce qui est à Dieu. Premièrement la dîme puis on épargne.

c. Commencez même si c'est peu. Peut-être vous pensez, « je ne peux pas gagner beaucoup, rien que quelques centimes par mois, donc il n'y a pas d'affaire. » Mais la quantité n'est pas grave, l'important est de créer l'habitude d'épargner, même avec le petit départ, le temps peut le transformer en quelque chose de valeur pour vous aider à l'avenir.

d. Économisez de l'argent sous le matelas n'est pas la meilleure option. Garder nos économies pour nous n'est pas la meilleure option. Nous devons, dès que possible, le mettre dans un compte d'épargne, de sorte que nous ne perdons pas de la dévaluation de la monnaie et le garder dans un endroit à l'abri de la tentation de l'utiliser. Si un gamin n'est pas assez vieux pour ouvrir un compte bancaire, les parents peuvent le faire pour eux, de nombreuses banques offrent la possibilité d'ouvrir des comptes d'épargne sans frais ni commissions ou des comptes pour les mineurs. Profitez le revenu supplémentaire. On peut inclure les bénéfices dans notre budget ou du moins on épargne les bénéfices.

Révisez/Application :

Aidez vos élèves à réfléchir à la manière dont ils placent leurs revenus et comment ils vont désormais épargner. Faites croire à vos élèves qu'il ne s'agit pas de quantité, mais simplement d'avoir un plan concret pour investir et économiser des revenus de manière appropriée.

Défi : Faites maintenant une liste des choses pour lesquelles vous dépensez normalement de l'argent et que vous pourriez arrêter d'acheter pour économiser (bonbons, boissons gazeuses, effets personnels, vêtements, etc.). Enfin, faites un plan, écrivez une liste de choses que vous ferez à partir d'aujourd'hui afin d'économiser (au cas où vous n'auriez aucun revenu en ce moment, faites un plan pour l'avenir, quand vous aurez un salaire). Priez que Dieu puisse vous guider et vous donner la sagesse d'être un bon intendant de ce que Dieu vous a donné (Jacques 1:5).

Emprunter ou donner ?

Leçon 6
Joshua Jimenez • Mexique

Objectif : Les élèves seront motivés à prêter attention à la nécessité de ne pas prendre avec de légèretés les engagements pris

A mémoriser : « Voici toutes les bénédictions qui se répandront sur toi et qui seront ton partage, lorsque tu obéiras à la voix de l'Éternel, ton Dieu : » Deutéronome 28:2.

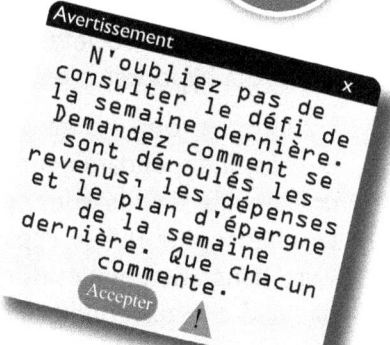

Avertissement
N'oubliez pas de consulter le défi de la semaine dernière. Demandez comment se sont déroulés les revenus, les dépenses et le plan d'épargne de la semaine dernière. Que chacun commente.
Accepter

Connecter | Télécharger

Introduction dynamique (12-17 ans).

- Matériaux : un ruban à mesurer et définir la base ou lorsque la surface de travail (qui peut être fait sur le sol ou sur une table).
- Itinéraire : Divisez les élèves en équipes de trois personnes ou plus, en fonction du nombre d'élèves, essayez de ne pas avoir plus de quatre équipes. Dites que vous allez construire une tour avec les choses qu'ils apportent (porte-monnaie, sac à main, un livre, horloge, calendrier, lecteur de musique, pièces de monnaie, disques compacts, chaussures, etc.) Vous ne pouvez pas utiliser la Bible comme objet, emprunter auprès d'autres en dehors de l'équipe, et le décollage des vêtements. Ils devraient faire ce qu'ils sont chargés de faire à ce moment. L'équipe qui construit la plus haute tour gagne. Trois minutes sont attribuées à cette activité !

    A la fin, demandez ce que vous auriez aimé emprunter des autres, équipements ou des choses qui sont dans la salle de classe ou d'autres personnes dans l'église ? Comment vous sentez-vous incapable de prendre des autres ? Alors pensez que ce n'est pas toujours possible ou bonne d'emprunter.

Introduction dynamique (18-23 ans)

- Matériaux : Papier et crayon
- Itinéraire : Divisez les élèves en groupes de quatre ou cinq personnes, selon le nombre d'étudiants. Puis leur demander d'écrire trois raisons qu'ils estiment juste pour s'endetter et trois pour lesquelles ils estiment qu'il est erroné de le faire.

    Ensuite, demandez à chaque groupe de lire leurs réponses et recommencer avec la classe.

Connecter | Télécharger

Lorsque l'on étudie à l'école secondaire (lycée) on avait un ami, je ne me souviens pas de son nom, que son nom de famille était Perez et nous l'appelions « Moniteur ».

Moniteur est toujours manqué de quelque chose. Un jour, c'était un stylo, un autre jour c'était une photocopie, ensuite c'était la calculatrice. Il y avait toujours quelqu'un qui lui aida pour sortir de l'impasse. Un jour, nous sommes arrivés à l'école une demi-heure avant que nous ayons un examen important. A ce moment il s'est rendu compte que pour commencer l'examen il a besoin exigiblement des matériels qu'il a oublié de venir avec. Bientôt il a demandé des papiers blancs à Manuel, à Marie un dossier, à moi une règle, à Beto de lui dicter son propre travail pour copier ! Beto moqueur qu'il est, répondit : « Si vous voulez, allez au petit déjeuner et nous présentons également le test pour vous ! »

1. Qu'est ce qu'une dette ?

Selon un titre de créance d'un dictionnaire de l'océan: « Une dette c'est ce que l'on doit payer ou rembourser à d'autres. Une chose à exécuter comme une obligation », définition intéressante venant d'un dictionnaire laïque. Quand il s'agit de dettes on comprend que c'est ce qui est dû à des sociétés de cartes de crédit, les prêts bancaires, les prêts de parents ou d'amis, des prêts hypothécaires de la maison et les factures d'impôt.

Chaque jour, des gens du monde entier se concentrent sur la satisfaction de leurs propres besoins, indépendamment du fait qu'ils sont à la base ou non. La commercialisation crée en nous une anxiété de posséder certains objets et combien vous voulez qu'ils deviennent une nécessité. La philosophie qui se répand partout est basée sur la façon de se surpasser. Nous semblons vivre dans une compétition permanente et l'idée d'être mieux et nous éloigne plus de la vérité biblique et nous conduire dans la dette comme d'habitude.

Outre les dettes monétaires, nous devenons débiteurs aussi d'autres dettes, tels que: Combien de fois par jour vous dites le mot emprunter ? Combien de fois par semaine? Combien de fois par mois ? Combien de fois vous vous souvenez ce que vous empruntez ? Généralement quelque chose que nous fournissons, un stylo, une feuille, un livre, un album, un bloc des notes, etc... Parfois on emprunte même une faveur et lorsque vous recevez une faveur on répond « Je vous dois une ». Lorsqu'une personne emprunte, il devient débiteur de ce qu'il a demandé. Donc, si vous empruntez un livre d'un partenaire, s'il est perdu, que ferez-vous ? Vous devez acheter un nouveau et de le retourner parce que quand vous avez emprunté quelque chose c'est une dette à laquelle vous avez accepté de rendre ce que vous avez pris, si c'est une dette à une banque ou à facture d'intérêts, on donnera en plus les intérêts. Dans Exode 22:14 Dieu a ordonné que si vous avez payé pour un animal et il a été endommagé ou mourant on doit être payé après l'achat. Si bien cela s'applique aussi à tout ce que vous empruntez aujourd'hui. Donc vous devez penser quand on emprunte quelque chose. Il ya un dicton dans certains endroits qui se lit : « Stupide est aussi stupide salaire et qui renvoi » ...

Que pensez-vous de cela? Est-ce que ce dicton s'applique aux chrétiens ?

Eh bien laissez- moi vous dire que le prêteur n'est pas stupide, il le fait pour l'amour et la conviction que l'autre personne a besoin ce qu'il demande et décide de rembourser, parce que ce que c'est un emprunt et non un don. Sermon sur la montagne, Jésus dit: « Celui qui te demande, et qui veut emprunter de toi, ne te détourne pas ». Matthieu 5:42. D'autre part, les rendements, il n'est pas stupide parce que l'Écriture dit dans Romains 13:7-8 « Rendez donc à tous leurs impôts et taxes auxquels taxes sont dues : je respecte et le respect de cet honneur. Ne devez rien, sauf à aimer les uns les autres, car celui qui aime les autres a accompli la loi ».

2. L'accomplissement de nos obligations

Une autre caractéristique de notre monde d'aujourd'hui est la capacité de communiquer avec des personnes de différents endroits. Cela devient plus simple lorsque nous parlons tous la même langue, même si certains mots ne changent pas de sens dans des lieux différents (par exemple le mot voiture, dans certains pays, ils sont appelés comme les voitures, tandis que dans d'autres, une voiture est une voiture tirée par des chevaux).

Mais le sens du mot « prêt » ? Jamais. Bien que certaines personnes autour de nous confondent prêt, cadeau ou un don.

- **Prêter:** donner quelque chose à quelqu'un pour une utilisation pendant un certain temps et puis restauré ou retournés dans le même état que vous l'avez reçue.
- **Donner:** Donner à quelqu'un, sans rien obtenir en retour, quelque chose à montrer de l'affection ou une contrepartie ou autrement.

Certains obtiennent des objets mais sont confus, et ne jamais remettre la chose empruntée et ne sont pas considérés comme débiteurs. Il semble qu'il utilise le mot emprunter comme une manière diplomatique de demander quelque chose de gratuit.

Il est très fréquent que des amis, n'hésitez pas à demander des choses sur le prêt, parfois un vêtement, un CD, un livre, etc. Mais pour l'amitié nous devons être très diligents. Il y a un dicton populaire : "comptes clairs, des amitiés durables." Bien qu'il y ait beaucoup de confiance entre amis, nous devons être très clairs lorsque nous avons acquis un engagement à consentir un prêt et nous devons être responsables de redonner ce que nous avons emprunté.

Quand il s'agit de l'argent le problème est plus profond. J'ai lu une fois dans un livre : « Si un ami vous demande de lui prêter de l'argent, pensez à celui que vous voulez perdre : l'ami ou l'argent ».

Il semble qu'il est faux de prêter de l'argent à un ami, parce que, d'une manière ou d'une autre on sortira d'une façon. Soit parce que l'ami est un de certains qui sont confus et ne retournent jamais de l'argent ou parce que, dans un effort pour recouvrer la dette, on peut voir l'amitié brisée. Oui, peut-être récupérer le montant de la dette, mais vous ne pouvez jamais faire confiance de nouveau. C'est terrible à vivre comme ça. Si un ami te demande de lui emprunter de l'argent et tu sais qu'il ne le remboursera pas, il vaut mieux de lui donner, même si tu ne peux pas lui donner tout le montant demandé.

Les commandes bibliques qui répondent à ce qui est promis. Si quelque chose n'est pas juste que vous payez, sans délai, dès que possible parce que « Le méchant emprunte, et il ne rend pas, mais le juste est compatissant et il donne » Psaume 37:21. De cette façon, nous évitons d'exposer le nom de Jésus à un monde qui est attentif à nos actions.

3. Libre ou esclave

Dans Proverbes 22:7 dit : « Le riche domine sur les pauvres, Et celui qui emprunte est l'esclave de celui qui prête ». Lorsque nous avons des dettes économiques, nous sommes esclaves de nos créanciers. Et plus nous sommes endettés, plus nous nous sentons asservis et ne possédons pas la pleine liberté ou le pouvoir discrétionnaire de décider comment dépenser notre argent. Cela nous met dans une volonté de régler les dettes.

Dans les temps anciens, il était courant quand un royaume soumis à un autre sous son contrôle, il va imposer des sanctions financières (Deutéronome 15:6). Il pourrait s'agir de taxes ou d'impôts que la nation devait payer subjugué rapidement au gagnant. Cette taxe avait plusieurs objectifs :

a. Enrichir la nation victorieuse.

b. Gardez la nation vaincue asservis à limiter sa croissance économique.

c. Créer une dépendance.

La façon dont les finances sont gérées peut prendre la paix du cœur et de la liberté. Dans le Deutéronome 28:1-2,12 dit que si les gens étaient obéissants à Dieu. Ils devraient prêter à d'autres nations. Ce serait le libérer de devenir un esclave du peuple qu'il doit rembourser sa dette. Mais s'ils ont désobéi aux commandements de Dieu il aurait à emprunter à d'autres nations et préfère diriger que d'être la queue, Deutéronome 28:15,43-44.

Le danger de jeunes chrétiens est surtout de vivre éternellement endettés, parce qu'ils n'ont pas appris à vivre et d'être heureux avec ce qu'ils ont (Philippiens 4:12). Cette mauvaise habitude de vivre avec des esclaves de la dette peut réduire la durée de vie et peut avoir des conséquences tragiques que l'être pointés du doigt pour ne pas avoir à répondre de ses dettes, une nécessité plus disposées à prêter ou pire de perdre vos amis.

Donc, nous avons le temps de prendre de bonnes décisions et apprendre à ne pas être esclaves de la dette. Et si par la nécessité d'acquérir des dettes, nous devons être responsables de couvrir dans le temps que nous avons promis.

Révisez/Application :

Demandez aux élèves de répondre individuellement, puis discutez en groupe si les gens se sentent à l'aise :

Tu es d'accord ? Vous trouverez ci-dessous une liste de dix phrases. Lisez chacun d'entre eux et répondez si vous êtes personnellement d'accord ou pas d'accord avec ce qui est dit. (Vous pouvez consulter les citations bibliques pour vous aider) Comparez ensuite vos réponses avec le reste du groupe et commentez celles dans lesquelles vous trouvez des différences.

Est-ce que vous êtes d'accord?

1. Si un ami vous demande de lui prêter de l'argent, réfléchissez bien à celui des deux que vous voulez perdre : l'ami ou l'argent.
2. Élie était ce prophète qui faisait flotter une hache qui lui avait été prêtée (2 Rois 6:5).
3. Lorsque l'amitié est vraie, un ami peut emprunter sans en aviser le propriétaire.
4. En demandant un prêt, nous compromettons notre avenir (Deutéronome 15: 6).
5. Si j'emprunte un disque compact à un ami et qu'en l'utilisant, le disque est endommagé. Je n'ai aucune obligation de le remplacer car mon ami sait que cela se produit lors d'une utilisation normale (Exode 22:14).
6. Dans Matthieu 5:42, Jésus enseigne que s'ils viennent nous emprunter quelque chose, il vaut mieux le leur donner.
7. La Bible souligne que les gens qui ne paient pas leurs dettes sont ceux qui ne craignent pas Dieu et n'honorent pas son nom (Psaume 37:21).
8. Si vous avez des dettes, alors vous n'êtes pas libre (Proverbes 22:7).
9. Dans Néhémie 5:2, nous constatons que le peuple avait emprunté du grain pour un besoin urgent.
10. Nous chrétiens avons une plus grande responsabilité dans l'administration de nos biens parce que nous savons que tout appartient à Dieu.

Défi : Si c'est nous qui sommes en difficulté et qui empruntons, on fait tout pour rendre ce qu'on nous a prêté dès qu'on peut ou on s'en fout et si on oublie mieux.

Faites une liste d'au moins 5 articles que vous avez reçus à un moment donné en prêt d'un ami, d'un collègue ou d'un parent et que vous n'avez toujours pas rendus. Faites un effort pour vous souvenir de la date et du nom du propriétaire. Si nécessaire rentrez chez vous et vérifiez « vos affaires ». Pendant la semaine, assurez-vous de le rendre à son propriétaire avec une note de remerciement.

Apprendre à donner

Leçon 7
Odily Díaz • Le Salvador

Objectif : Les élèves vont comprendre l'importance de donner et être motivés à l'action.

A mémoriser : « Et Dieu peut vous combler de toutes sortes de grâces, afin que, possédant toujours en toutes choses de quoi satisfaire à tous vos besoins, vous ayez encore en abondance pour toute bonne œuvre » 2 Corinthiens 9:8.

Connecter | Télécharger

Ceux qui donnent, dorment bien !

« Il était deux heures du matin quand mon père m'a réveillé parce qu'il a entendu des bruits dans la cour arrière de la maison. Nous sommes sortis et avons rencontré un voisin qui coupait les bananes qui nourrient notre famille avec une machette. Malgré le risque que l'homme aurait tué mon père, il dit: « Donne-moi que la machette ». Puis mon père a coupé un régime de bananes et le donna à son voisin. Après il poursuivit et dit : « Tout ce que vous avez besoin de ma cour ci-après, venez par la porte avant et vous nous demandez. Aussi n'oubliez pas de laisser quelque chose pour mes enfants ».

La façon bienveillante que mon père a utilisée pour gérer la situation avec cet homme était l'un des moyens qui a influencé ma vie. Ce soir-là, on m'a appris 'que celui qui reçoit, mange bien, mais ceux qui donnent dorment bien' ».

— *Paul W. Powell.*

Introduction dynamique (12-17 ans).

- Matériaux : papier et crayon.
- Instructions : Organiser le groupe en paires, Faites-les asseoir en face de l'autre et une proportion des panneaux, un morceau de papier et un crayon. Ensuite, demandez à chacun d'écrire cinq choses qu'il demanderait à son collègue avant. Puis demandez-leur d'échanger leurs papiers et lire ce qu'ils ont demandé et répondre à votre partenaire si vous pouvez lui donner ou non. Finalement, ils se réunissent et discutent de toutes les choses qui pourraient faciliter les dons et des choses qui sont difficiles à donner.

Introduction dynamique (18-23 ans).

- Matériaux : papier et crayon.
- Instructions : Demandez aux élèves d'écrire sur une feuille de papier trois choses qu'ils donnèrent volontiers à quelqu'un cette semaine et trois choses qu'ils ne veulent pas donner quand quelqu'un a demandé. Chaque élève va partager au groupe ce qu'il a écrit. Et décrit comment il se sentait quand il l'a donné ou quand il ne l'a pas fait.

Connecter | Télécharger

- Puis-je vous demander combien vous valez? demande un journaliste à un homme très riche.

- Il a répondu : Quatre cent mille dollars.

- Mais selon mes informations, vous avez plusieurs millions, - répondu le journaliste.

- Vrai, dit l'homme. Mais vous m'avez demandé ce que je valais et je pense que mon prix est ce que je donne et non ce que je possède, l'année dernière j'ai donné quatre cent mille dollars à la charité et à moi c'est cela qui est le baromètre de ma juste valeur.

Si votre prix sera basé sur vos cadeaux, plutôt que sur vos ressources, quelle serait votre vraie valeur?

1. Le principe de donner

Dans Mathieu 5:42 Jésus donne des règles de conduite sur l'action, il convient de noter que la coopération est très spécifique en disant : « Donne à celui qui te demande, et ne te détourne pas de celui qui veut emprunter de toi. » La loi juive avait des commandements spécifiques à donner et nous les lisons dans Deutéronome 15:7-11, ce que dit Jésus n'était pas nouveau, mais c'était quelque chose qui n'a pas été respectée.

La loi se réfère à la septième année (v. 9), parce que tous les sept ans les dettes ont été annulées et quelqu'un qui était très avare ou moyen peut refuser de prêter de l'argent parce que proche était la septième année et devrait annuler la dette.

L'obsession de la propriété qui a mené les gens à s'éloigner de l'idée de donner de ce qui leur appartient. Plusieurs fois, lorsque quelqu'un vient à nous pour nous demander quelque chose, demandez ce qu'il a vraiment besoin. Parfois, les sans-abris viennent nous demander de l'argent et ne pas leur donner parce que nous pensons qu'ils veulent continuer à prendre de la drogue, de l'alcool ou quelque chose comme ça. Mais il faut chercher d'autres façons de les aider, par exemple en fournissant de la nourriture, des vêtements, chaussures, etc. Jésus enseignait dans le passage dans Mathieu que nous devons avoir un esprit de générosité et de compassion pour les nécessaires. Peut-être que si nous voulons nous concentrer davantage sur les trésors du ciel et être heureux avec la nourriture et un abri que nous avons, il sera moins difficile à partager.

Selon le commentateur Barclay Rabbins, il a eu quelques principes qui devraient régir l'octroi (William Barclay, Commentaire sur Mathieu p.198).

1. Vous ne pouvez nier personne.
2. Donner ce qui est nécessaire, pas pour survivre.
3. Donner devrait être fait secrètement.
4. Donner est un privilège et une obligation.

2. Donnez VS. Aimer

Dans I Corinthiens 13:3, l'apôtre dit que l'action de donner ne fait pas de moi une personne ayant compassion ou d'amour, parfois donner par des gens qui voient des gens blessés ou du moins s'ils veulent attirer les gens de leur côté, ce n'est pas là l'affaire! Il dit qu'il est inutile de partager tout ce qu'on possède si ce n'est pas de l'amour. Donner auquel Paul fait référence n'est pas la charité à donner ou à prendre pour sortir de la voie. L'apôtre fait allusion à donner avec un profond sentiment de tendresse, de comprendre ce que l'autre ressent. Quand la personne ne se sent pas humiliée en le recevant mais se sent aimée par vous

Donner n'est pas seulement limité à la matière, mais aussi de partager le grand salut que nous avons. Il y a des gens qui n'ont pas des besoins physiques, ou des choses matérielles, mais si quelqu'un a un besoin de combler un cœur vide et sans paix. Quand Jésus envoya les Douze, a t-il dit, "Vous avez reçu gratuitement, donnez gratuitement" Mathieu 10 :8. "La générosité est comme la marée monte et prend les bateaux, tout le monde en profite." Pour les juifs, ce n'était pas quelque chose d'étrange à leur culture et que les rabbins savaient qu'ils avaient été enseignés par Dieu et doivent donner libre aussi bien.

3. Dieu aime celui qui donne avec joie:

Dans 2 Corinthiens 9:6-9, La Bible dit : « Rappelez-vous ceci: celui qui sème peu moissonnera peu, et celui qui sème beaucoup, moissonne beaucoup » (v.6).

« Que chacun donne ce qu'il a résolu en son cœur, sans tristesse ni contrainte ; car Dieu aime celui qui donne avec joie » (v. 7).

« Dieu peut vous donner en abondance toutes sortes de bénédictions, pour avoir tout le nécessaire et aussi pour les utiliser dans toutes sortes de bonnes œuvres » (v. 8).

« L'Ecriture dit : 'Il a donné généreusement aux pauvres, et sa justice subsiste à jamais' » (v. 9).

« Nous faisons une vie par ce que nous donnons. » Cela nous rend l'accomplissement de ce que Dieu commande et apporte des récompenses... Mathieu 10:42 « Et quiconque donnera seulement un verre d'eau froide à l'un de ces petits parce qu'il est mon disciple, je vous le dis en vérité, il ne perdra point sa récompense. »

Lorsque nous avons une véritable conversion ce n'est pas difficile à donner. Ce travail de Dieu en nous qui nous rend de nouvelles créatures, nous transforme des êtres égoïstes qui ne cherchent qu'à recevoir en des êtres joyeux et généreux donateurs, émus et inspirés par le don de la grâce et du salut offert en Jésus-Christ : « Ils répondront aussi: Seigneur, quand t'avons-nous vu ayant faim, ou ayant soif, ou étranger, ou nu, ou malade, ou en prison, et ne t'avons-nous pas assisté ? Et il leur répondra: Je vous le dis en vérité, toutes les fois que vous n'avez pas fait ces choses à l'un de ces plus petits, c'est à moi que vous ne les avez pas faites. Et ceux-ci iront au châtiment éternel, mais les justes à la vie éternelle. » (Matthieu 25:44-46).

Révisez/Application :

Divisez la classe en équipes de trois ou quatre, et chaque équipe discutera des passages suivants et notera les conséquences de ne pas donner les bénédictions que nous recevons en donnant.

- o Deutéronome 15:7-11
- o 2 Corinthiens 9:6-9

Faites une liste des choses qu'ils peuvent inclure dans un « panier d'amour » (sucre, café, farine, beurre, biscuits ou quelque chose qu'ils ont préparé, etc.). Prenez un peu de temps à la fin de la leçon pour demander aux élèves de s'inscrire sur la liste et d'apporter des aliments différents dimanche prochain.

La semaine prochaine, placez une boîte ou un panier dans la classe (vous pouvez le décorer si vous le souhaitez) où les élèves pourront mettre la nourriture qu'ils apportent. Remettez-le avec les élèves à la fin du service à une famille qui en a besoin (il peut s'agir d'une famille de l'église ou du quartier).

Défi : Apportez de la nourriture à inclure dans un « panier d'amour » (sucre, café, farine, beurre, biscuits, ou quelque chose que vous avez préparé, etc.). Chacun choisira un objet à apporter dimanche prochain.

La semaine prochaine, nous livrerons ce panier d'amour à une famille d'église dans le besoin.

Notre Maison

Leçon 8
Lourd Natalia • États-Unis

Objectif : Les élèves vont comprendre la responsabilité que nous avons devant Dieu pour notre environnement.

A mémoriser : « l'Éternel Dieu prit l'homme et le plaça dans le jardin d'Éden pour le cultiver et pour le garder » Genèse 2:15.

Avertissement : Puisque le défi de la semaine dernière était une activité à laquelle tous ou plusieurs de vos élèves ont participé, prenez le temps pour eux d'exprimer ce qu'ils ont ressenti et s'ils veulent le répéter.

Accepter

Connecter / Télécharger

Le récit de la création est connu par beaucoup de jeunes et nous rappelle que Dieu est un créateur, le pourvoyeur et s'intéresse à nous et dans nos vies ici sur cette planète. Il a conçu le monde comme notre maison. La difficulté peut se poser quand nous, en tant qu'êtres humains, nous oublions notre devoir de respect et d'attention pour l'environnement que Dieu a prévu pour nous. Dieu nous a donné le privilège de prendre soin de sa création ! Et il veut nous aider à faire un bon travail !

Introduction Dynamique (12-17 ans).

- Matériaux : (boîtes, bouteilles vides, des Caracas de fruits, papier, piles, feuilles sèches, etc.) et deux sacs en plastique de différentes couleurs: (blanc et noir).

- Instructions : arriver tôt à la classe et répandre les déchets apportés, autour de la salle, sur des chaises, tables, etc. Lorsque les élèves arrivent à les accueillir à manger et demander les s'ils aiment votre salon comme ça aujourd'hui. Après avoir entendu plusieurs réactions, demandez-les ce qu'ils peuvent faire pour résoudre ce problème. Invitez-les à ramasser les ordures en les laçant dans des sacs en plastique: les déchets organiques dans le sac blanc et un sac noir inorganique.
  A la fin, donner la possibilité aux enfants avant de quitter, de partager comment ils se sont sentis lors de l'exécution de cette activité. Encouragez-les à réfléchir sur notre planète comme le salon de la classe.

Introduction Dynamique (18-23 ans).

- Matériaux : grande feuille de papier et un crayon, ou de l'ardoise.

- Instructions : Divisez le papier ou le carton en deux parties, par une ligne droite dans le milieu. D'un côté, écrire « façons de prendre soin de l'environnement » et de l'autre côté « façons de ne se soucient pas de l'environnement. » Dans le groupe penser, dire et écrire quelques exemples de chaque côté de la ligne. Par exemple: « Les moyens de prendre soin de l'environnement » ne pas jeter les papiers dans la rue, recycler les feuilles (protéger les arbres) ou des « façons de ne pas donner des soins à l'environnement » jeter des ordures dans la rue.

Connecter / Télécharger

Au cours de l'histoire de l'humanité beaucoup ont été ceux qui se sont intéressés à l'étude détaillée de la planète Terre et les êtres qui l'habitent. Il y a des gens qui se consacrent à l'étude de montagnes et de leurs hauteurs ou soleil et des planètes, il y a des gens qui se consacrent à classer les animaux et d'étudier leur mode de vie et il y a encore des gens qui aiment à regarder et à en apprendre davantage sur les humains.

De même, il y a eu des gens qui n'étaient pas très intéressés par l'environnement dans lequel ils vivent. Son attitude et son mode de vie en sont venus à endommager la planète terre, les animaux et même les hommes et femmes qui y vivent. Ce problème se pose lorsque nous pensons que la planète Terre est « notre » et que nous pouvons faire « tout ce que nous voulons avec elle. » Cependant, Dieu, dans la bible dit que la terre est la sienne, qu'il a conçue et créée. Même à ce jour, Dieu le soutient avec sa main puissante. La partie la plus étonnante est que cela nous donne le privilège de vivre sur la planète terre et de prendre soin de l'environnement, les plantes et les animaux. Quelle merveilleuse occasion ! De penser que Dieu nous permet de prendre soin de sa belle création ! N'oubliez pas que nous ne sommes pas seuls dans cette tâche, il nous aide à faire la même chose.

1. Dieu a conçu et créé la planète terre

Dans le premier verset de la bible, nous lisons que « Dieu a créé les cieux et la terre ». Dans le reste du premier chapitre, nous lisons l'histoire incroyable de la façon dont Dieu a aussi créé tous les êtres vivants : les plantes, les animaux et même les humains. Imaginez le travail puissant et étonnant que Dieu a fait à l'époque de la création. Imaginez ce que vous aurez ressenti si vous aviez été en quelque sorte en mesure d'assister à une telle démonstration de puissance.

Pensez Dieu « a déclaré » et les arbres étaient des arbres fruitiers et de pins, des fleurs et de l'herbe, comme des animaux de toutes sortes: des oiseaux, des animaux vivant dans la jungle, dans le désert, les animaux et les appareils domestiques tels que les chiens et les chats, même les bactéries et les insectes. La variété est incroyable ! Lorsque nous nous arrêtons et nous étudions la planète que Dieu nous a donné de vivre et de prendre soins, nous nous rendons compte que c'est un endroit merveilleux et qui a été conçu avec soin, la sensibilité et la précision.

Pensez à un projet que vous avez fait à l'école ou au travail ou au collège. Lorsque nous créons quelque chose de nos propres mains, généralement nous sommes si fiers de notre travail, nous admirons ce que nous créons et prendre soin d'elle de façon responsable. Ces sentiments sont plus importants si le travail s'est bien passé. Demandez-leur de lire les versets 10, 18, 21, 25 et surtout dans le verset 31 du premier chapitre de la Genèse, puis demander qu'est-ce qui se répète dans chacun d'eux ? Nous lisons que Dieu a vu ce qu'il avait fait était bon. Genèse 1:31 dit : « Et Dieu vit tout ce qu'il avait fait et voici, cela était très bon... » En d'autres termes, Dieu a conçu et créé non seulement notre planète, mais il a aussi fait un très bon travail. La planète Terre est merveilleuse! Tout comme nous aimons quand les autres respectent les choses que nous faisons et notre appartenance, Dieu nous enseigne que nous devrions nous inquiéter pour le monde qu'il a créé. Lorsque nous réalisons que Dieu est le créateur de notre planète, nous pouvons avoir une bonne perspective qui nous aide à respecter la création.

2. Dieu a choisi l'homme pour prendre soin de la planète terre

Présenter l'exercice suivant et leur demander d'écrire leurs réponses derrière la feuille de travail:

- Pensez à une personne qu'ils croient être responsable.
- demande alors : Qu'est-ce qui vous fait penser que cette personne est responsable ?
- Pensez à une personne qu'ils considèrent comme irresponsable.
- demande alors : Qu'est-ce qui vous fait penser que cette personne est irresponsable ?
- De même, pensez à une personne qu'ils considèrent qui se soucie de ce qu'il a.
- demande alors : Quels sont les comportements qui les font croire qu'une personne est bonne à prendre soin de ses affaires et celles des autres ?

- Enfin, demandez-leur de partager leurs réponses avec le groupe. Amenez-les à penser que Dieu considère que nous sommes responsables et qu'il nous a donné le monde pour l'administrer. Mais comment avons nous répondu à la demande de Dieu ?

Dans Genèse 1:28-31, nous lisons que Dieu, dans son amour pour l'homme, tenu pour responsable de la prestation de soins et de faire usage de sa création. Mis à sa disposition des animaux et des plantes pour lui servir de nourriture. Plantes non seulement fournissent de la nourriture, mais aussi de l'ombre et fournissent du bois pour construire des maisons. Les animaux aident également avec le travail de terrain, le transport, les animaux fournissent également une grande entreprise.

L'interdépendance entre les êtres humains et l'environnement dans lequel il vit est clair dans Genèse 2:15. Dans ce verset, Dieu indique à l'homme pour cultiver le sol, à savoir le travail et l'usine de fruits, en fin de compte Dieu dit aussi l'homme de « cultiver » la terre.

Il est bon de savoir et croire que Dieu a pourvu à nos besoins. En prenant soin de la planète terre, nous en bénéficions, par exemple, si nous nous soucions et nous plantons des arbres, nous avons du bois, du papier et d'autres choses dans le futur. Il est également bon de considérer que, en prenant soin de la planète, on participe à rendre gloire à Dieu. Le bâtiment lui-même est un témoignage de la grandeur de la puissance et de l'amour de Dieu, comme nous l'avons vu dans la partie précédente de cette leçon. Sachant que Dieu a créé la terre et nous a donné de jouir, notre réponse dans la gratitude, soin de la terre doit être prévu pour protéger les créatures qui y vivent. En tant que chrétiens, notre comportement doit être un exemple pour les autres, non seulement nous avons été créés par Dieu, mais il nous a donné la mission spéciale de prendre soin de la création.

3. Dieu sauvera la planète terre

La destruction que l'homme a fait de la création n'est pas un accident, est une conséquence du péché. Depuis Adam et Eve ont désobéi à Dieu dans le jardin d'Eden, le péché dans le cœur de l'homme, a causé vit séparé de Dieu et non pas assumer la responsabilité que Dieu a donné de prendre soin de son environnement, Genèse 3:07-21.

Enfin, dans Romains 8:20-22, nous lisons que non seulement nous l'homme, mais que la création elle-même souffre, et attend avec grande attente de la seconde venue de Jésus. C'est parce que, bien que Dieu nous a donné le privilège de prendre soin de sa création, il a besoin de Dieu de venir avec puissance et restaurer ce qui a été endommagé. Quand le Christ viendra, nous chrétiens qui avons été libérés de nos péchés et ont été restaurés dans notre relation avec le Créateur, nous devons prendre la principale responsabilité de prendre soin de sa création et aussi encourager d'autres à en prendre soins. Fait intéressant, le plus grand des mouvements dans le monde qui favorisent la gérance de l'environnement avec (Green Pace) Pace vert et d'autres, n'ont pas été sortis des églises chrétiennes, mais du mouvement Nouvel Age, les agnostiques, bouddhistes et autres.

Pendant notre temps ici sur la terre, nous les chrétiens n'ont parfois pas pris au sérieux notre responsabilité de prendre soin de la création. Pensez à un moment où votre mère vous a donné une responsabilité et vous ne l'avez pas fait, par exemple: Le jour qui passe le collecteur fera appel à la poubelle et vous vous oubliez. Qu'est-ce qui se passe? Si jamais vous oubliez, comme cela s'est passé dans ma maison, déchets laissés jusqu'à la prochaine fois quand passe le camion à ordures et cela crée une très mauvaise odeur et attire les mouches. De même, notre décision de répondre ou ne pas répondre à nos responsabilités a des conséquences. Quand ne pas prendre soin de la terre, cela causera des conséquences pour les plantes, les animaux, l'air, et nous même dans notre être physique, mental et spirituel.

Alors que nous sommes ici, sur la planète Terre, nous avons la responsabilité de prendre soin de la création de Dieu et nous prenons notre travail au sérieux. Et non seulement cela, promouvoir la gérance de l'environnement, c'est aussi une bonne occasion pour parler à nos amis dans le Christ, l'espoir de sa seconde venue et que seulement ceux qui sont sauvés profiteront d'un environnement restauré.

Certaines des choses que nous pouvons faire est de prendre soin de notre utilisation de l'eau, utiliser aussi peu que possible les plastique jetables et d'autre part, une mauvaise image des émissions de gaz dans nos véhicules ou d'utiliser les transports publics, protéger les arbres, le respect de l'habitat de différents animaux et, enfin, donner notre temps et notre argent à des organisations dont l'objectif est de prendre soin de notre planète.

Malgré tous les efforts que nous pouvons faire, beaucoup de dégâts ont déjà été faits et que nous ne pouvons pas restaurer.

L'espérance que nous donne ce verset de Romains, c'est que Dieu est toujours très intéressé par la création. Nous pouvons être assurés que, bien que parfois la situation ne soit pas idéale, la création, ainsi que nous, espère que Dieu vienne à nouveau et nous racheter, nous restaurer, fait de nouveau !

Pendant ce temps, il y a des choses que nous pouvons faire pour diminuer la course de la destruction.

Quels sont certains d'entre eux ? Permettre aux élèves de partager des moyens concrets qu'ils peuvent utiliser pour la contribution à la protection de l'environnement. Exemple: diminuer sur l'utilisation des sacs en plastique (plastique prend des années pour être détruit naturellement), ne pas utiliser des assiettes, des tasses ou des couverts, ne pas acheter de l'eau en bouteille, mais la réalisation de votre propre réservoir d'eau, etc.

Révisez/Application :

Répartissez-vous en groupes et écrivez les définitions des mots suivants. Partagez ensuite avec l'ensemble du groupe et appréciez les différentes significations que chaque équipe a données à chaque mot.

- ◊ Soigner
- ◊ Respecter
- ◊ Enregistrer
- ◊ Bénir
- ◊ Faire
- ◊ Prospérer
- ◊ Apprécier

Défi : Planifie le projet suivant avec ton enseignant et tes camarades de classe : Une journée de nettoyage dans le quartier ou la communauté où se trouve l'église. Ce jour-là, il serait bon que tout le monde vienne avec des chemises de la même couleur et de grands sacs pour ramasser les bouteilles en plastique, les canettes de soda ou les ordures qui se trouvent sur place. Lorsqu'ils collectent les ordures, ils peuvent séparer les matériaux qui peuvent être recyclés et vendus. Avec ce qu'on leur donne, ils peuvent planifier de faire d'autres choses qui profitent à l'endroit. Aussi, écrivez sur les lignes ci-dessous, quelques actions que vous vous engagez devant Dieu à réaliser, à collaborer à la protection de l'environnement.

Contrôle toi, toi-même !

Leçon 9
Odily Díaz • La Salvador

Objectif : Les élèves comprendront l'importance d'une bonne gestion des ressources économiques et élaborer un budget financier.

A mémoriser : « Ainsi donc, quiconque d'entre vous ne renonce pas à tout ce qu'il possède ne peut être mon disciple » Luc 14:33.

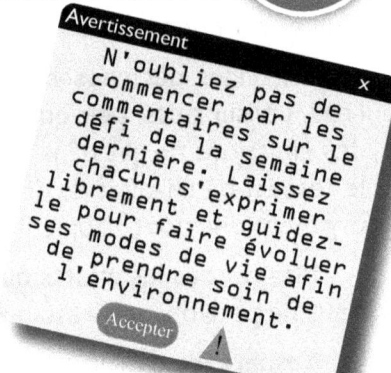

Avertissement
N'oubliez pas de commencer par les commentaires sur le défi de la semaine dernière. Laissez chacun s'exprimer librement et guidez-le pour faire évoluer ses modes de vie afin de prendre soin de l'environnement.
Accepter

Connecter | Télécharger

Introduction dynamique (12-17 ans).

- Matériaux : un sac de biscuits et spaghetti.
- Instructions : Placez le matériel dans un sac ou une boîte noire de sorte que personne ne peut voir. Former deux groupes. Ensuite, expliquez qu'ils doivent construire une tour avec les matériaux mentionnés.

Quand ils sont formés dans les deux groupes, un groupe targue les spaghettis et autre biscuits. Ensuite, pendant un temps considérable pour former la tour. Lorsqu'ils auront terminé avec le temps imparti, poser les questions suivantes :

Qu'est-ce qu'ils attendent quand ils ont vu le sac / boîte ?

Qu'est-ce qu'ils pensaient quand ils ont vu les ressources ?

Quel a fallu du temps pour planifier comment faire le tour et d'évaluer si elles atteindraient le matériel ?

Combien ont-ils mangé leurs ressources sans penser à ce qu'ils pourraient occuper ? Combien ont-ils jeté leurs ressources et n'ont pas prêté attention ?

Réfléchir avec eux et expliquer l'importance de savoir avec quels matériaux qu'on va utiliser avant de planifier quelque chose et de conserver les ressources qui sont disponibles.

Introduction dynamique (18-23 ans).

- Instructions : placer dans un sac des objets différents (chariots, des maisons, de l'argent, une poupée Barbie, des CD, des bijoux, des ordinateurs, par exemple, la lotte, vêtements, chaussures, médicaments, livres, etc.). Ensuite, retirer dans le sac un par un les objets et demander aux élèves de dire qui se rapportent à l'objet de leur présentation. Ils ont cinq secondes pour penser à chaque objet et arriver à une conclusion que l'on décrit sur la carte.

Par exemple : poupée Barbie représente l'obsession pour la beauté, les ordinateurs portables, sont liées à des études, des vêtements, mode, etc.

Lorsque vous avez terminé, réfléchir avec eux sur ce qui a réellement de la valeur et ce qui est une dépense inutile.

Pour être un disciple de Jésus, on doit apprendre certains aspects importants. Jésus, par Sa Parole nous enseigne combien il est important de planifier, de budgetiser et de réfléchir à nos finances. Un mineur de l'ouest Virginia a dit : « Quand vos dépenses excèdent vos revenus, rien ne peut arrêter sa faillite ». (*Le début des relations interpersonnelles* de Stan Toler), il est donc important de prêter attention à ce qui suit.

> Connecter | Télécharger

Nous sommes conscients que nous recevons de Dieu bénédictions spirituelles et matérielles. Dieu utilise différents moyens pour nous d'obtenir tout ce dont nous avons besoin pour vivre.

Nous vivons dans un monde que tout mène à la consommation. La plupart des gens dépensent ou veulent dépenser plus que ce qu'il reçoit ou gagne. En outre, constamment publicité est de dire aux gens de changer leurs vêtements, chaussures, accessoires, meubles, voitures, etc. Ils passent très vite et personne ne veut être laissé derrière. Cela rend qu'on dépense pour des choses inutiles et on n'a pas le temps de méditer sur ce qui est la meilleure utilisation de l'argent.

1. La bonne gestion des ressources

Dans Luc 14:25-33 Jésus enseigne sur les questions touchant l'implication de le suivre ou le cout de le suivre. Jésus était sur son chemin vers Jérusalem et il savait que la croix lui attendait. Le verset 25 dit: «De grandes foules faisaient route avec Jésus. Il se retourna, et leur dit:", ces gens l'ont suivi parce qu'ils pensaient qu'il serait peut-être prendre le trône, Jésus a parlé de la manière la plus claire possible. Il savait que ce qui l'attendait lui était difficile et que son amour pour Dieu et l'humanité serait pour vous aider à le réaliser.

Il est intéressant de noter que dans le verset 26, Jésus se réfère à ce qu'on doit nier si on veut être son disciple ? «Si quelqu'un vient à moi, et s'il ne hait pas son père, sa mère, sa femme, ses enfants, ses frères, et ses sœurs, et même sa propre vie, il ne peut être mon disciple." Le mot haine ne doit pas être compris littéralement, ce que Jésus a enseigné, c'est que l'amour dans ce monde ne peut se comparer à l'amour que nous avons en Dieu.

Au verset 28, Jésus peut-être changé de ton et a posé une question. La Bible cite un langage courant: « Car, lequel de vous, s'il veut bâtir une tour, ne s'assied d'abord pour calculer la dépense et voir s'il a de quoi la terminer. »

Pour Jésus, il était un fait important de savoir gérer son argent, et une partie d'une bonne administration est la planification et du budget. Plan est d'établir comment faire les choses et ce temps et le budget est de calculer combien vous avez et combien il en coûtera pour être réalisée.

Les grandes entreprises développent des stratégies régies par la planification et du budget, la plupart d'entre eux à long terme. Cela signifie que la planification de vos revenus et dépenses, avec un minimum de cinq ans.

Jésus a enseigné l'importance de la planification et de la budgétisation dans tout ce qui est fait pour que tout se passe bien et les gens ne font pas plaisir. Tandis que Jésus parlait de calcul du coût de suivre l'exemple montre qu'il est des gens sensés faire des calculs de ce que vous voulez entreprendre.

Peut-être que maintenant vous êtes très jeune et ne faites pas assez d'argent ou comptez passer vos parents vous donnent aller à l'école, mais il est important que l'argent, même apprendre à le gérer correctement. Avez- vous déjà demandé combien d'argent vous recevez par mois à partir de vos parents ou de votre travail et comment vous le dépensez ? Parfois, nous ne sommes même pas conscients de l'argent que nous recevons, et nous n'avons pas cessé de penser, comment faire un meilleur usage de cet argent.

2. Dieu est le premier dans la gestion des ressources

Dieu nous enseigne que l'argent que nous recevons est de Lui, mais nous donne aussi des idées stratégiques pour l'investir dans les meilleures conditions. Dans Ecclésiaste 5:19 dit: « De même, tout homme à qui Dieu a donné richesses et des biens, et il lui a donné le pouvoir d'en manger, et d'en prendre sa part, et de se réjouir de son travail, c'est là un don de Dieu. »

L'un des secrets d'une bonne planification et une bonne budgétisation est de comprendre que tout vient de Dieu. Pour cette raison, il est important de mettre Dieu à la première place du budget et de lui donner ce qu'il correspond à 10% de toutes les entrées indépendamment du fait que nous recevons plus ou moins, pour ne pas mentionner les prestations. Dieu dit dans Malachie 3:10 « Apportez à la maison du trésor toutes les dîmes,

Afin qu'il y ait de la nourriture dans ma maison; Mettez-moi de la sorte à l'épreuve, Dit l'Éternel des armées. Et vous verrez si je n'ouvre pas pour vous les écluses des cieux, Si je ne répands pas sur vous la bénédiction en abondance, dit l'Eternel des armées, si je ne vais pas ouvrir les écluses des cieux, et vous versez une bénédiction jusqu'à ce qu'elle déborde » si c'est Dieu qui déverse abondantes bénédictions sur nos vies. Ces bénédictions ne seront pas nécessairement en espèces, Dieu nous donne des bénédictions quand nous travaillons, la santé, les amis, etc. Donc la première chose à écrire lorsque vous faites votre budget, c'est doit être la dîme, mais c'est très peu. Si le jeune apprend très tôt à mettre de côté la dîme du Seigneur, il ne sera pas difficile à faire. Quand vous gagnez une plus grande quantité d'argent. N'oubliez pas!

3. Simple pratique pour l'utilisation des ressources

Dans Mathieu 14:13-21 raconte l'alimentation des cinq mille. Dans le verset 20 dit: «Tous mangèrent et furent rassasiés, et l'on emporta douze paniers pleins des morceaux qui restaient « Ici, nous voyons que rien n'est perdu, et se sont tournés vers tout le monde, et ont vu le surplus a été laissé mais ils ont ramassé ce qui restait, ce qui donne de la valeur à la nourriture. Avez-vous pensé à ce détail ? La même chose s'applique à l'alimentation des quatre mille dans Mathieu 15:32-39.

Jésus a enseigné que, après le traitement des besoins essentiels, il est important de sauver ce qui reste et ne pas gaspiller.

Cela nous enseigne que chaque fois que nous recevons un salaire ou on nous donne de l'argent, on devrait couvrir les besoins de base et les soins supplémentaires doivent être prises. Pour la comptabilisation de ce qu'on appelle l'équilibre et donc on en compte les premiers jours du nouveau mois.

Il est important d'être un bon disciple de Jésus, on doit être responsable, même avec les finances. Priez Dieu pour vous aider à reconnaître les choses qui sont nécessaires et faire bon usage des bénédictions qu'il donne.

Révisez/Application :

Ceci est un exemple de budget (les montants sont des exemples). Chaque élève doit faire le sien. Soustrayez les investissements mensuels et supplémentaires de vos revenus et cela vous donnera le solde, c'est-à-dire ce qu'il vous reste. S'il ne vous reste rien, faites attention, vous avez raison. Si les investissements sont supérieurs au revenu, vous devez procéder à un réajustement ou vous aurez des problèmes.

Exemple:

Revenu	1500	
Investissements mensuels		
Dîme		150
Offrandes		50
Voiture/essence/transport		110
Nourriture		200
Études		500
Investissements mensuels totaux		1010
Investissements supplémentaires		
Achat de livres (début des cours)		300
Totaux	1500	1310
Économie	**190**	

Défi : Peu importe à quel point vous êtes jeune, ou combien vous recevez ou avez, ce qui est important, c'est de savoir gérer tout ce qui vous tombe sous la main. Si vous ne commencez pas à établir un budget maintenant que vous avez peu, ce sera plus difficile lorsque vous en aurez plus. Si vous avez fait l'exercice précédent, ne tardez pas à le mettre en pratique dès que possible.

Créé pour Dieu

Leçon 10
Urizar Haroldo • Guatemala

Objectif : Les élèves comprendront l'importance de la technologie, ses avantages et ses risques.

A mémoriser : « Car la sagesse vaut mieux que les perles, Elle a plus de valeur que tous les objets de prix » Proverbes 8:11.

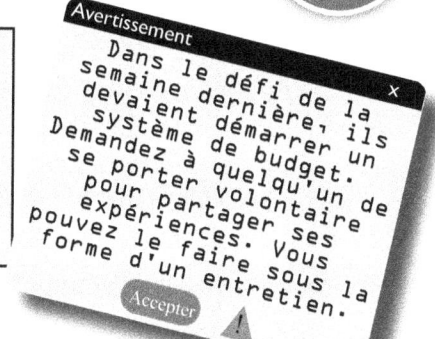

Avertissement

Dans le défi de la semaine dernière, ils devaient démarrer un système de budget. Demandez à quelqu'un de se porter volontaire pour partager ses expériences. Vous pouvez le faire sous la forme d'un entretien.

Accepter

Connecter | Télécharger

Introduction dynamique (12-17 ans).

- Instructions : Demandez à chaque garçon et fille restent complètement silencieux et immobile pendant deux minutes, sans parler, siffler, chanter, rire, pleurer, faire des bruits avec le corps, répondre au téléphone, envoyer des messages texte ou quelque chose. Juste être calme et au repos.

    Pendant ce temps, observer l'attitude de chaque élève. Vous remarquerez que certains ne peuvent pas rester sans rien faire. A la fin, demande les comment ils se sentaient.

    Alors expliquons que nous sommes à l'ère de la technologie, où tout a un son, la couleur, le son, la lumière, le mouvement. Sinon, tout simplement pas amusant ou attrayante et d'attention. Selon les études, cette génération a la capacité de faire plusieurs choses à la fois. Ils parlent au téléphone cellulaire tout en regardant la télévision, écouter vos joueurs de musique, appareils photo numériques et de manipuler votre animal de compagnie préféré tout en même temps. Et ils ont encore la possibilité à écouter si vous parlez à eux à ce moment. Chose que pour les générations personnes est incompréhensible.

Introduction dynamique (18 á 23 ans).

- Matériaux : feuille de papier et un crayon.
- Instructions : les avez en 30 secondes écriture interdire les noms des périphériques électroniques qui viennent à l'esprit. Evaluer qui a écrit plus d'appareils à temps.

    Alors expliquons que nous sommes dans une ère où la technologie est beaucoup plus accessible que par le passé. Même est pour les personnes de tous âges dans de nombreux pays. En outre, la variété des marques et des prix, sont à la disposition des personnes de différents niveaux de revenu.

La Bible nous enseigne que toutes choses ont été créées par Lui et pour Lui, la technologie n'est pas exempte de cette déclaration. Pendant longtemps, l'église a rarement utilisé la technologie car il avait un accès très coûteuse et limitée. Cependant, à cette époque, les coûts sont plus accessibles et il y a une variété de ressources à utiliser dans l'enseignement, la prédication, la louange, etc. La technologie pure et simple est un outil. Dieu est le créateur de toutes choses, il a mis tout en notre pouvoir pour être utilisé. Le problème est que beaucoup de gens l'utilisent à des fins mauvaises ou destructrices. Pour cette raison, beaucoup de chrétiens, aujourd'hui encore, ont peur de l'utiliser au sein de la liturgie chrétienne. La vérité est que nous pouvons l'utiliser dans sa plénitude à des fins productives, compte tenu de la créativité que notre créateur a mise en nous.

Connecter | Télécharger

1. Les avantages de la technologie

La plupart utilise la technologie de la jeunesse de l'église tous les jours. L'utilisation des ordinateurs et de l'Internet ont créés un média de masse où les jeunes peuvent s'exprimer comme ils sont, à travers des sites comme MSN, Hi5, face book. Il est également très fréquent de voir des jeunes utilisent avec une grande habileté les services de téléphone cellulaire, non seulement de communiquer mais pour écouter de la musique, prendre des photos et des vidéos, jouer à des jeux, etc. L'utilisation de la technologie est amorale, ni bon ni mauvais en soi, l'importance de la question est de savoir comment nous les utilisons.

1. Que recommandez-vous les passages suivants concernant l'utilisation de la technologie ?
    - Philippiens 4:8
    - 1 Corinthiens 6:12 10:23.

2. Comment pouvons-nous utiliser la technologie à notre avantage ? En tant que chrétiens, nous ne devrions pas perdre notre base qui est dans la lecture de la parole de Dieu, dans la prière et nous devons méditer sur tout ce qui nous aide à grandir dans notre foi

2. Les dangers liés à l'utilisation de la technologie

La technologie est un outil qui, comme toute la création, Dieu a mis dans nos mains et nous devons gérer. Cela sert à deux fins. Il peut être utilisé pour le bien, comme rendant la communication plus efficace, moins cher et plus rapide, mais peut aussi être détournée pour la diffusion de la pornographie.

L'un des problèmes les plus graves engendrés par cette technologie, c'est que les jeunes sont devenus plus ouverts dans leur communication avec leurs parents et beaucoup ont cessé d'interférer avec les autres dans des formes personnelles. L'utilisation d'éléments très personnels, comme les lecteurs de musique, les téléphones cellulaires et les ordinateurs personnels, ont causé la perte de la croissance et du développement de leurs relations interpersonnelles.

Les jeunes ont besoin de savoir que tout a un temps et un lieu pour être utilisé et il ne devrait pas être quelque chose qui va causer des problèmes, surtout lorsque vous pratiquer l'obéissance à Dieu et à vos parents. Beaucoup ont tendance de temps en temps à bavarder ou de parler sur les téléphones cellulaires ou envoyer des SMS, mais quand il s'agit de lire la Bible, ils s'ennuient ou ne pas attirer l'attention.

Certains jeunes pensent que la publicité dit à propos de l'utilisation de divers appareils, et se sentir mal s'ils n'en ont pas ou si l'un de leurs amis a une meilleure ou plus coûteux, Hébreux 13:5 nous dit : « Que votre parole soit sans avarice ; content de ce que vous avez, parce que Dieu a dit : Je ne te laisserai point, ni t'abandonnerai point. » Cependant, la technologie est l'une des armes que l'ennemi utilise pour détourner notre point de vue du droit chemin.

Voici quelques dangers que le jeune peut descendre lorsque la technologie est utilisée sans discernement :

a. La technologie peut être considérée comme une drogue

Plus vous l'utilisez, on devient additif, il enlève l'attention ou partie de ce que Dieu veut pour votre vie et ce que vos parents vous demandent. L'un des problèmes les plus graves engendrés par cette technologie, c'est que les jeunes sont devenus plus ouverts dans leur communication avec leurs parents et beaucoup ont cessé d'interagir avec les autres personnes. L'utilisation d'éléments très personnels, comme les lecteurs de musique, les téléphones cellulaires et les ordinateurs personnels, ont causé la perte de la croissance et du développement de leurs relations interpersonnelles.

Les jeunes ont besoin de savoir que tout a un temps et un lieu pour être utilisé et il ne devrait pas être quelque chose qui va causer des problèmes, surtout lorsqu'ils veulent obéir à Dieu et à leurs parents. Beaucoup ont tendance à être de temps à bavarder ou de parler sur les téléphones cellulaires ou envoyer des SMS, mais quand il s'agit de lire la Bible, ils s'ennuient ou ne pas attirer l'attention.

b. La technologie peut polluer l'esprit

Par exemple, à travers la pornographie, vidéo, photographies, écrits, ou dans les dessins animés de nombreux jeunes sont attirés et quelque chose qui commence comme la fin de la curiosité jusqu'à empoisonner leurs esprits. L'ennemi sait que, pour cette raison, utilisez l'esprit des annonceurs et les commerçants qui savent que l'une des choses qui attire Internet est la pornographie.

L'œil humain n'est pas satisfait facilement, les proverbes dit « l'enfer et la destruction ne sont jamais complète ; Alors les yeux de l'homme ne sont jamais satisfaits » Proverbes 27:20.

L'œil humain n'est pas satisfait facilement. Pensant à ce sujet sur l'Internet est un système de fenêtre que lorsque vous ouvrez un, qui est sexuellement explicite, le jeune homme tente de fermer automatiquement et en essayant de le refermer, il y a trois ou quatre fenêtres, de sorte que le jeune homme ouvre et plus vous voyez, plus il vous rend curieux de voir, et pas seulement cela, mais ressemble de plus en plus fortes expériences qui mènent à la mauvaise utilisation du corps.

c. La technologie apporte également des conséquences physiques

Selon les études, les générations actuelles souffrent de diverses maladies, auparavant uniquement générés par la vieillesse. Certaines de ces maladies sont le manque de visibilité pour l'exposition exagérée d'œil aux écrans, des maux de tête graves, une surdité en raison du volume élevé de la musique géniteurs et l'utilisation des appareils auditifs, des problèmes de poignet par l'utilisation de souris et du clavier, des problèmes de dos depuis longtemps rester assis, les réactions négatives telles que répondre de façon inappropriée aux parents, même pour les contester.

d. La technologie donne des informations confidentielles

Dans les journaux on peut voir aussi qu'on utilise des outils tels que Hi5, Facebook, Sonic, Myspace et un peu plus, pour recueillir des informations sur les individus, comme si par exemple : les cadeaux que vous avez reçus, et les voitures, occasion et toute autre information, qui est utilisé pour l'enlèvement et l'extorsion. Pour cette raison, il est important de demander aux jeunes d'être très prudent avec les informations qu'ils publient, « le poisson meurt par sa propre bouche. »

e. La technologie produit un besoin de consommation

Nous vivons dans un monde où la technologie est mise à jour quotidiennement. Cela implique que chaque jour les jeunes ont besoin de dépenser plus d'argent dans l'achat de ces produits, ce qui entraîne de graves problèmes à l'économie familiale. Beaucoup se sentent mal à voir un coéquipier a un meilleur lecteur de musique et plus cher que le leur. Cela a créé des problèmes chez les jeunes avec leurs parents, même, d'avoir atteint les extrémités comme voler, pour le simple besoin. Certains jeunes pensent que la publicité dit à propos de l'utilisation de divers appareils, et se sentir mal si vous n'en avez pas ou si l'un de vos amis a une meilleure ou plus coûteux Hébreux 13:5 nous dit « Que votre parole soit sans avarice ; content de ce que vous avez, parce que Dieu a dit : Je ne te laisserai point, ni t'abandonnerai point. » Cependant, la technologie est l'une des armes que l'ennemi utilise pour détourner notre point de vue du droit chemin.

3. Grâce à la technologie de la sagesse de Dieu

Nous apprenons ensuite que:

a. Dieu nous a conçus avec un esprit créatif : Dieu a mis de l'intelligence dans l'homme pour qu'il puisse être créatif pour son propre bien, celui de l'humanité et à son travail (Exode 28:3, 31:3, 6). Nous remercions Dieu pour ce que l'homme a créé et nous pouvons avoir accès à la nouvelle technologie et son utilisation à des fins différentes qui sont utiles.

b. Dieu nous a conçus pour être de bons administrateurs des ressources et des outils. Si Dieu nous a donné la liberté d'utiliser la technologie, nous utilisons pour les utilisations dans son testament. Méfiez-vous des jeunes qui deviennent dépendants de la technologie, lorsque la Parole de Dieu nous dit clairement que nous avons été appelés à la liberté, pas l'esclavage (Galates 5:1).

c. Nous glorifions Dieu dans tout ce que nous faisons : L'utilisation de la technologie devrait être en partie responsable et saine, et c'est aussi de notre vie et comment nous devrions glorifier Dieu avec tout ce que nous faisons, comme nous le recommandions l'apôtre en 1 Pierre 4:11. Rien de ce que nous faisons en public ou en privé doit déshonorer le nom de notre Dieu (2 Thessaloniciens 1:12).

d. Dieu juge convenable d'utiliser la technologie : Nous sommes dans le monde mais pas du monde (Jean 17:16). Cette déclaration confirme que nous pouvons et devons utiliser ce qui existe, mais toujours à fins honorables. Aussi garder le contrôle sur leur utilisation. La Bible nous conseille à ce sujet : « Tout a son temps, et tout ce qui est sous le ciel a son temps » Ecclésiaste 3:1, mais beaucoup de jeunes gens ne vivent pas cela et la technologie est de consommer beaucoup de leur temps.

Révisez/Application :

Divisez les élèves en deux groupes : Sur une feuille de papier, chaque groupe doit écrire 10 exemples d'utilisation de la technologie pour évangéliser et en expliquer les raisons. Ils peuvent utiliser des films, de la musique, des émissions de télévision, des SMS, etc. Discutez des réponses en groupe.

Discutez également en groupe :

- À quels périls ou problèmes sont-ils confrontés en tant que jeunes, lorsqu'ils utilisent quotidiennement la technologie.
- Comment est-ce que vous appliquez Philippiens 4:8 concernant l'utilisation judicieuse de la technologie à votre vie personnelle ?

Défi : Cette semaine, essayez d'évangéliser quelqu'un à travers un instrument électronique (téléphone, ordinateur, etc.) et comptez combien d'heures vous passez devant l'ordinateur et combien d'heures dans votre service au Seigneur, puis comparez et partagez avec votre classe ensuite semaine.

Vivre la Vie!

Leçon 11

Sara Cetino • Guatemala

Objectif : Les élèves savent ce qui est bioéthique et ce que la Bible dit à ce sujet.

A mémoriser : « Dieu les bénit, et Dieu leur dit: Soyez féconds, multipliez, remplissez la terre, et l'assujettissez; et dominez sur les poissons de la mer, sur les oiseaux du ciel, et sur tout animal qui se meut sur la terre » Genèse 1:28.

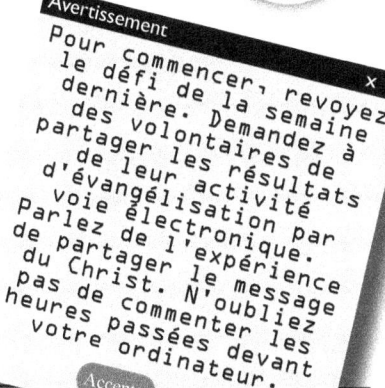

Connecter | Télécharger

Pour entrer dans le sujet, il est bon de définir les mots suivants:

Soyez féconds: dit d'une usine: donner des fruits. Dire une chose: Produit dompter: Maitriser.

Nous pouvons réaliser que lorsque dans le livre de la Genèse raconte l'histoire de la création des cieux et de la terre, Dieu a donné l'ordre à l'homme de maîtriser, compléter et produire des profits sur la création. Cela signifie que nous reconnaissons la valeur de la vie que Dieu a donnée à l'homme, les animaux et les plantes et nous essayons de le garder dans la meilleure façon.

Introduction Dynamique (12-17 ans).

- Instructions : Les élèves ont reçu des feuilles et des stylos. Ils sont invités à écrire une lettre à Dieu, ce qui devrait vous dire comment ils ont traité les animaux et les plantes au cours de leur vie. A la fin il sera demandé à quelques élèves de partager leur lettre à la classe. L'enseignant peut prendre une lettre qu'il a écrite au cours de la semaine et la lire aux élèves

Introduction Dynamique (18-23 ans).

- Instructions : Formez deux groupes pour un débat. Avant que vous devriez lire les règles suivantes :
  - Respecter les avis de l'autre personne.
  - Ne soyez pas violent.
  - Etre Toujours poli.
  - Avoir des désaccords honnêtes.
  - Essayez de discerner combien les différences sont les hypothèses éthiques, scientifiques, ou simplement personnelle.
  - D'accord, si possible sans compromettre leurs convictions.

Lire le cas suivant:

« Une jeune fille a été violée et est tombée enceinte de cet incident. Juste découvert que le bébé a des problèmes de malformation. Dans votre ville il est interdit l'avortement. Quel devrait faire cette fille? »

Demandez à un groupe pour défendre sa position en faveur de l'avortement et un autre pour défendre sa position contre. Cette activité ne devrait pas durer plus de 10 minutes.

A la fin on devrait clarifier qu'il n'y a pas des eléments bibliques pour l'avortement en aucune façon.

La bioéthique traite des dilemmes spécifiques, à la fois le domaine médical comme des références à des modèles politiques et sociaux des soins de santé et l'allocation des ressources, la relation entre le professionnel de santé et le patient, pratiques médicales prénatales, l'avortement, génie génétique, l'eugénisme, l'euthanasie, transplantation, l'expérimentation humaine, etc.

1. Champ d'application de la bioéthique

L'humanité veut de plus en plus avoir de contrôle sur la vie en général. Par conséquent, il existe des organisations qui cherchent à légaliser l'avortement, l'euthanasie, le clonage et autres manipulations à la vie. C'est pourquoi nous en tant que chrétiens ne doivent pas être uniquement informés sur ces questions, mais de savoir ce que devrait être notre position en tant qu'enfants de Dieu, nous cherchons à faire sa volonté.

Nous devons être de bons intendants de la création de Dieu, pas seulement l'humanité, mais aussi avec les animaux et les plantes. Nous sommes responsables de notre environnement et de respecter la vie en général.

Dans le livre de la Genèse dans les deux premiers chapitres ont rapporté que Dieu a créé les cieux et la terre, nous lisons comment Dieu a pris soin de chaque détail de sa création, donné à l'homme la responsabilité impressionnante pour administrer sa création. Malheureusement, l'humanité n'a pas fait son travail. Plusieurs espèces d'animaux et de plantes sont menacées ou éteintes. Nos grands parents savaient plusieurs plantes qui n'existent plus. Beaucoup d'animaux sont connus pour eux que par de vieilles histoires ou des photographies.

De la même façon maintenant l'homme veut être souvent un créateur, ne reconnaît que le seul dispensateur de la vie, c'est Dieu.

Aujourd'hui, une mère « décide » si oui ou non son enfant sera né et dans de nombreux pays n'ont plus à se cacher, il est légal, est considéré comme le droit d'une femme, ne pas penser à la droite du fœtus et le père (qui certains cas sont contre l'avortement).

De l'autre côté, ils font des manipulations génétiques sur les enfants naissent avec certaines caractéristiques physiques, (couleur des yeux, des cheveux, etc.) comme la création de Dieu devait être «amélioré» par l'homme.

Le pire, c'est que cette situation nous rend de plus en plus commun. Nous avons entendu les nouvelles et il ne nous affecte pas parce que nous sommes habitués à ce qui se passe.

2. Bioéthique et droits

Dieu nous a demandé de s'occuper de sa création, non pas parce qu'il ne pouvait pas le faire, mais comme un échantillon de sa confiance en nous, parce qu'il croyait que nous pouvions le faire.

Quand Jésus était sur la terre pour remplir sa mission, le souci de la vie des gens, en fait, il y a beaucoup d'histoires qui nous disent comment il a pris du temps à guérir les malades. En 3 Jean 1:2 dans la version actuelle, apparaît le désir d'avoir la santé « Bien-aimé, je prie pour que tu prospères à tous égards et sois en bonne santé, tout comme votre âme prospère ».

La vie elle-même est une valeur, cette valeur est la base, le support et la base de toute valeur morale peuvent se développer dans leur projection personnelle et sociale.

La vie est une valeur sacrée, le chrétien voit la vie comme un don, parce qu'il sait que c'est la création de Dieu. Votre vie et celle des autres n'est pas la propriété privée, mais un prêt. Ainsi, en tant qu'enfants de Dieu, nous devons nous considérer comme de simples intendants de ce que Dieu nous a donné.

Jésus a dit dans Matthieu 10:39 : « Celui qui conservera sa vie la perdra, et celui qui perdra sa vie à cause de moi la retrouvera ». Ce n'est pas une chose à prendre à la légère la vie et le désir de suicide, mais aussi met en évidence le rôle central de notre foi dans notre suite du Christ.

La vie terrestre au christianisme est une prestation constante au Seigneur. La vie est un concept et une réalité qui est à la fois personnelle, communautaire et environnementale, la vie humaine n'est pas seulement une réalité personnelle, mais aussi une réalité collective et un environnement de réalité (l'écologie).

La vie humaine inclut la notion de qualité, la vie ne comprennent tout simplement pas le fait d'exister, existence par opposition à la mort, mais une vie qui a de la qualité et de la dignité d'être appelé homme.

Il est nécessaire de faciliter l'homme tout ce dont il a besoin pour vivre une vie vraiment humaine, tels que: la nourriture, l'habillement, le logement, la santé, le droit au libre choix de l'Etat et de fonder une famille, à l'éducation, au travail, à une bonne réputation, au respect, à une information appropriée, à agir en conformité avec la ligne standard de sa conscience, à la protection de la vie privée et de la légitime liberté religieuse.

Dieu veut que nous ayons « ...la vie en abondance » Jean 10:10b, il doit être le désir de nous-mêmes et d'autres, pour qu'on respecte le droit à la vie de chaque être.

3. Quelques faits saillants de la bioéthique

Avortement:

Option facultative. Posture libéral « pro - avortement » qui donne à la femme des droits absolus sur son propre corps. Règles option. Posture « pro-vie » condamner moralement l'avortement et on le soutient qu'en cas de danger imminent de mort pour la mère. Il donne le droit moral pour le fœtus comme une personne dès la conception. Option contextuelle. Acceptez la valeur morale du fœtus, mais tenir compte des circonstances atténuantes et qui pourrait justifier l'avortement (Exemple : inceste, de viol, de malformations génétiques mère / enfant situations sociales telles que la pauvreté extrême, la mendicité -, psychose)

Galates 1:15 dit, « Mais, lorsqu'il plut à celui qui m'avait mis à part dès le sein de ma mère, et qui m'a appelé par sa grâce, » et Jérémie 1:4-5 dit: « La parole de l'Éternel me fut adressée, en ces mots : Avant que je t'eusse formé dans le ventre de ta mère, je te connaissais, et avant que tu fusses sorti de son sein, je t'avais consacré, je t'avais établi prophète des nations. " Dieu nous reconnaît comme des gens du ventre de notre mère.

Reproduction assistée et l'eugénisme

- L'insémination artificielle est l'utilisation de moyens autres que le sperme naturel implanté chez une femme afin de féconder l'ovule et obtenir une grossesse. C'est peut-être par le mari ou le donateur.
- FIV. La fécondation de l'ovule hors du corps de la femme dans un environnement artificiel avec contrôle.
- Le transfert de gamètes dans les trompes de Fallope. Se produit dans le corps et la fécondation naturelle. Les gamètes sont injectés dans les trompes de Fallope chirurgicalement, avant le traitement hormonal de la femme. Voici la possibilité de jumeaux résultant est relativement élevé.
- Substitution de la maternité (mère porteuse). Ils sont de deux types :
  * La gestation. Fonction souple, elle ne fournit que le ventre.
  * Le remplacement seulement. Souple et fonction des gamètes, fournit à la fois l'œuf et son ventre.

L'eugénisme ou la « bonne naissance » est la prédétermination des fœtus qui doit vivre et qui ne doit pas vivre. Il est étroitement liée à la question de la procréation médicalement assistée.

Si nous sommes dans les mains de Dieu, il est en contrôle de toutes les choses qui nous arrivent. Psaume 139:13-16 dit : « C'est toi qui as formé mes reins, Qui m'as tissé dans le sein de ma mère. Je te loue de ce que je suis une créature si merveilleuse. Tes œuvres sont admirables, Et mon âme le reconnaît bien. Mon corps n'était point caché devant toi, Lorsque j'ai été fait dans un lieu secret, Tissé dans les profondeurs de la terre. Quand je n'étais qu'une masse informe, tes yeux me voyaient ; Et sur ton livre étaient tous inscrits Les jours qui m'étaient destinés, Avant qu'aucun d'eux existât ». Nous avons besoin de se reposer en Lui et attendre sa volonté.

Euthanasie

Il signifie « bonne mort " ou » mort douce, pas de douleur ». Il peut être volontaire ou involontaire, selon le rôle joué par le patient. Il existe plusieurs classes, et les classements de l'euthanasie.

- Passif. Le médecin décide de ne pas traiter une pathologie secondaire d'un patient en phase terminale.
- Semi passive. Le traitement médical enlève toute la nutrition clinique, etc. D'un patient comateux.
- Semi- active. Le médecin de débrancher le respirateur d'un patient dans un état végétatif (mort du cerveau).
- « Double effet » accidentel ou, lorsqu'il est administré comme traitement de la douleur narcotique à un patient terminale, et le résultat est réduit la capacité respiratoire, au point de mort.
- Suicide. Lorsque le patient est en phase terminale décide lui-même de se suicider à l'ingestion des médicaments ou autre.
- Active. Lorsque le médecin administre une dose mortelle de morphine à un patient en phase terminal.

Les Écritures

L'euthanasie est la façon dont l'homme tente d'usurper l'autorité de Dieu qui veut décider quand mourir. La Bible enseigne que les êtres humains sont créés à l'image de Dieu (Genèse 1:26) et, par conséquent, avoir la dignité et de la valeur. La vie humaine est sacrée et ne devrait pas être licencié simplement parce qu'il est difficile ou gênant. Psaume 139 nous enseigne que les êtres humains ont été réalisés comme une création merveilleuse, comme un travail merveilleux. La société ne devrait pas fixer une norme de qualité arbitraire de la norme absolue de Dieu de la valeur. Cela ne signifie pas que les gens n'ont plus besoin de prendre des décisions difficiles concernant le traitement et les soins, et cela ne signifie pas que ces décisions seront guidées par un étalon de la valeur humaine objective et absolue.

La Bible enseigne que Dieu est souverain sur la vie et la mort. Les chrétiens peuvent s'entendre avec Job quand il a dit : « Le Seigneur a donné, et l'Eternel a ôté, que son nom soit béni ». Le Seigneur a dit : « Tu vois maintenant que je suis moi ! Il n'y a pas d'autre Dieu que moi. J'ai mis à mort et j'apporte à la vie, j'ai blessé et je vais guérir. Nul ne peut délivrer de ma main » (Deut. 32:39). Dieu a ordonné nos jours (Psaume 139:16), et est en contrôle de nos vies.

Un autre principe fondamental à voir avec une vision biblique de prendre la vie. La bible condamne spécifiquement assassinat (Exode 20:13), et cela inclut les formes actives de l'euthanasie dans lequel une autre personne (médecin, infirmière ou un ami) abrège la vie du patient.

Alors que la bible ne parle pas spécifiquement de la question de l'euthanasie, le récit de la mort du roi Saül (2 Samuel 1:9-16) est instructive. Saul a demandé à un soldat de le tuer alors qu'il gisait mourant sur le champ de bataille. Quand David a entendu parler de cette action, il a ordonné de tuer le soldat qui a détruit « l'oint du Seigneur ». Bien que le contexte ne soit pas l'euthanasie elle-même, il montre que nous devrions faire preuve de respect pour la vie humaine, même dans ces circonstances tragiques.

Les chrétiens doivent aussi rejeter la tentative de mouvement de l'euthanasie moderne pour promouvoir le soi-disant « droit de mourir ». La tentative de la société laïque pour établir ce « droit » est erronée pour deux raisons. Tout d'abord, donner à une personne le droit de mourir équivaut à la promotion de suicide et le suicide est condamné dans la bible. L'homme est interdit d'assassiner, et cela inclut le meurtre de soi-même.

Révisez/Application :

Demandez aux élèves de répondre. Si on vous demandait votre avis sur ces sujets, que répondriez-vous...

- Avortement
- Procréation Assistée et Eugénisme
- Euthanasie

Défi : La bioéthique devrait être un sujet d'intérêt pour les familles chrétiennes, cette semaine prenez le temps d'échanger avec vos parents sur cette leçon. Renseignez-vous s'il existe des lois dans votre pays concernant l'avortement, l'euthanasie, etc., et demandez à vos parents ce qu'ils en pensent.

Atteindre la promesse

Leçon 12
Ana Zoila Díaz • Guatemala

Objectif : L'étudiant à travers l'exemple de Caleb doit apprendre à attendre sur ce que Dieu a promis pour sa vie.

A mémoriser : « Et parce que mon serviteur Caleb a été animé d'un autre esprit, et qu'il a pleinement suivi ma voie, je le ferai entrer dans le pays où il est allé, et ses descendants le posséderont » Nombres 14:24.

Avertissement
Pensez à parler à vos élèves du dernier défi. Vous pouvez citer une loi sur l'avortement ou une autre et générer une discussion. Laissez-les s'exprimer librement sur les sujets. Aidez-les à développer une position personnelle sur chaque question.

Connecter | Télécharger

Caleb, dont le nom signifie téméraire, impétueux, était l'un des 12 envoyés pour explorer le pays de Canaan. Confiant dans la puissance de Dieu, il a donné un rapport encourageant: bien que les gens ne croient pas que la conquête serait possible. Dieu a récompensé Josué pour sa foi en lui, Il lui donna l'opportunité d'entrer à Canaan, ce qui fait d'eux les seuls de leur génération qui entraient dans la terre promise. Le Seigneur a promis à Caleb, quand Israël a erré dans le désert encore, je voudrais lui et ses descendants pour toujours donner les terres qu'il avait explorées avec les onze autres espions dans les 45 années plus tôt. Ces terres sont les terres d'Hébron habité les « géants » d'Anak.

Introduction dynamique (12 à 17ans).

- Matériaux : dessin d'un paysage et d'un mouchoir pour couvrir les yeux.
- Instructions : Prendre deux ou trois élèves, demandez les de boucher leurs yeux avec un mouchoir quelconque. Demandez au reste de regarder le paysage de dessin et de décrire ce qu'ils voient.

  Enfin, vous découvrirez les yeux de ceux qui ont eu leurs yeux bouchés et demandez les de regarder le paysage. Ensuite, Demandez-les si c'était exactement ça qu'ils imaginaient quand les autres étaient en train de décrire le paysage.

  Discutez de la façon dont il est, pour voir si chacun a une distinction, on peut regarder la même chose pourtant on voit les choses de façon différente.

Introduction dynamique (18-23 ans).

- Instructions : Discuter avec les élèves sur l'impatience, leur demandant comment ils sont et dans quelles situations ils ont dû attendre un peu pour quelque chose qu'ils voulaient.

Connecter | Télécharger

Pendant quarante jours, 12 hommes ont été explore le pays de Canaan (Nombres 13). Dix d'entre eux ont vu les difficultés et étaient remplis de crainte et de peur. En outre Josué et Caleb ont parlé de la réussite de conquérir la terre, parce que Dieu l'avait déjà mise de côté pour eux.

Il est important d'avoir l'attitude correcte face a nos difficultés, la bonne attitude devant Dieu les défis futurs, combien il est important de faire taire les murmures ou des expressions négatives comme Caleb l'a fait (Nombres 13:30), il a confiance dans l'amour de Dieu dans sa puissance et sa protection (Nombres 14:7-9).

Dans la vie de Caleb, nous pouvons voir qu'il avait un bon esprit, il était un homme de foi, il a appris à regarder les difficultés comme des opportunités pour la puissance de Dieu à se manifester. Caleb était un homme qui a su garder sa foi pendant 45 ans et connaissait son héritage. À ses 85 ans il dit à Josué, mes forces sont les mêmes, je garde ma foi et ma confiance en Dieu, lesquelles me permettront à ce que tous mes ennemis fuiront devant moi, peu importe de leur taille ou important leurs forces, Dieu est avec moi. Dieu a félicité sa foi et son attitude. Et pour avoir la bonne attitude, Dieu lui a donné le meilleur de la terre de Canaan (Josué 14:6-15).

Caleb un homme de caractère, un homme de visions, et ses rêves ont été remplis de succès parce qu'il garda sa fidélité à Dieu.

1. Les étapes de sa vie

1. La souffrance de Caleb

- Il avait 40 ans à Kadès Barnéa - (Josué 14:7) était né en Égypte, tandis que les Juifs ont connu de grandes souffrances.
- Il est né comme l'esclave, mais il est mort comme un leader. L'état dans lequel une personne est née peut influencer son avenir, mais ne le détermine pas, même si on est né esclave on ne doit pas laisser son esprit asservi mais plutôt croit atteindre la promesse de passer d'un esclave à être possesseur de l'héritage de Dieu.

2. Le vaillant Caleb

- Dans le désert, 12 espions ont été envoyés pour voir la terre de Canaan. Caleb était l'un des douze choisis, 10 espions ont méprisé la terre, Josué et Caleb détectaient la terre.
- La nation voulait retourner en Egypte, mais deux hommes de foi voulaient avancer. Alors que certains pensaient que les géants pensaient aux avantages et l'héritage que Dieu leur avait promis.
- La plupart marche par la vue, la foi minoritaire. En tant que chrétiens, nous sommes appelés à ignorer le géant et avoir une puissante confiance en Dieu et croire qu'il a le pouvoir de vaincre les obstacles et donner ce qu'il nous avait promis. La nation rebelle ne voyait que des obstacles, mais Caleb vit les opportunités. Quel est le résultat de la foi de Caleb ?
- Dix espions morts dans le désert.
- Josué et Caleb sont entrés dans la terre promise.
- Caleb fait face à la nation tout entière, mais Dieu lui a rendu hommage pour cela. Alors que les gens criaient, dans l'opposition, il a parlé avec Josué sur la confiance en Dieu, au point que les gens seraient lapidés, mais Dieu les a protégés en donnant à Caleb une promesse de croire en Lui.

3. Le Pèlerinage de Caleb

- Caleb ne meurt pas dans le désert, mais il a dû marcher 40 années avec une nation incrédule. Peut-être qu'il a enduré des murmures et des plaintes.
- Comment pouvait maintenir la vie spirituelle quand elle est entourée par tant de chair? C'est un travail simple, pendant que son corps était dans le désert, son cœur était en Canaan, en héritage de la promesse de Dieu.
- Vous n'allez pas rester dans le désert. Vous pourriez avoir des difficultés à traverser avant l'accomplissement de la promesse, mais n'oubliez pas de mettre vos yeux sur celui qui a fait les promesses et en leur répondant.

4. Caleb Le victorieux

- Une personne de foi est une personne qui a de la force. Caleb avait 85 ans et voulait toujours prendre possession de l'héritage de Dieu.
- Lorsque nous croyons en nous-mêmes et nous imaginons à 85 ans, nous pensons à notre faiblesse et la nécessité de nous retirer. Mais l'Ecriture nous donne l'exemple de Caleb, qui

s'est rendu à sa vieillesse. Nous avons tendance à croire que nos jours sont le calendrier et nous serons inévitablement faibles ou malades. Mais les jeunes peuvent également se développer la faiblesse ou la maladie. Chaque jour de notre vie est un produit de la grâce et de la miséricorde de Dieu. Aujourd'hui, par sa grâce, Dieu a ouvert une voie et nous appelle à mener à bien son objectif. Comment jusqu'où nous pouvons aller dans cette voie, il n'est pas déterminé par le calendrier, mais par la volonté de Dieu.

- Alors que le Dieu nous a assigné la tâche de ne pas la laisser inachevée, nous ne devons pas regarder comment nous sommes malade et combien difficile notre situation peut être. Même à 85 années, la responsabilité de Caleb n'avait pas fini, parce que Dieu lui avait donné la terre d'Hébron élite du pays de Canaan. Quand ils sont revenus, les espions envoyés par Moïse pour explorer le pays de Canaan, ont témoigné : « La terre... certainement où coulent le lait et le miel » (Nombres 13:27). Une seule grappe de raisin de la vallée d'Eshkol a pris deux personnes pour la transporter. La richesse de la terre était notoire. La vallée d'Eshkol était à Hébron et le sol a donné le meilleur de la terre de Canaan. Et parce que Caleb a suivi le Seigneur de tout cœur, Dieu lui avait donné comme récompense le meilleur de la terre de Juda.

- Nous avons tous convenu que Canaan est extrêmement bon. En Canaan, nous avons notre patrimoine, qui est la vie. Les chrétiens qui aiment le Seigneur auront cet héritage, mais seulement Caleb a été récompensé. La terre est la vôtre, mais vous devez mettre vos pieds dans le plat pour réclamer votre adhésion. Voici pourquoi Caleb ne pouvait pas se retirer parce qu'il n'avait pas encore reçu sa récompense. Caleb avait l'esprit d'un jeune homme. Malgré son âge, il pouvait se battre encore. Pour cette raison, Dieu l'a protégé. Pas tous les douze tribus ont reçu leur héritage parce qu'ils n'ont pas mis les pieds sur le sol. En revanche, Caleb reçu du Seigneur le meilleur de Canaan. Même si nous en sommes venus à Canaan, si nous n'avons pas encore obtenu la couronne de vie et la couronne de justice, nous devons dire comme l'a fait Caleb : « Donne-moi donc cette montagne dont l'Éternel a parlé dans ce temps-là; car tu as appris alors qu'il s'y trouve des Anakims, et qu'il y a des villes grandes et fortifiées. L'Éternel sera peut-être avec moi, et je les chasserai, comme l'Éternel a dit. » (Josué 14:12)

- Ce que Caleb voulait à quatre-vingt cinq ans c'était le territoire le plus dangereux. La terre dévore ses habitants, car elle était habitée par des géants. A quarante ans, Caleb n'avait pas peur, à quatre-vingt cinq ans, il était un homme courageux. L'expression « Donnez-moi cette montagne » indique qu'il était prêt à aller dans la terre. Grace au Seigneur, Caleb avait reçu la terre.

- Il avait une vision spirituelle et la vitalité ravissante. 10 espions étaient des géants et craintifs, mais Caleb les a vaincus. Les géants ont de l'air incrédule mais la foi regarde à Dieu. Josué et Caleb ont gagné avec des armes physiques et ont pris la possession d'un élément du patrimoine. Nous conquérons avec des armes spirituelles 2 Corinthiens 10:3-5 pour un héritage spirituel. Les chrétiens sont censés être des vainqueurs par la foi en Christ (1 Jean 5:4). Nous devons surmonter le monde (1 Jean 5:5). Nous devons surmonter la fausse doctrine (1 Jean 4:1-4). Et nous devons vaincre Satan (1 Jean 2:13-14). Prenez courage parce que Christ a vaincu le monde (Jean 16:33).

Révisez/Application :

Identifiez chaque étape de la vie de Caleb avec une étape de votre vie, écrivez ces situations et partagez-les avec le groupe.

1. LE CALEB SOUFFRANT
2. LE BRAVE CALEB
3. LE PÈLERIN CALEB
4. LE CALEB CONQUÉRANT

Défi : Qu'allez-vous faire pour prendre la terre que Dieu a pour vous ? Soyez fidèle au Seigneur et priez cette semaine pour qu'il vous donne la force et le courage de faire sa volonté ?

Miracle de la Santé

Leçon 13

Natalia Pesado • Etats-Unis

Objectif : Les élèves seront appelés à vivre grâce à Dieu pour la manière dont il se manifeste dans votre vie.

A mémoriser : « Il toucha sa main, et la fièvre la quitta ; puis elle se leva, et le servit » Matthieu 8:15.

Avertissement

Commencez par poser des questions sur le défi de la semaine précédente. Encouragez vos élèves à partager honnêtement, comment ça s'est passé ? Ils peuvent prier en remerciant pour l'aide divine et demander des personnes qui ne sont pas encore capables de réagir d'une manière qui reflète Dieu.

Accepter

Connecter / Télécharger

Introduction Dynamique (12 à 17ans)

- Matériaux : Tableau et matériels pour écrire sur le tableau.
- Instructions : Divisez le tableau en deux parties et en faire une liste des choses qui sont utiles ou bien á faire quand quelqu'un est malade et une autre liste de choses qui ne sont pas si bon à faire quand quelqu'un est malade. Ils peuvent être des choses que les élèves eux-mêmes ont expérimentées quand ils étaient malades. Par exemple : « Quand j'étais malade / J'étais heureux / quand mes amis m'apportaient des fleurs » ou « quand quelqu'un est malade, il ne faut pas dire ce qui est probablement quelque chose de mal qui s'est passée ».

Introduction Dynamique (18-23 ans).

- Matériaux : draps blancs et des matériels pour écrire sur le tableau
- Itinéraire : Demandez à chaque élève d'écrire trois principales maladies qui se sont passées dans sa vie, à cette époque, comment il se sentait et comment il a été guéri de cette maladie. Chaque élève rapidement va partager leurs expériences avec leurs partenaires. Concluant sur l'importance du soutien et de la compagnie de leurs proches et l'intervention divine au cours de la maladie

Avez-vous déjà vécu d'une maladie au cours de votre vie ? Peut-être un rhume ou la rougeole ? Bien que certains pensent parfois qu'être malade est amusant, car vous ne pouvez pas manquer d'être à l'école, d'être élevé par votre mère, et regarder la télévision après quelques jours d'être dans votre lit et c'est pas du tout amusant. Comment pensons-nous à subir des conséquences que nous pouvons réaliser lorsque nous n'arrivons pas à réellement étudier, le devoir pour ne pas retourner de la classe et de se rattraper, c'est plus de travail. Pour les adultes, il est plus compliqué, quand s'absenté du travail puis on fait une réduction sur leur argent. Dans l'histoire, nous allons étudier aujourd'hui, nous allons lire l'histoire d'une femme qui est tombée malade.

Connecter / Télécharger

L'une des choses qui affectent nos vies en tant qu'êtres humains est la maladie, qu'elle soit physique (douleur à-dire dans notre corps), ou émotionnel et mental (par exemple, être triste ou quand notre esprit ne fonctionne pas trop bien). La chose merveilleuse au sujet de ces problèmes, c'est que Dieu nous aide dans ces circonstances quand nous prêtons attention et voir comment il fait des miracles et changer les choses qui semblent impossibles pour nous. Dans l'histoire d'aujourd'hui, nous étudions de plus près l'un des miracles de Jésus dans la vie d'une femme, Matthieu 8:14-17.

1. La nécessité pour la femme

Dans le premier chapitre du passage à l'étude de cette leçon, nous voyons que Jésus a passé du temps avec ses disciples, ils étaient de très bons amis qui sont venus à sa maison. Aujourd'hui encore, Jésus est intéressé à toutes sortes de vie. Comme Jésus était un bon ami de Pierre, visité la maison et je savais quelle était la nécessité de la famille. Nous voyons que Jésus était attentif aux besoins de ses amis : « ... il a vu la mère de sa femme [Pierre] cloué au lit par une fièvre » (v.14).

Aujourd'hui souffrant de fièvre et d'avoir à passer quelques jours au lit, pas un énorme inconvénient, surtout si elles nous permettent de rester à la maison et ne pas aller à l'école et nos parents peuvent s'absenter du travail et de joindre à nous et de nous gâter. Cependant, à l'époque de la mère de Pierre, les conditions étaient très différentes. La première considération à faire est que, dans ces jours-là les femmes n'étaient pas appréciées. Même aujourd'hui, il y a des femmes qui ne sont pas respectées et qui sont malheureusement battues.

En général, le sexe féminin n'était pas quelqu'un qui se réjouit, parce qu'il avait peu de valeur aux yeux des autres. A cette époque, les femmes n'étaient pas autorisées à aller à l'école et étaient considérées comme des gens qui devraient être dans la maison et en y servant. Elles n'avaient aucune éducation, et aucune formation professionnelle, totalement dépendantes de leurs maris ou leurs fils âgés ou fils, d'avoir un endroit pour vivre et de quoi à manger.

Il est également important de considérer que la mère de Pierre n'était pas seulement les femmes, mais aussi était malade, et ce d'autant moins « important » ou « invalide » aux yeux de la société dans laquelle elle vivait. Ce n'est pas parce qu'elles ne pouvaient pas s'acquitter de leurs tâches, c'est ce qu'elle a été « conçue » comme cela. Imaginez aussi comment elle se sentait dans cette situation. Sans doute, la mère de Pierre se sentait frustrée, inquiète, fatiguée et triste, et aspirait à être en bonne santé.

En raison de cela, il est fascinant que Jésus a daigné de regarder et considérer la mère de Pierre. Ici, nous voyons combien il était différent de Jésus, mais personne d'autre n'aurait pensé que la mère de Pierre était l'une des moins importants de la maison, Jésus dans son amour, a pris le temps de la voir et de penser avec elle. En ce sens, nous pouvons comprendre que Jésus n'a jamais ignoré, peu importe comment est petit ou insignifiant nous pouvons nous sentir aux yeux des autres personnes, et même à nos propres yeux. Nous pouvons être sûrs que Jésus nous voit et qu'il nous aime.

2. La réponse de Jésus

Dans le verset 15 de Matthieu 8, nous lisons que le travail de guérison de Jésus sur la vie de la mère de Pierre. Il est merveilleux de voir comment Jésus a non seulement vu la mère de Pierre dans sa maladie, mais il a fait quelque chose pour l'aider. Dans ce passage, nous voyons d'abord le merveilleux amour de Dieu qui nous aime tant qu'il veut nous aider et changer notre situation. Jésus n'a pas seulement regardé, mais « touché sa main », c'est qu'il était avec elle à ses côtés, dans sa maladie.

Au verset 15, il poursuit en disant que « la fièvre la quitta », et nous rappelle l'incroyable puissance de Dieu. La chose merveilleuse chose au sujet de ce passage est que cela nous rappelle que nous pouvons nous reposer tranquille, parce que Dieu a la capacité d'aider dans quelque soit difficulté que nous rencontrons, y comprises les maladies physiques.

Parfois, dans nos vies privées que les jeunes pensent que personne ne peut comprendre les difficultés, que ce soit dans nos relations familiales, notre amitié et / ou de rencontres, ou dans notre mental, émotionnel ou spirituel. Mais nous ne devons pas croire ce mensonge. Jésus comprend ce que nous vivons, il nous aime, et nous pouvons entièrement lui faire confiance qu'il a le pouvoir de nous aider, à résoudre notre situation et d'être en bonne santé dans nos vies.

3. La reconnaissance de la femme

La réponse de la mère de Pierre par la puissance de Jésus qui se manifeste dans sa vie est décrite dans seulement deux courtes phrases dans Matthieu 8:15, qui dit : « ... se leva et les servit. » Il est à noter que ces deux courtes phrases contenant un verbe qui indique une action.

La conclusion que nous pouvons faire est que la mère de Pierre a pris des mesures immédiates pour se sentir bien. D'abord nous voyons qu'elle « se leva ». Il est important de considérer ce qui rend cette réponse particulière. Comme il est possible de supposer que beaucoup de gens, pour être guéries, avaient décidé de rester un peu plus longtemps au lit, « pour se reposer et reprendre des forces. » Il y a deux problèmes avec cette approche : d'une part, nier la puissance de guérison de Dieu, c'est à dire, Jésus guérit la mère de Pierre complètement, et son état de santé a été restauré avec toute énergie et de motivation. Jésus n'a pas fait un demi- miracle en guérissant seulement la fièvre, mais en fait, elle a été guérie de sa maladie et sa santé a été entièrement restaurée. Deuxièmement, si la mère de Pierre n'avait pas résisté et a décidé de passer du temps dans son lit, dans son oisiveté ou la paresse, elle serait refusée de profiter de la bénédiction de Dieu. En d'autres termes, prendre une position de victime, et continuer d'agir et de se sentir comme si notre problème existait quand Dieu a tout changé et ne nous permettent pas de recevoir tout le bien que Dieu a pour nous.

Dans le principal problème avec l'attitude décrite ci-dessus est qu'il nous permet d'apporter toute la gloire à Dieu pour son travail miraculeux dans nos vies. Il est important de mettre de côté nos problèmes quand Dieu travaille dans nos vies, et à se déplacer vers le nouveau qu'il a prévu pour nous. Une bonne façon de s'assurer ce que nous faisons n'est pas un problème c'est se souvenir du passé pas pour se plaindre et se plaindre, mais prendre du temps pour témoigner en donnant gloire et rendant grâce à Dieu pour sa puissance et son amour pour nous. Prendre une attitude de gratitude est le plus rentable, et elle est le signe d'un chrétien qui connait vraiment la joie et la paix de Dieu. Dieu a aussi le pouvoir de transformer nos attitudes et tous nos intérieurs !

Enfin, le passage de l'étude se termine aujourd'hui …. « puis elle se leva, et le servit » (Matthieu 8:15). Il est merveilleux de voir que la mère de Pierre a effectivement eu une attitude positive et même plus, elle a une attitude de gratitude. Quelle tristesse de regarder ou d'écouter une personne qui a reçu une bénédiction dans sa vie et ne pas prendre le temps de remercier Dieu. Dieu n'envoie pas de bénédictions et la guérison dans nos vies parce qu'il a besoin d'être remercié, il le fait juste parce qu'il nous aime. Cependant, même nous, en tant qu'êtres humains, nous aimons quand ils se rappellent pour nous remercier de quelque chose de gentil que nous avons fait, et qui nous permet de renforcer les relations avec la personne que nous aidons. Une attitude de gratitude après un bon comportement augmente les sentiments positifs de ces deux personnes et leurs relations améliorées. De même, lorsque nous prenons le temps de servir Dieu en signe de gratitude, nous pouvons comprendre que Dieu travaille dans nos vies d'amour, et qu'il aime être dans la communion et l'intimité avec nous. La vérité est que tout ce que Dieu fait dans nos vies est de nous rapprocher de Lui.

Révisez/Application :

En équipes, écrivez les définitions des mots suivants. Ensuite, partagez avec l'ensemble du groupe et appréciez les différentes significations que chaque équipe a données à chacun. Réfléchissez ensuite à ce que la Bible nous suggère à propos de chaque mot.

- Santé
- La guérison
- Maladie
- Miracle
- Foi
- Gratitude

Défi : Pensez à une personne que vous connaissez qui souffre d'une maladie. Pensez à certaines choses que vous pouvez faire seul ou avec votre classe d'école du dimanche pour bénir cette personne. Passez du temps ensemble dans la prière pour cette personne.

Psaume 103:3 nous rappelle : « C'est lui qui pardonne toutes tes iniquités. Celui qui guérit toutes tes maladies ».

Femme, vous avez la patrimoine

Leçon 14
Ana Zoila Díaz • Guatemala

Objectif : Les élèves acquerront la connaissance que Dieu a créé les femmes ayant des droits et obligations comme il a fait pour l'homme.

A mémoriser : « Et l'Éternel dit à Moïse: Les filles de Tselophchad ont raison. Tu leur donneras en héritage une possession parmi les frères de leur père, et c'est à elles que tu feras passer l'héritage de leur père » Nombres 27:6-7.

Avertissement

Pour motiver vos élèves avec l'activité de défi de la semaine dernière, voyez les possibilités d'amener en classe une personne qui s'est remise de sa maladie pour laquelle elle a prié. Vous pouvez également partager ce que chacun des élèves a fait pendant la semaine.

Accepter

Connecter | Télécharger

Introduction dynamique (12 à 17ans).

- Instructions : Demandez aux jeunes de former deux groupes. Ils seront dramatisés quel est le rôle des femmes dans la famille et l'autre groupe va dramatiser le rôle des femmes dans l'église. Discutez avec eux quelle est la conception qu'ils ont des femmes dans la société.

Introduction dynamique (18 à 37ans).

- Instructions : Demandez aux élèves de faire un cadre comparatif des droits et obligations des deux sexes. Si vous préférez, vous pouvez faire un groupe d'hommes et l'une des femmes à présenter leurs positions.

Idées fausses de beaucoup d'hommes autour de la femme a piétiné la place d'honneur, l'honneur que Jésus a donné aux femmes dans le ministère. Jésus était libre de tout préjugé contre les femmes, traités à plusieurs reprises avec les femmes en particulier, aimante, compatissante.

Marie était assise à ses pieds, une femme pécheresse oint ses pieds, une femme samaritaine a rencontré Jésus au puits et est devenue une missionnaire, une femme surprise en adultère a été jetée à ses pieds et il lui a pardonnée. Jésus renversa les paramètres de la justice et a montré un groupe de religieux hypocrites comment leur oppression envers les femmes a causé une douleur au cœur du Père.

Aujourd'hui, nous allons étudier une histoire qui y était des milliers d'années avant Jésus. Racontons la puissance de Cinq femmes qui ont changé les idées de leur époque en ce qui concerne les femmes. Elles sont connues comme les filles de Tsélophchad, Nombres 27:1-11.

Connecter | Télécharger

Dans les anciennes sociétés, les femmes ont été presque privées de tous les droits. Lois juives ont été faites par et pour les hommes, c'est le fait des hommes qui occupaient des postes importants dans la ville, ceux qui dictent afin de légitimer et de protéger leur position de pouvoir au sein de la société.

1. Le statut des femmes

La société dans laquelle ces femmes sont nées et ont grandies était complètement patriarcale, dirigée par des hommes. Ce n'était pas l'intention de Dieu quand il a créé Adam et Eve, mais le péché a tout corrompu. Dans ce monde, les femmes étaient considérées un p'tit peu plus qu'une propriété, les parents devaient payer la dot (Un prix ou de taxe pour elles).

Les plus extrémistes les voient comme de mal, ignorantes et épouvantablement mauvaises et immorales. Elles étaient employées des maisons inférieures, elles devaient porter une voile, n'autorisent pas à parler aux hommes en public, elles ne valaient pas l'apprentissage. Dans cette culture qui opprime les femmes, cinq femmes courageuses, audacieuses et résolues de faire quelque chose sans précédant.

Voici les détails : les seuls qui ont pu les donner le droit d'hériter étaient les mâles. Elle a posé un problème sérieux, Tselophchad son père n'avait que de filles, des filles très particulières, Nombres 27:1, Maala, maladie ou affection ; Noa, repos ; Hogla, boxeur ; Milca, reine, avocat ; Tirzah, agréable. Quels noms !

2. Femmes de Valeur

Chacun de ces noms a révélé ses compétences, le caractère et les adversités auxquels ils sont confrontés et les femmes ont fait fort, dur, avec tact, le courage, la sagesse et la grâce. Quand le temps est venu pour la distribution des terres entre les tribus d'Israël, ces sœurs ont rejoint, ont parlé, certainement prié et prêt à faire l'impensable à l'époque. Elles sont allées et se présentèrent devant Moïse, le prêtre, les princes et contre le reste de la congrégation (Verset 2) et ont demandé leur héritage (v. 3-4). Que se passerait-il ? Seraient-elles ignorées ? Seraient-elles réprimandées ? Auraient-elles la réponse à leur demande ? Seront-elles jugées ?

Dans Nombres 27:1-8, nous lisons les cris des filles de Tselophchad quand elles ont pris conscience de la marginalisation qu'elles ont subie après la mort de leur père.

Vous pouvez organiser le groupe en équipes de trois ou quatre, et leur demander de lire le passage et l'analyser par les questions suivantes.

1. Pourquoi cinq femmes devaient aller à Moïse pour réclamer leur héritage ?
2. A qui ces femmes risquaient de faire leur demande ?
3. Quelle réponse donna Moïse aux femmes ?
4. Pourquoi pensez-vous que Dieu a changé les lois du peuple, en faveur de ces femmes ?
5. Pensez-vous que cette nouvelle loi était juste pour les femmes et pourquoi ?

Les protagonistes de ce texte sont cinq femmes qui demandent une place dans l'histoire du peuple d'Israël. Comme d'habitude, Maala, Hoglah, Milca et Thirtsa, ne figuraient pas dans la généalogie de sa famille. L'histoire mentionne leurs noms, mais seulement après avoir appris de leur père Zelophehad et de leurs ancêtres (v.1). Cependant, le fait qu'elles apparaissent les noms de ces cinq femmes, ce qui n'est pas toujours trouvé dans l'Écriture nous dit que nous avons une histoire particulière dans laquelle la lutte des femmes est mentionnée parce que leurs noms sont entendus par tous, même par nous.

Ces femmes, en l'absence de l'autorité paternelle qui représentait dans la société juive (v. 3a) ont décidé de se présenter et d'exposer l'histoire de leur vie devant les autorités (Moïse, le sacrificateur Eléazar, les princes) et les personnes elles-mêmes (la congrégation) (v. 2). Le lieu en est la porte de la tente d'assignation, où, selon certains spécialistes, ont été traitées les questions les plus importantes dans la communauté. « Notre père est mort dans le désert, et il n'était pas en compagnie de Coré... » Cette déclaration pourrait être nécessaire, parce que sa mort aurait pu se passer à l'époque de la rébellion, et surtout parce que, comme les enfants de ces conspirateurs ont participé avec leurs parents dans un terrible châtiment, la demande des femmes semblait juste et logique, puisque leur père n'est pas mort pour quelque cause que sa famille est condamnée à perdre sa vie et son patrimoine, il est mort pour le même péché.

Elles résistent à effacer la mémoire de la famille et de la communauté. Pour cette raison, elles revendiquent leur droit à posséder « d'héritage » parmi les frères de leur père (v. 4), mais il y a plus derrière ce cri...

L'héritage requis par ces femmes ont été autorisé à rejoindre la société patriarcale de période de subsistance. Elles perdraient leur héritage, et survivre sans elle.

« ... Donne-nous une possession parmi les frères de notre père... » En voyant ces jeunes femmes que seuls les hommes dans les familles avaient été enregistrés, et donc personne dans sa famille étaient inscrites, et que la famille a été omise, dire Moïse votre plainte et les autorités se sont joints à lui dans l'administration de la justice. Ce fut le premier appel en matière de droits de la Bible pour les femmes. Je ne parle pas de féminisme, mais de véritables droits en tant que fille du Père. Ces femmes ont osé faire confiance à Dieu comme le défenseur de leur cause exacte et d'accorder leur demande. Ces femmes se présentèrent avec un esprit de confrontation pour confronter l'injustice. Comment Moïse a-t-il réagi à la demande de ces femmes ?

3. Dieu a agi en leur faveur

Ce fut sans précédent, (v. 5) ce n'était jamais arrivé, cette affaire a dû faire appel devant une juridiction supérieure, ce devait être porté à la sage et juste. Moïse n'a pas montré préjudice, une décision déterminée par le contexte culturel dans lequel il vivait, ne juge pas selon la coutume et le connu. Moïse préfère la justice à la tradition. Moïse devant Dieu le père, c'était lui qui devait trancher cette question, pas Moïse. Aujourd'hui, de nombreux frères bien-aimés, les pasteurs et les leaders masculins doivent faire de même, avant de statuer si la femme peut ou ne peut pas occuper des postes de leadership dans l'église, il devrait aller devant Dieu et de mettre l'affaire et de laisser Dieu à prendre les décisions.

La réponse de Dieu est surprenante et merveilleuse, versets 6 et 7. Dieu a dit oui. Imaginez Dieu qui dit à Moïse d'écouter ces femmes et leurs revendications sont justes, ont droit à leur héritage, j'ai vu leur détermination, leur courage, réclament ce qui leur appartient, ni plus ni moins, pourquoi ne pas lui donner ?

Dans l'exposé de l'histoire de la vie, dus à initier la création d'une nouvelle loi qui a regardé comme héritier (v. 8). Votre demande commence une autre histoire qui s'ouvre le choix de vie pour les femmes du peuple juif.

Après le courage et la détermination de ces cinq femmes, on a établi une nouvelle loi, vous pouvez appeler la loi n°1 en ce qui concerne les droits du succès des femmes. Imaginez un énoncé comme « Je déclare solennellement que je lui donnerai son héritage pour toute fille dont le père est décédé sans laisser d'enfants d'héritier, comme elles percent leur propre droit. Ce statut sera en vigueur à partir de maintenant, selon la parole du juge de l'Univers ». C'est vraiment choquant, Dieu aime les femmes et les hommes tous en les donnants les mêmes droits d'héritage.

N'est-ce pas merveilleux ? La pétition et la réclamation de cinq femmes ont changé la loi, la loi pour toutes et pour les générations qui suivent. Elles ont passé 40 ans dans le désert, mais les femmes attendaient pour leur héritage. Moïse est mort et est venu un autre leader, Josué. Avait-il oublié ce que Dieu a ordonné à Moïse à leur sujet ? Oserez-vous aller à nouveau aux dirigeants pour leur rappeler ce que Dieu avait dit ? Lisez Josué 17:1-4 Oui, elles l'ont fait et ont eu ce qu'elles avaient demandé devant Moïse des ans plus tôt.

Quand Moïse eut entendu le cas de ces sœurs, je ne sais pas quoi faire, et c'est pourquoi je demande à Dieu. Dieu vit que la foi de ces femmes et a fait justice pour elles et leur a donné la richesse de leur père, car Dieu ne fait pas acception de personnes.

Il est important de savoir qui vous êtes en Dieu. Il n'y a aucune raison absolue de rester en espérant que quelqu'un d'autre va obtenir ce qui vous appartient. Votre Père céleste a laissé un héritage. Ce n'est pas ce que les gens disent de vous qui vous rend différent. C'est ce que Dieu a dit à propos de vous et ce que vous dites sur vous, c'est ce qui importe vraiment.

La foi est le plus important pour Dieu. Il dit qu'il n'y a pas grec ou Juifs (Galates 3:28). Il n'y a qu'une seule église, achetée avec le sang de l'Agneau. Tous sont un en Christ. Ce n'est pas votre race ou la couleur de votre peau, vous donnant un avantage ou valeur. Qu'est-ce qui est dans votre cœur ? qui est ce qui apporte l'aide de Dieu ? Dieu voit votre cœur.

Dieu veut que nous le croyions, j'accepte la vérité que vous pouvez faire toutes choses par Lui (Philippines 4:13). Si vous osez croire que vous avez un héritage en Jésus-Christ, vous trouveriez la force de continuer.

Révisez/Application :

Demandez aux élèves de répondre individuellement, puis discutez en groupe si les gens se sentent à l'aise :

- Écrivez les qualités qui vous ont frappé chez les filles de Zelophehad et pourquoi.
- Selon le passage biblique, que nous enseigne Dieu concernant les droits des femmes et l'égalité des sexes ?

Il est temps d'en finir avec le passé, avec les souvenirs, avec les mauvais traitements, avec les traumatismes, avec la faible estime de soi qui a paralysé les femmes et les a rendues impossibles. Il est temps pour vous d'être tout ce que Dieu dit et veut que vous soyez. Ce sont des héritières, elles ne doivent pas accepter sans que personne ne pense, ne croit et ne détermine moins que cela. Ils doivent apprendre aux filles de Zelophehad et réclamer leur héritage aujourd'hui.

Demandez aux jeunes de prier pour les jeunes filles, puis priez pour leurs mères et leurs sœurs en leur demandant de prendre le rôle que Dieu veut qu'elles prennent dans la vie du Royaume de Dieu.

Défi :
Il est temps d'en finir avec le passé, avec les souvenirs, avec les mauvais traitements, avec les traumatismes, avec la faible estime de soi qui a paralysé les femmes et les a rendues impossibles. Il est temps pour vous d'être tout ce que Dieu dit et veut que vous soyez. Ce sont des héritières, elles ne doivent pas accepter que personne ne pense, ne croit et ne détermine moins que cela. Ils doivent apprendre des filles de Zelophehad et réclamer leur héritage aujourd'hui.

Demandez aux jeunes de prier pour les jeunes filles, puis priez pour leurs mères et leurs sœurs en leur demandant de prendre le rôle que Dieu veut qu'elles prennent dans la vie du Royaume de Dieu.

Elle a dit: Oui, Seigneur

Leçon 15
Zeida Lynch • Argentine

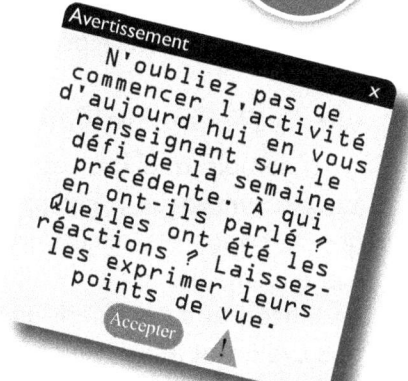

Objectif : Que les élèves comprennent que Dieu veut utiliser les hommes comme les femmes, afin de partager l'Évangile et de servir.

A mémoriser : « Il n'y a plus ni Juif ni Grec, il n'y a plus ni esclave ni libre, il n'y a plus ni homme ni femme; car tous vous êtes un en Jésus Christ » (Galates 3:28).

Connecter | Télécharger

Introduction dynamique (12-17 ans)
- Présenter la carte du second voyage de Paul. (Peut être trouvé dans de nombreuses Bibles annexes). Divisez la classe en groupes et donner une carte pour chacun d'eux. Dans la feuille de carte que les noms des villes visitées et Paul à Thyatire.
- Instructions : Demandez aux élèves de travailler sans parcourir le chemin que nous trouvons dans les Actes 15:36-16:12.
  Le premier groupe qui retrace les extrémités du chemin est le gagnant.

Introduction dynamique (18-23 ans).
- Itinéraire : Écrire sur le bord de la question suivante : « Elle ne peut pas être ministre d'une église ? » Ouvrez la boîte de dialogue afin de réfléchir lequel de chaque élève qui exprime son opinion quant à savoir si oui ou non vous êtes d'accord qu' une femme d'être leader et ministre ou chef de file d'une église.

Même à notre époque, il y a plus de liberté d'action entre les hommes et les femmes, il y a encore des gens qui croient que les femmes devraient avoir les mêmes droits que les hommes. Aux yeux de Dieu, ce n'est pas vrai. La Bible nous enseigne que nous sommes tous égaux. Pour lui, nous sommes responsables de nos actes. Pour les adolescents c'est une question qui doit être discutée, car ils viennent des endroits différents, et dans le cadre de leur formation, est de comprendre que le rôle des femmes dans l'Église est approuvé par Dieu.

Connecter | Télécharger

Même si on sait très peu de Lydie, nous pouvons encore trouver quelques enseignements de nos vies et de la sollicitude de Dieu pour ses enfants.

Au début, nous voyons que le plan de Paul était de continuer à prêcher en Asie. Il voulait entrer en Bithynie, mais Dieu lui a dit de changer de cap et de commencer une nouvelle aventure en Europe. Actes 16:9-10 nous dit que par l'intermédiaire d'une vision, Paul a réalisé qu'il y avait aussi des gens qui avaient besoin d'entendre le message de salut en dehors de l'Asie. Le premier endroit où ils se trouvaient en Europe était à Philippes. Il est fort possible qu'il y avait beaucoup de Juifs dans la place, il n'indique pas qu'il y avait une synagogue et les gens priaient le long de la rivière. Il est à côté de la rivière, qui se réunit Lydie de Paul. Lisez Actes 16:11-15.

1. Lydie, une femme qui travaille

Luc, l'auteur des Actes nous dit que Lydie était de la ville de Thyatire. Cette ville était célèbre pour la production de colorants pour les tissus. Mais c'était aussi un lieu très commercial et corrompu. Mais elle et sa famille avaient déménagé à Philippes et Lydie a travaillé á la vente de pourpre, une teinture pour les vêtements.

2. Lydie, une femme attentive à la voix de Dieu

Il semble que Paul et ses compagnons (Sillas, Timothée, Luc, entre autres) n'ont trouvé aucune synagogue à Philippes, mais cherchaient un lieu de prière. Les historiens nous disent que le temps est nécessaire au moins 10 hommes juifs d'avoir une synagogue dans la ville. Cependant, bien qu'il n'y ait pas de synagogue, les hommes et les femmes juifs ont respecté le « sabbat » et cherchaient un lieu pour adorer Dieu. Je ne sais pas exactement, comment est-ce que Lydie vint à leur rencontre. Mais ce que la Bible dit clairement, c'est que Lydie était dans un endroit où elle adorait le vrai Dieu. Ceci indique une grande partie de la vie de Lydie, surtout parce qu'elle est venue et a vécu dans une ville païenne.

   a. Elle a écouté les enseignements de Paul. Alors qu'il était très fréquent pour les femmes à enseigner les Juifs, Paul était convaincu que le salut était aussi pour les femmes et en a profité pour présenter le message de l'évangile à un groupe d'entre elle. Lydie a dû être très attentive, en laissant de côté certaines choses personnelles comme les préjugés, les professions, etc. Elle a décidé d'écouter le visiteur.

   b. Elle aimait Dieu. Lydie en quelque sorte connaissait Dieu sûrement par les enseignements juifs. Mais non seulement le connaissait, mais elle l'a aimé, cela indique qu'elle cru en lui convient de noter que de nombreuses personnes connaissent et adorent Dieu, même sans connaître pleinement le message de Dieu pour elles. Lydie était l'une d'entre elles, adoraient le Dieu qui avait été soumis, mais n'avait pas encore l'invité à être leur Sauveur. Aimez-vous Lydie ? Vous connaissez et aimez Dieu, mais pas toujours vous et moi en notre cœur ?

   c. Elle était sensible à la voix de Dieu. Jésus a enseigné dans Jean 16:8-11 que le Saint-Esprit convaincra le monde de péché, de justice et de jugement. Ce qui s'était passé en Lydie, le Seigneur avait préparé son cœur. Dieu est intéressé par le salut de toute l'humanité. Non seulement les juifs ou ceux qui sont nés dans les foyers chrétiens. Dieu aime tous.

   d. Elle a accepté le message du salut. Quelle joie dû se sentir Paul et ses amis ! Le but de Dieu pour apporter à l'Europe étant plus clair. Une femme européenne avait donné sa vie au Christ ! Quand elle a entendu le message, elle avait décidé d'accepter l'Évangile et être baptisée.

Donc, nous devons prier pour ceux qui ne connaissent pas le Christ, afin que leurs cœurs puissent préparer. Dans le même temps, nous devons profiter de chaque occasion que nous avons à partager le message de salut, je ne sais pas si Lydie qui attend d'entendre parler de Christ.

3. Lydie, une femme qui a partagé sa foi et a servi Dieu

Lorsque le Christ viendra dans nos cœurs, nous ne pouvons pas rester silencieux, nous devons partager la bonne nouvelle comme Lydie a fait. La Bible nous dit qu'elle et sa famille ont été baptisées. Combien étaient-elles, où sont-elles ? Je ne sais pas, mais l'Évangile, elle et sa famille touchées. La foi en Christ, ce n'est pas vivre dans la clandestinité. Il est intéressant de noter que dans ce passage, Paul dit au geôlier : « Crois au Seigneur Jésus-Christ et tu seras sauvé, toi et ta famille » Actes 16:31. L'évangile influence ceux qui nous entourent. Vous voulez avoir une influence sur les autres, en particulier votre famille avec le message du Christ ?

Immédiatement sa vie a été transformée, elle a décidé de faire quelque chose pour aider Paul et ses amis. Elle a offert sa maison comme un lieu d'hébergement. Elle prenait soin d'eux au moment où ils étaient à Philippes, de cette façon ils pourraient continuer à partager l'évangile avec les autres. Y a t-il quelque chose que vous pouvez faire pour collaborer avec les autres pour partager l'évangile ?

Vous pouvez écrire ce sketch sur la planche et esquisser les passages bibliques pour les étudiants à participer, en lisant et en commentant chaque passage.

La vie de Lydie peut être un exemple pour nous.

Une ouvrière. Une femme qui cherche Dieu.

Une femme qui partage sa foi et sert Dieu.

Profitez de l'occasion pour demander si l'un des élèves va accepter Jésus comme son Sauveur ou si vous connaissez quelqu'un que vous n'avez pas encore pris le temps de parler avec lui ou elle.

Vous pouvez également soumettre un morceau de papier pour écrire les noms de trois personnes qui ne connaissent pas le Christ mais voulant que vous les tenir devant Dieu dans la prière.

Révisez/Application :

Demandez aux élèves de répondre individuellement, puis discutez en groupe si les gens se sentent à l'aise :

- Écrivez deux raisons pour lesquelles vous pensez que les femmes devraient ou ne devraient pas travailler.

- Expliquez comment il est possible qu'une personne connaisse Dieu, mais ne l'ait pas accepté comme son Sauveur. Vous pensez qu'il y a des gens comme ça ? Parce que ?

- Écris trois exemples de la façon dont tu peux partager ta foi avec les autres.

- Écrivez trois idées sur la façon dont vous pouvez servir Dieu, tout comme Lydia l'a fait.

Défi :
Vous identifiez-vous à l'une des caractéristiques de Lidia, même si vous n'êtes pas une femme ?

Une personne travailleuse.

Une personne qui cherche Dieu.

Une personne qui partage sa foi.

Une personne qui sert Dieu.

Demandez au Seigneur de vous aider à avoir ces caractéristiques.

On peut changer

Leçon 16
Josué Villatoro • Méxique

Objectif : L'étudiant devra connaître la vie d'Onésime et voir le changement qui était en lui, tout en reconnaissant que nos vies peuvent être changées considérablement lorsque nous acceptons et servir le Christ.

A mémoriser : « Je te prie pour mon enfant, que j'ai engendré étant dans les chaînes, Onésime, qui autrefois t'a été inutile, mais qui maintenant est utile, et à toi et à moi » (Philémon 10-11).

Avertissement
N'oubliez pas le défi de la semaine dernière. Demandez à vos élèves comment ils ont montré certains des caractéristiques de Lidia au cours de la semaine ? Célébrez les efforts déployés et motivez-les à continuer d'avancer.
Accepter

Connecter | Télécharger

Introduction dynamique (12-17 ans)
- Matériaux: pâte à modeler ou de la boue malléable
- Instructions: donner à chaque élève un morceau de pâte à modeler, pâte à modeler ou de l'argile qui peut être moulue et demandez à chacun d'entre eux de faire la forme que vous voulez. Une fois fait le premier chiffre, demandez-leur le même matériel pour faire une autre figure, répétez l'activité 3 ou 4 fois. L'objectif de cette activité est qu'ils puissent voir l'argile, pâte à modeler ou de l'argile peuvent être moulues et peuvent prendre la forme des chiffres différents, que la main est faite. C'est donc avec nos vies, si nous laissons Dieu nous façonne, il nous donnera une très bonne forme

Introduction dynamique (18-23 ans)
- Matériaux: crayon et une feuille pour écrire
- Instructions: donnez à chaque élève un crayon et une feuille de papier et demandez-leur d'écrire 10 faits sur eux-mêmes qu'ils veulent bien changer. Une fois que vous voyez ce qui ne peut être modifié qu'avec l'aide de Dieu.

Beaucoup de gens m'ont demandé, et je peux vous assurer que, vous maitre, le christianisme change vraiment les gens. Quand je parle à mes collègues au sujet du Christ ou de partager certains passages bibliques, ils sont intéressés mais n'ont pas encore décidé pour le Christ parce qu'ils ne savent que s'ils vont vraiment changer.

La vérité est que nous savons que le Christ a transformé nos vies. Il a également transformé et radicalement changé la vie d'Onésime. Nous allons voir le changement dans la vie de ce personnage.

Connecter | Télécharger

La dynamique que nous avons faite nous ont aidée à réaliser qu'il y a des choses dans notre vie qui peuvent être modifiées, en particulier lorsqu'on est mis entre les mains de Dieu, mais croyez-vous vraiment que la vie d'une personne peut changer radicalement ? Considérez la vie d'Onésime, un exemple clair du changement que le Christ peut apporter dans la vie des gens.

Qui était Onésime ? Onésime était un serviteur de Philémon, dans les cultures anciennes, esclavage était une pratique socialement acceptée et utilisée par de nombreuses personnes. Philémon également a pratiqué, et a eu comme esclave Onésime. Un jour, Onésime a décidé de s'échapper de la maison de Philémon. Certains supposent que par la pauvreté et l'oppression qui ont fait voler le serviteur fuyant leurs maîtres et de leur captivité, cela a pu être le cas d'Onésime, bien que la Bible ne le dise pas en aucune façon. Onésime a voyagé et a parcouru tout le chemin vers Rome, où il a rencontré Paul et est devenu son partenaire en prison et il a accepté Christ comme son Sauveur. Dans les lignes suivantes voir quelques points importants qui se sont produits dans la vie d'Onésime après avoir accepté le Christ.

1. Un changement radical: l'esclave est libre

Avant de connecter à ce point il faut lire la lettre à Philémon dans son intégralité.

Imaginez la colère Philémon quand il s'est rendu compte que son esclave s'était évadé. Un esclave a été très utile pour le fonctionnement d'une maison riche et c'était une grande hardiesse de vous, enfui de chez son maître. Onésime était à la recherche de sa liberté, peut-être fuit la souffrance et de l'oppression qui étaient l'objet de ce départ. C'est à ce moment qu'il a été emprisonné, où non seulement a été captivé par les autorités, ou par ses propres péchés.

En prison, Onésime a rencontré Paul et devint chrétien. Sa vie a changé de façon spectaculaire, spirituellement il était libre du péché et son cœur était rempli de l'amour du Christ. Il a commencé à comprendre que sa vie a un sens, il était utile et que le Christ l'aimait. En prison, Onésime a retrouvé sa valeur en tant que personne, il était utile, son cœur a été sensibilisé aux besoins de Paul et a montré qu'il était désormais une personne changé.

La personne qui reçoit le Christ, elle doit donner des preuves tangibles, qu'elle a radicalement changé la façon dont elle pense et agit. Aujourd'hui, beaucoup se disent chrétiens, mais pas tous dans leurs vies démontrent vraiment un changement radical. Onésime est un bon exemple de la façon dont sa vie a été transformée quand il a donné sa vie à Jésus-Christ.

2. Un changement qui implique pardon et en demandant

Le verset 12 est spécial. Avez-vous jamais fait de mal à personne ? Ou à l'occasion que vous avez volé quelque chose à quelqu'un ? Qu'avez-vous ressenti lorsque vous avez eu à revenir en arrière et présenter des excuses ? C'est peut être très embarrassant.

Dans cette lettre, nous lisons que Paul a demandé Onésime pour revenir à la maison de son maître et de s'excuser pour tout le mal qu'il avait fait, mais Paul dit à Philémon que Onésime était maintenant son fils (vv. 9 -10) et un Chrétien vraiment transformé (v. 11).

Paul avait également parlé à Onésime de n'avoir aucune rancune contre son maître, (car à cette époque de nombreux esclaves détestaient leurs maîtres, pour la même condition d'être opprimés et non libres), mais désormais il devrait voir son frère en Christ.

Vous souvenez-vous avoir fait de mal à personne, ou tenir une rancune contre quelqu'un? Vous prenez un petit aperçu dans le passé, à cette personne et de demander pardon, je sais que ce sera dur, j'ai dû. Mais quand vous faites, vous verrez que vous vous sentirez beaucoup mieux et votre relation avec cette personne sera beaucoup mieux qu'avant. Allez, demandez ou donnez pardon, avouez que vous avez fait pardonner le tort ou qui vous offensez et vous verrez que la communauté à la quelle vous appartenez, l'église sera mieux chaque jour et nous aimer les uns les autres comme des frères.

3. Le changement nous aide à servir les autres

Alors qu'ils se partageaient la cellule, Paul a partagé l'Evangile avec Onésime et il a accepté Christ comme Sauveur, à partir de ce moment la vie d'Onésime a radicalement changé (v. 13).

Paul est venu considérer Onésime comme un serviteur utile, précieux et serait également pour Philémon (v. 11). Onésime a constaté que servir les autres n'était pas un fardeau, mais une bénédiction.

Demandez aux élèves de lire les passages dans Ephésiens 6:5-7, Colossiens 3:22-24 et discutez avec eux parce que quand Onésime a accepté Christ, sa vie a pris une nouvelle dimension et signification. Comment Onésime devrait servir après sa conversion ?

Avez-vous déjà dit que vous êtes inutile? Ou un bon à rien ? Eh bien, il est temps de prouver qu'il n'en est pas. Mais, comment pouvez-vous le prouver ? À bien des égards ! L'église assiste à de nombreux ministères dans lequel vous pouvez servir, peut-être le plus consulté (comme une louange, prédication ou l'organisation d'événements) va appeler plus d'attention, mais être vu n'est pas le plus important, ce qui est vraiment important est de servir le Seigneur dans n'importe quel domaine.

Vous devez vous impliquer dans le ministère. Certes, vous connaissez des gens qui ont besoin d'un service, peut-être dans votre église ont des frères avec peu d'argent qui ont besoin de quelqu'un pour les aider. Onésime servi Paul quand il était vieux et faible et a été emprisonné. Nous pouvons faire la même chose, nous organiser avec les jeunes de l'église et de fournir un soutien pour certaines personnes qui en ont besoin, vous verrez que peu à peu commencé paliers pour changer et nous allons tous être plus utile.

Révisez/Application :

Demandez aux élèves de réagir à ce qu'ils ont appris d'onésime en expliquant ces trois phrases clés :

- Changement radical
- Pardonner et demander pardon
- Service par amour

Défi : Peut-être que vous connaissez des amis à vous qui ne viennent pas à l'église parce qu'ils pensent que rien dans leur vie ne changera quand ils viendront. Il est temps de leur montrer que ce n'est pas vrai. Réfléchissons un instant, quelles attitudes ou comportements pouvez-vous changer aujourd'hui pour montrer aux gens que votre vie est meilleure parce que Christ est avec vous ?

Je vous invite pour que chaque jour nous puissions être meilleurs et montrer au monde que le Christ nous donne une vie nouvelle, meilleure et pleine.

Transformé

Odily Díaz • Le Salvador

Leçon 17

Objectif : Les élèves verront la puissance de Dieu pour transformer une vie et une réponse de remerciement pour cette vie transformée.

A mémoriser : « Marie de Magdala et l'autre Marie étaient là, assises vis-à-vis du sépulcre » Matthieu 27:61.

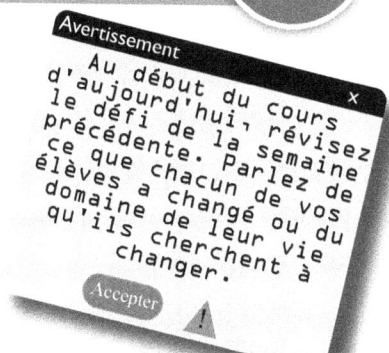

Avertissement

Au début du cours d'aujourd'hui, révisez le défi de la semaine précédente. Parlez de ce que chacun de vos élèves a changé ou du domaine de leur vie qu'ils cherchent à changer.

Accepter

Connecter / Télécharger

Introduction dynamique (12-17 ans).

- Matériaux : feuilles de papier, des stylos et ruban adhésif.
- Instructions : Chaque étudiant doit écrire son nom (le nom par lequel ils l'appellent) en haut de la feuille de manière visible. Chacun doit coller dans le dos pour que d'autres puissent voir le nom.

Quand le professeur donne l'ordre à tous, les élèves peuvent écrire quelque chose dans la feuille des traits positifs et négatifs (en même temps) et personne ne peut lire jusqu'à ce que chacun a écrit quelque chose. Ils peuvent écrire un mot ou une phrase.

A la fin, vous pouvez choisir une personne ou si vous souhaitez connaître un peu de tout le monde, vous pouvez permettre a chacun de lire ce qu'il ou elle a écrit. Ou de les faire parler un peu de sa personnalité

Faire réfléchir sur les choses positives que Dieu peut utiliser et les choses négatives que Dieu peut transformer.

Introduction dynamique (18-23 ans).

- Matériaux : Feuilles de papier et des crayons.
- Instructions : Premier trimestre plier le papier verticalement, (comme sur la photo), chaque élève doit dessiner son visage sur la plus grande, et aussi écrire leur nom, en grande partie être auto décrit et devra penser et d'écrire trois forces et trois faiblesses.

Aidez-les à penser que nos faiblesses ne doivent pas continuer à faire partie de notre vie. Si nous les mettons dans les mains de Dieu, il peut nous aider à changer.

Connecter / Télécharger

1. La signification du nom, Marie-Madeleine

Lorsque vous nommez des personnages bibliques rapidement notre esprit pense que les choses qui se rapportent à eux. Faites l'exercice suivant. Dites les noms suivants et demander aux élèves de dire la première chose qui vient à leur esprit quand ils l'entendent, ils ne peuvent pas dire les mêmes choses qui sont écrites mais l'exercice sera aidée pour cette partie de la leçon.

Par exemple:

- Adam = Le principe
- Joseph = Vêtements de différentes couleurs
- Samson = L'homme fort qui est tombé entre les mains de Dalila

- David = A tué Goliath
- Jonas = Celui qu'un poisson avalé
- Ruth = La Fille Fidèle
- Matthieu = Collecteur d' impôt
- Judas = Trahison
- Pilate = Laver les mains en public

Notre nom représente souvent ce que nous sommes ou ce que nous faisons ou avons fait. Dans les temps anciens les noms ont une valeur significative et a dit beaucoup de ce que la personne était ou d'où elle vient.

Le nom de Marie était très commun et aujourd'hui nous nous souvenons de Marie, mère de Jacques, Marie, mère de Jésus, Marie, la mère de Jean (Mark), Marie de Béthanie, qui a lavé les pieds de Jésus avec un parfum coûteux.

Dans le Nouveau Testament, nous trouvons Marie-Madeleine qui a été mentionné à plusieurs reprises. Pourquoi avoir écrit sur elle ? Voici un peu plus sur elle.

Le nom de Marie signifie princesse rebelle, beau, celui-là. Origine Magdalena est l'hébreu prénom féminin « Migda -lui », sa signification est liée à l'évocation du lieu d'origine de Marie-Madeleine était, elle se pose « Marie-Madeleine ».

Marie-Madeleine est née à Magdala, sur la côte ouest de la Galilée, apparaît dans l'Écriture dans le Nouveau Testament dans le groupe des femmes qui ont servi et accompagné Jésus à la fin (Matthieu 27:57-6, 28:1-10 ; Mark 15:40-41 ; Luc 8:1-3) et témoin de la résurrection de Jésus (Marc 16:9-11). L'Eglise catholique reconnaît comme St. Mary Magdalene et plusieurs temples qui lui sont dédiés.

2. Qu'est-ce que Jésus a fait pour Marie-Madeleine?

Dans Luc 8:2 est écrit quelque chose d'important que Jésus a fait pour cette femme, elle a été libérée de sept démons. Le nombre sept dans la Bible signifie la perfection, la plénitude, dans le sens qui est utilisé pour se référer à la situation spirituelle implique Marie-Madeleine était remplie, ou saturée par le mal, mais pas spécifié d'être une prostituée. Les commentaires les plus graves de la Bible disent qu'il n'y a aucune base biblique, historique ou que Marie-Madeleine était une prostituée, c'était une tradition qui a peu de soutien.

Jésus a montré son amour et sa compassion pour les gens et Marie Madeleine était celle qui a atteint le pardon et la vie éternelle en croyant en Lui et le suivre. Elle a été libérée et pardonnée de toute sa méchanceté, et elle devint un disciple fidèle de Jésus-Christ. Nous pouvons voir que Dieu a différentes façons de rendre aux gens, et ce qui le rend différent en fonction de la situation. Le nom de Marie-Madeleine à l'heure actuelle, a une signification particulière car elle illustre le changement qu'une personne peut profiter quand vous décidez de suivre le Christ de tout son cœur.

3. Ce que Marie Madeleine a fait pour Jésus

Elle était une femme qui a décidé non seulement de suivre Jésus, mais pour le servir. Le passage de Luc 8:1-3 là nous avons mentionné qu'il y avait des femmes qui suivaient Jésus et le servaient pas seulement à leur propriété, mais pour soutenir le ministère itinérant de Jésus et de ses disciples.

Dans les passages suivants Matthieu 28:1-10, Marc 16:9-11, nous voyons une femme très différente de ce qu'elle était avant sa rencontre avec Jésus.

Après Jésus a rendu sa vie, dans chaque scène de la mort et de la résurrection de Jésus dans le Nouveau Testament, elle était présente. C'était une femme engagée à Jésus et son ministère. Elle se tenait au pied de son maître quand il était l'heure de la crucifixion, Il a souffert avec sa mort (Marc 15:40), quand il est décédé elle était toujours là, donc lorsqu'il est mis au tombeau, elle y était aussi (Marc 15:47). La loi ne lui permettait pas et les autres femmes y restaient, mais peut-être qu'ils étaient restés jusqu'au dimanche avec le corps de notre Seigneur. Tel était son amour et son engagement avec les autres disciples, les espèces aromatiques et des huiles préparées pour oindre celui qui avait transformé leur vie. Tôt dans la matinée du dimanche, une journée inoubliable dans sa vie, se rend au tombeau et a constaté qu'il avait changé sa vie d'un véritable enfer à une vie de paix. N'était-ce pas la façon dont elle a dû se sentir ? Quelles sont les choses qu'ils ont pensées ? Matthieu décrit un grand tremblement de terre, et un ange qui leur a dit de ne pas craindre que Jésus n'était pas là qu'il avait ressuscité comme il l'avait promis.

Nous relevons à Marie-Madeleine une femme qui a été mise dans les mains de Dieu et lui permettre de faire un changement dans votre vie.

Mais elle l'ignora mais leur amour et leur dévotion à Dieu était le meilleur spectacle d'appréciation.

Que pensent les gens qui connaissent votre nom ? Notre nom nous représente et il est important de laisser Jésus travailler en nous comme Il a fait avec Marie Madeleine, que lorsque les autres nous entendent glorifier Dieu. Nous sommes appelés à être un exemple pour les autres de montrer l'amour, la compassion et la justice de notre Dieu.

J'ai entendu quelqu'un dire : « Vous vivez votre vie de telle sorte que lorsque vos amis, votre famille et vos collègues pensent de l'intégrité et de la justice, pensez à vous ! »

Vivez-vous de cette façon ? Si non, alors vous devriez prendre le temps de parler à Dieu et Lui demander de travailler dans votre vie par Saint Esprit, vous êtes un exemple pour votre famille, et vous voulez que tout le monde autour de vous sache que les changements et les attitudes sont différentes en vous, quand vous voyez que vous aimez être à la maison et faire des choses pour lui.

Révisez/Application :

Demandez aux élèves de répondre individuellement, puis discutez en groupe :

- Pourquoi est-il important d'étudier l'histoire de la vie de Marie-Madeleine ?
- Qu'avez-vous appris sur Marie-Madeleine aujourd'hui ?
- En étudiant ce personnage, pouvez-vous trouver une application pour votre vie ?

Défi : Cette semaine, permettez aux autres d'apprécier le salut dans votre vie par le service. Ne laissez pas passer un jour sans que votre vie fasse quelque chose qui reflète la présence de Dieu en vous.

Seconde Chance

Leçon 18
Emerald Homes • Argentine

Objectif : Les élèves comprendront l'importance de donner une seconde chance, et que Dieu puisse nous indiquer quand nous faisons des herreurs.

A mémoriser : « Ce qui est a déjà été, et ce qui sera a déjà été, et Dieu ramène ce qui est passé » Ecclésiaste 3:15.

Avertissement
Commencez le cours en demandant à vos élèves quel genre d'activités ils ont fait, où et comment ils se sont sentis. Laissez-les parler honnêtement de leurs sentiments.
Accepter

Connecter | Télécharger

Introduction dynamique (12-17 ans).

- Materiaux : Les participants dans un cercle, chacun reçoit un morceau de papier et un crayon.
- Instructions : Les élèves en cercles pour que chacun recevra un crayon et une feuille doit recueillir la signature de quelqu'un qui :

    1. A commis une erreur.
    2. S'est repenti d'une mauvaise décision
    3. A été marquée par une erreur commise dans le passé
    4. A reçu une deuxième chance
    5. A été restauré et ne commet plus son erreur.

Vous avez cinq minutes pour recueillir les signatures nécessaires. Vous remarquerez que ce sera facile à remplir, et que la totalité ou au moins la plupart peuvent se connecter au moins une option. On n'a Pas besoin d'écrire d'interdiction ou de dire quelle a été votre faute. Il servira d'introduction à expliquer que dans notre vie on pourrait prendre une décision erronée ou mauvaise, mais si nous sommes prêts, nous pouvons avoir une seconde chance. Parlez de Jean-Marc, sa « mauvaise » décision et sa seconde chance.

Introduction dynamique (18-23 ans).

- Materiaux : les participants forme un cercle, chacun reçoit un morceau de papier et un crayon.
- Itinéraire : demandez à chaque élève d'écrire deux raisons pour lesquelles vous devriez donner une chance, de racheter (restaurer la dignité) qui a développé, puis les partager avec le groupe.

Connecter | Télécharger

La plupart des jeunes qui fréquentent l'église, ont fait une erreur dans leur vie chrétienne, pas nécessairement le péché, mais de prendre une mauvaise décision, ont été marquées par leurs dirigeants ou autres. Ils doivent savoir qu'ils peuvent avoir une seconde chance, Dieu peut restaurer et peut utiliser puissamment, comme le cas de Jean-Marc.

1. Jean-Marc, un jeune homme dans l'Eglise primitive

Dans Actes chapitre 12, nous trouvons l'histoire quand Paul a été libéré de prison par un ange et le passage dit que après sa sortie, il est allé à la maison de Marie, mère de Jean surnommé Marc (v.12), où ils étaient assemblés plusieurs personnes en prière.

Selon certains commentateurs bibliques, on croit que la maison de Jean Marc était le lieu de rencontre à Jérusalem, l'histoire des premiers chrétiens. Certains spéculent que c'est là où ils priaient le jour de la Pentecôte relate Actes 2.

Que ce soit vrai ou non, le fait est que Jean-Marc, un jeune fils d'un fidèle chrétien, et un parent de Barnabas (un Lévite de Chypre, qui a vendu leurs terres pour donner de l'argent aux apôtres, dans le temps, les chrétiens avaient toutes choses dans Actes 4:32-37 en commun), Il fut un compagnon de Paul lors de son premier voyage missionnaire.

On pourrait presque dire qu'il était membre d'une église qui avait une cellule de prière à la maison ou plutôt, que sa maison était où l'église a rencontré.

2. Jean Marc, a décidé de retourner à la maison

Plus tard, dans les Actes, chapitre 13 verset 5, nous constatons que Marc est allé avec Paul et Barnabas dans le premier voyage missionnaire, et a été son assistant.

Au cours du premier voyage missionnaire de Paul et ses compagnons (Actes 13:13), y compris Marc, arrive à Perge, l'intention d'aller à Antioche de Pisidie, cependant, Marc n'était pas avec eux, mais il est revenu à sa maison.

Ici, il n'est pas clair pourquoi il a fait cela, cependant, le Commentaire du nouveau Testament Vol 7 par William Barclay (p.133) cite quelques possibilités:

- « Peut-être que la peine de Barnabas a cessé d'être le leader du voyage... Cette fois, il a été mentionné que Paul le premier indiquant qu'il est devenu le chef du voyage.

- Une autre possibilité pour désertion, c'est que peut-être il avait peur du voyage proposé au plateau où Antioche de Pisidie parce que c'était l'un des plus difficiles et les plus dangereuses du monde antique.

- Est également considéré comme venant de Jérusalem, avait ses doutes quant à l'évangélisation des païens, ou il se peut que, à ce stade de sa vie, il était l'un des nombreux qui donnent aux entreprises un meilleur début comme impression, et il était un jeune homme.

Ou peut - être, comme le dit saint Jean Chrysostome le garçon a manqué de sa mère. »

Le fait est que nous ne saurons jamais pourquoi, mais se retourna, qui, comme rapporté plus tard dans les Faits.

3. Jean Marc cause de division

Lorsque Paul et Barnabas étaient sur le point de lancer leur deuxième voyage missionnaire, il y avait une différence entre eux, un désaccord qu'ils avaient même décidé de se séparer et d'aller chacun de son côté. La raison de cette discussion était que Barnabas voulait emmener aussi Jean-Marc, qui avait été avec eux lors du premier voyage en tant qu'assistant, cependant, dans Actes 15:38, nous voyons que Paul n'est pas d'accord, et a mentionné la cause, « ne semble pas sage de le prendre, celui qui les acquittés depuis la Pamphylie, et il n'y alla pas au travail. »

En Plus de la conduite de Paul dans ce passage, nous devrions commenter Barnabas, qui a donné une seconde occasion pour ce jeune homme. La Bible raconte seulement le fait que Barnabas et Jean-Marc s'embarquèrent pour Chypre.

4. La restauration

Dans Actes 15:39 Marc disparu de la scène, mais selon la tradition, il se rendit à Alexandrie, en Egypte pour fonder une église.

Marc est apparu 20 ans plus tard comme une remise en état. Peut-être que Barnabas était celui qui lui a donné la confiance et l'aider à être fidèle. Quelle bénédiction de trouver une personne à nous faire confiance après avoir échoué. Barnabas compter sur Marc et il n'a pas déçu.

Dans Colossiens 4:7-11, Paul écrit dans une prison romaine pour demander de recevoir Marc quand il est arrivé en Colosse. Sans doute parce que leurs églises expérimentaient un moment d'indiscipline, et cette fois Paul, avec sa courtoisie habituelle et de considération, fait en sorte que le passage de Marc, ne fermez pas l'étape en leur offrant la pleine approbation, une confiance complète comme ami. Il a dit aussi dans la Lettre aux Colossiens que Marc, entre autres, l'avait aidé dans son travail pour le royaume de Dieu et l'avait beaucoup encouragé.

Un autre signe de restauration de la relation avec Paul quand il écrit sa deuxième lettre à Timothée et dit : « Prends Marc, et amène-le avec toi, car il m'est utile pour le ministère. » (2 Timothée 4:11).

Ce que Dieu a fait à travers Marc est vraiment incroyable 1 Pierre 5:13. On pense que Marc a également écrit le premier évangile qui était connu à son époque, l'évangile de Marc, y compris les éléments de la prédication de Pierre et de ce qu'il a vécu avec Jésus. Ceci est un exemple clair de ce que, par la grâce de Dieu, lui qui avait été un déserteur, il est devenu l'auteur d'un évangile.

Nous ne savons pas avec certitude ce qui s'est passé à Marc, mais nous savons qu'il était avec Paul dans sa prison finale, et Paul l'a considéré comme le plus utile (Philémon 24).

La plupart, sinon tous, ont fait des erreurs quand on travaille dans l'œuvre du Seigneur, si pour quelque raison que ce soit.

Peut-être à cela, nous avons apporté une mauvaise impression sur quelqu'un ou avoir été « marqué » par cet échec. Ce que nous soulignons dans cette histoire est que Dieu nous donne une autre occasion et c'est Lui qui restaure non seulement nous-mêmes, mais la situation dans son ensemble, de même que la relation entre Paul et Jean-Marc.

Révisez/Application :

Réfléchissez avec un camarade de classe sur la vie de Jean Marc.

1. Que serait-il arrivé au jeune Jean Marc, si Barnabas et Pierre ne l'avaient pas soutenu pour continuer son ministère ?
2. Quelles choses Jean Marc a-t-il accomplies dans son service à Dieu, après avoir été restauré ?
3. Quelle est votre attitude lorsque vous ou quelqu'un échouez dans l'église ?
4. Que font les jeunes de votre église pour soutenir lorsqu'un jeune échoue ?
5. Quel enseignement emportez-vous avec vous concernant le fait de donner une seconde chance à ceux qui ont échoué dans leur service à Dieu ?

Défi : Que pensez-vous de ce qu'a fait Jean Marc lorsqu'il a profité de sa deuxième chance ? Êtes-vous dans une situation similaire à celle de Marc ? Comment profiteriez-vous d'une seconde chance ?

Ne vous découragez pas et n'abandonnez pas, cherchez davantage Dieu et demandez une restauration complète.

Aller sœur!

Leçon 19
Lourd Litzy • Espagne

Objectif : Les élèves comprendront que Dieu peut les utiliser pour agrandir son royaume si nous sommes prêts, en dépit de nos erreurs et ses faiblesses.

A mémoriser : « Car je t'ai fait monter du pays d'Egypte, Je t'ai délivré de la maison de la servitude, Et j'ai envoyé devant toi Moise, Aaron et Marie ? » (Michée 6:4).

Avertissement
Pensez à revoir le défi de la semaine précédente. Laissez les participants partager leurs sentiments sur le thème : Une seconde chance. Encouragez-les à partager un témoignage.
Accepter

Connecter / Télécharger

Introduction dynamique (12 à 17ans).
- Matériaux : papier, feuille de papier et un crayon.
- Itinéraire : Demandez à chaque jeune homme de penser à un personnage biblique et entrez le nom et ce que cette personne était prête (a) de donner à Dieu. Par exemple: David, leurs chants et louanges (aujourd'hui encore nous chantons ce que David a écrit).
  Aidez-les à réfléchir sur ces gens et aussi ceux obtenir en se relâchant entre les mains de Dieu.

Introduction dynamique (18-23 ans).
- Matériaux : Feuille de papier et un crayon.
- Instructions : Demandez à chaque femme d'écrire une chose qui lui est agréable (par exemple, le dessin, le chant, informatique, décoration, entretien, etc.). Puis demandez-leur de partager avec le groupe cette écriture perçue et comment elles pensent que Dieu pouvait utiliser le talent ou la capacité de bénir les autres.

Dans la Bible, nous avons de nombreux exemples de personnes qui ont passé leurs vies, leurs dons et leurs talents avec le désir d'être utilisé par Dieu et pour le bien de beaucoup d'autres, souvent au péril de leur propre vie. Pour nous, il ne peut être demandé de faire quelque chose qui met en danger nos vies, (peut-être oui), mais si on me demande de le faire, nous devons être prêts à Dieu de nous utiliser selon sa volonté.

Après tout, n'oubliez pas que « nous sommes son ouvrage » et que tout ce que nous avons l'appartient. Pourtant, il attend que nous soyons prêts à donner tout ce que nous avons et ce que nous sommes pour Sa gloire.

Connecter / Télécharger

Genèse se termine avec les Israélites en profitant de la faveur d'Egypte, mais dans le premier chapitre de l'Exode, nous voyons une situation très différente. Joseph et toute cette génération étaient morts, mais ce petit groupe initial multiplié et renforcé « terre remplie avec eux » (Exode 1:7). Puis « levé un nouveau roi sur l'Égypte, qui ne connaissait pas Joseph » (Exode 1:8) et par conséquent ne savait pas que Joseph a apporté des avantages à la nation dans le passé. Donc, les gens de Joseph sont allés loin d'être un peuple favorisé et sont devenus un peuple opprimé par les Egyptiens.

Au milieu de tout cela, les Egyptiens ont été heureux de constater que les Israélites ont augmenté en nombre et en force, et j'ai pensé comment ils pourraient contrôler et prévenir la rébellion. Donc, ils les ont imposé le travail de plus en plus lourd avec des contremaîtres sévère (Exode 1:10-14). Ils ont Même ordonné aux sages-femmes de tuer les enfants mâles nés (Exode 1:15-16). Comme ceci a échoué, Pharaon a ordonné à tous de jeter dans le Nil tous les garçons (Exode 01:22). Mais Dieu a déjà préparé un plan.

Vous pouvez organiser les élèves en trois équipes et chacune d'elle peut lire et analyser une partie de la vie de Marie (Exode 2:2-10, 15:19-21, 12:1-16 nombre) et de partager les caractéristiques, la personnalité de Marie et l'enseignement que nous avons tiré pour notre propre vie à travers l'exemple de la vie de Marie.

1. Marie, la fille rusée

Marie et sa famille, tous les enfants de la tribu de Lévi, vivaient au milieu de tout ce chaos. Pour aggraver les choses, Jochebed, Cette femme devint enceinte et enfanta un fils. Elle vit qu'il était beau, et elle le cacha pendant trois mois. Ne pouvant plus le cacher, « elle prit une caisse de jonc, qu'elle enduisit de bitume et de poix ; elle y mit l'enfant, et le déposa parmi les roseaux, sur le bord du fleuve. » (Exode 2:2-3) Marie et Jochebed ont préparé ce plan avec l'espoir que Dieu fera un miracle.

Ici commença la responsabilité de la petite Marie, « qui se tint à distance, de voir ce que raconte cérium avec l'enfant » (Exode 2:4). Sûrement Jochebed confie à sa fille de quitter en charge l'enfant et la jeune fille, si craintive elle était prête à attendre et à regarder aussi longtemps que nécessaire et à son tour s'assurer que son frère a été sauvé.

Ainsi, Marie a constaté que la petite arche est venue à la vue de la princesse égyptienne, qui a fait apporter pour inspection. Imaginez la peur de la jeune fille en regardant cette scène! Mais bientôt son cœur était plein d'espoir quand il a vu que la princesse eut compassion de l'enfant, et ici vient l'entrée en jeu la ruse de la jeune fille, qui n'a pas hésité à offrir à votre propre mère à allaiter l'enfant (Exode 2: 7). Quel miracle ! Jochebed ! a pris la fille de Pharaon pour élever son enfant.

2. Marie, le leader du culte et prophétesse

Après cet épisode, Marie relu jusqu'à ce qu'Israël a traversé la Mer Rouge. Ce grand travail ! Ils traversèrent la mer Rouge à pied sec et leurs ennemis ont été détruits quand les eaux s'avancent sur eux.

Nous devons célébrer! Moïse a conduit le peuple dans un chant de victoire et Mary ont un pan- Dero dans sa main et a conduit les femmes d'Israël dans la chanson et de la danse en disant: « Chantez à l'Éternel, car il a fait éclater sa gloire ; s'est jeté dans cheval de mer et le cavalier » (Exode 15:21).

Que Marie était prête à attendre patiemment le long du Nil et maintenant nous sommes prêts à la louange et à danser devant Dieu. Cette fille craintive et pleine d'espoir, est maintenant un prophète qui parle au nom de Dieu ! (Exode 15:20), qui sans doute ont leurs cadeaux de se réjouir devant Dieu en signe de gratitude pour ce que Dieu a fini de décider.

3. Marie, la vieille femme si sage

Maintenant, Marie était une femme âgée et avait cru aux merveilles que Dieu avait faites. Loin de tout, le cœur de Marie était rempli de jalousie, et elle et Aaron « murmura contre Moïse » leur chef à cause de la femme éthiopienne que Moïse avait épousé : Certains critiques croient que c'était précis, parce que Moïse avait épousé une femme qui n'était pas du peuple juif, mais était éthiopien ou madianite (vous pouvez vous référer à Séphora). Et ils ont dit, « Dieu a parlé que par Moïse ? N'a-t-il pas parlé aussi par nous ? » (Nombres 12:1-2). Et ils avaient raison, Aaron avait agi comme un prophète de Moïse et Marie vit avant une prophétesse. Alors, oui, Dieu a parlé à travers eux aussi. Mais ce qui a bouleversé son attitude envers Dieu est quand Dieu dit : « J'ai parlé avec Moïse face à face et non par des visions et des rêves » (Nombres 12:8).

Lorsque vous avez terminé de parler, Dieu était très contrarié et à gauche. Quand le nuage est retiré du tabernacle, Marie avait reçu son châtiment, la lèpre. Cette peine a représenté l'impureté de son cœur. Dieu vit que la critique de Marie était très manquée, et doit être sévèrement puni, et il n'était pas jusqu'à ce que la fin de la durée de sa peine, elle ne pouvait pas revenir au camp. Et supposons que quand elle est revenue, elle était purifiée et s'est repentie de son péché.

Marie devait être propre à Dieu de continuer à l'utiliser !

Dieu veut que nous soyons prêts à offrir nos dons et talents pour Sa gloire. En fait, Dieu est à la recherche des braves hommes et femmes qui sont prêts à faire Sa volonté et pour conduire son peuple. Et qu'on se souvienne par d'autres (Michée 6:4).

Révisez/Application :

Divisez la classe en groupes pour qu'ils puissent répondre.

- Dans quelle situation politique Marie a-t-elle grandi ? *Quand le pharaon ordonna de tuer les enfants mâles.*

- Qu'est-ce qui a motivé Marie à parler directement avec la fille de Pharaon ? *Le désir de sauver son frère.*

- Que signifie « prophétesse » ? *Parlez au nom de Dieu.*

- Qu'est-ce que Marie a célébré avec ses chansons ? *La traversée de la Mer Rouge.*

- Quelle était la raison pour laquelle Marie et Aaron ont murmuré contre Moïse ? *Pour la femme Couchiste que Moïse avait prise.*

- Pourquoi Dieu était-il si bouleversé ? *Parce qu'ils ont été comparés à Moïse.*

Défi : Comme il l'a fait avec cette jeune fille, Dieu veut nous utiliser dès notre jeunesse et veut parler à travers nous. Mais ATTENTION, Dieu ne négligera pas notre péché et notre désobéissance. Même dans ce cas, nous devons être disposés à recevoir la correction de Dieu. Avec Dieu, vous le pouvez aussi !

Je suis un temple

Leçon 20
Sara Cetino • Guatemala

Objectif : Les élèves vont développer la conscience du temple de l'Esprit Saint et le soin nécessaire pour le corps.

A mémoriser : « Car vous avez été rachetés à un grand prix. Glorifiez donc Dieu dans votre corps et dans votre esprit, qui appartiennent à Dieu » (I corinthiens 6:20).

Avertissement : N'oubliez pas de demander à vos élèves comment ils ont réussi le défi de la semaine dernière. *Accepter*

Connecter | Télécharger

Introduction dynamique (12 à 17 ans).

- Matériaux : Papiers pour affiches et marqueurs.
- Instructions : Plusieurs élèves vont choisir soit de coller avec des fils ou les coller sur la poitrine les cartes contenant les attitudes correctes comme (honnêteté, le service, la compassion, la patience, etc.) et d'autres attitudes erronées (le mensonge, la malhonnêteté, la tromperie, le vol, la violence, etc.). Les autres élèves feront des groupes de deux et doivent se tenir les mains simulant une maison. Ils devraient laisser la maison uniquement à ceux qui ont des affiches avec les bonnes attitudes, qui vont y rester jusqu'à ce que l'enseignant leur dit de quitter la maison et de chercher un autre. Pendant ce temps les élèves dont leurs attitudes sont incorrectes doivent chercher à entrer dans une maison, si le couple formé la maison laisse entrer l'affiche contenant les mauvaises attitudes c'est qu'il est disqualifié.

   Cela servira à illustrer que c'est à nous de décider quels types d'attitudes que nous devons avoir devant les différentes circonstances, et quelles attitudes que nous ne devons pas avoir. Ils doivent également apprendre qu'il y a des attitudes qui voudront entrer dans notre vie et nous devons les résister.

Introduction dynamique (18-23 ans).

- Instructions : Vous allez demander aux élèves d'écrire ou effectuer des activités pouvant Les aider à prendre soin de leur corps et de les décrire du mieux que possible. Par exemple, si on inclut une bonne alimentation, on doit écrire au moins un menu nutritif. D'autres exemples comprennent: l'exercice, dormir suffisamment de temps, faire du sport, plus-placages appliqué, etc.

Un temple est un bâtiment sanctifié par la présence spéciale de Dieu, dédié et dévoué à son culte. En hébreu, il a été appelé « Le Palais de Dieu », qui caractérise un temple. D'autres bâtiments, c'est l'idée qu'il y habitait la présence même de Dieu.

Connecter | **Télécharger**

Les jeunes disent souvent : « Je peux faire ce que je veux avec mon corps, après tout c'est le mien », mais comme nous le lisons dans 1 Corinthiens 6:19-20 n'est pas le nôtre, la New International Version dit : « Vous ne vous appartenez pas, vous avez été achetés à un prix ». S'il nous apprécie tant, pourquoi ne pas donner les soins appropriés à l'endroit Il a appelé « Temple de l'Esprit» ?

La Bible contient plusieurs passages qui raconte le soin que Dieu avait appelé lors de la construction du Temple (ou Tabernacle), par exemple dans Exode 35 versets 4-29 raconte comment Moïse, pour recevoir les instructions de Dieu, raconte aux gens les matériaux à utiliser pour le sanctuaire, parmi eux sont : l'or, l'argent, la laine violet et l'huile d'olive pour l'éclairage, il a également demandé à être les meilleurs artisans qui participent au travail, les femmes qualifiées dans l'artisanat développent des fils de laine violet et les cheveux de chèvre, bref, tous ont donné le meilleur d'eux, à la fois dans les matériaux et les compétences, ainsi que le temple de Dieu était le meilleur. Chaque matériel a été choisi avec le plus grand soin, chaque élément du temple a été construit par les meilleurs spécialistes, rien n'a été fait à la légère.

Avez-vous déjà demandé quel était le temple que Salomon bâtit à Dieu ? Dans 1 Rois 5 et 6 raconte la préparation et la construction de la maison, tout a été soigneusement planifié par David, père de Salomon. Ce dernier a effectué la construction utilisant les meilleurs matériaux qu'elle pouvait trouver, par exemple utilisé le bois de cèdre du Liban un des plus beaux qui existait à l'époque. Plus ou moins les mesures étaient de vingt-sept pieds de long et trente mètres de large. Il a placé des chérubins et des palmiers qui ont envoyé couche d'or.

La Bible dans le Nouveau Testament compare notre corps à un temple où Dieu demeure, et s'il était si zélé dans la construction et la décoration du temple, Pouvez-vous imaginer les soins qu'il avait pris aussi comme "Constructeur " de notre corps? Ensuite, nous apprenons :

1. Dieu a créé notre corps parfait

Je ne veux pas que l'apparence que nous avons, mais à la façon dont nous fonctionnons : nourriture prends ce dont nous avons besoin et jeter ce qui nous fait mal, mais nous dormons notre corps est capable de suivre les activités respiratoires et circulatoires, y compris; chaque partie de notre corps a une fonction spécifique.

Genèse 1:26 dans la New International Version dit : « Faisons l'homme à notre image... » Dieu trinitaire a pris un soin particulier à rendre l'être humain et en a fait différente de toutes les autres espèces. Dans Genèse 2:7 la même version dit: « Et l'Éternel Dieu forma l'homme de la poussière de la terre, il souffla dans ses narines un souffle de vie et l'homme devint un être vivant ».

Si Dieu avait pris tant de soin en nous créant, pourquoi nous ne faisons pas attention à nous-mêmes ? Nous devons prendre soin de la façade du temple (l'apparence physique que nous avons) et l'intérieur (notre âme et le cœur), surtout si nous avons pris la décision de demander à Dieu d'habiter en nous.

Notre corps est le temple du Saint-Esprit « Ne savez-vous pas que votre corps est le temple du Saint-Esprit qui est en vous... » 1 Corinthiens 6:19a. Quand le Saint-Esprit habite dans un corps, il appartient à Dieu. Alors Paul dit : « Vous n'êtes pas votre » désigne la personne qui donne sa vie au Christ lui-même perd ses droits et n'a plus de pouvoir sur lui.

Jésus quand il était sur la terre référé à son corps comme un temple et lui dit : « Détruisez ce temple, et en trois jours je le relèverai... Mais du temple de son corps qu'il parlait » Jean 2:19, 21.

2. Notre corps a un prix élevé

Nous lisons dans notre passage de la Bible : « Car vous avez été rachetés à un grand prix... » I Corinthiens 6:20. Le corps est d'évaluer, non seulement parce que Dieu l'a créé, mais aussi parce que nous avons été acheté « par un prix ». Cela signifie un paiement qui se traduit par un changement de propriétaire et nous ne sommes pas maîtres de nos vies, mais Dieu est le propriétaire.

Mais la question se pose qu'en pensez-vous était le prix ? Le sang de Jésus ! C'est la valeur que Dieu place sur votre vie et le corps, pouvez-vous imaginer ? Bon Dieu à la fois considéré comme un « Juste prix » le sang de son propre fils Jésus. Paul décrit cette réflexion sur la croix, la mort du Christ a été le prix payé pour le salut personnel, d'où le prix est le sang que notre Seigneur a versé pour chacun de nous. Ce prix nous donne non seulement une nouvelle valeur, mais le sang de Christ nous purifie de tout péché, afin que Son Esprit habite en nous et donc notre corps est complètement propre.

Nous avons acheté à un coût élevé, donc si Dieu accorde une grande valeur à l'être humain, nous devons nous valoriser et nous aimer aussi. Si nous voulons Son Esprit qui habite en nous, nous devons continuer à nous efforcer d'avoir un temple propre de sorte que rien ne serait l'offensé ou l'attriste. Personne ne peut sous-estimer comme une personne et dire que nous sommes rien, souvenez-vous : Nous valons le sang du Christ !

3. Nous glorifions Dieu avec notre corps

« ... Glorifiez donc Dieu dans votre corps et dans votre esprit, qui appartiennent à Dieu » I Corinthiens 6:20b glorifier par moyen de louange et honneur. Le passage parle de soin pour le corps des péchés sexuels, mais engloberait aussi toute fornication immorale, la pornographie, la convoitise, la méchanceté, la tromperie, Vanité, l'orgueil, etc... Nous devons donc comprendre que le corps ne doit pas participer à quelque chose qui est un péché : non seulement le corps physique, mais inclut nos pensées et les intentions du cœur.

Il dit clairement « ... dans votre corps et dans votre esprit » ou qui est tout ce que nous faisons, ce que nous pensons et les intentions pour lesquelles nous faisons les choses à notre corps est conçu comme une ressource pour louer Dieu, de sorte que tous nous faisons avec elle si jamais vous mettre à penser à votre corps et le traitement que vous avez avec lui, en dit long sur le Dieu que vous dites que vous servez et aimez. Tout ce que nous faisons affecte notre témoin et donc l'image du Christ que nous portons. Par exemple quand on nous demande de faire quelque chose dans l'église, nous le faisons à contrecœur, nous faisons ce que nous voyons, nous le faisons parce qu'il n'ya pas rien d'autre à faire ou nous le faisons parce que, dans notre intérieur Désolé, nous le faisons pour le Seigneur et nous méritons tous. La prochaine fois que vous voulez faire quelque chose avec votre corps pense d'abord si Dieu sera loué à cette action.

4. Dieu nous considère apte à vivre en nous

Quand Jésus est mort sur la croix, le voile du temple se déchira, cela signifie que plus y habiter, dans un temple fait par les hommes, mais que le Saint-Esprit viendrait habiter en nous.

Si un important ambassadeur est venu vivre dans notre pays et on vous a demandé de choisir une maison pour lui-même ce genre de maison que vous choisissez ? Aurait probablement demandé à être donné une maison dans un quartier exclusif ou au moins le plus luxueux immeuble dans un endroit où vous vous sentez à l'aise, en sécurité et respectés.

Maintenant, imaginez que Dieu en disant : « J'ai besoin d'un endroit pour vivre, et le meilleur endroit est le corps de mes enfants », que nous avons le privilège d'être sa demeure.

Dans Exode 40:34, nous lisons que la gloire de Dieu remplit le tabernacle tout comme nous demandons à Dieu de remplir notre corps de sa gloire et que leur présence est en nous. Mais pour cela, nous devons être prêts et conscients de la grandeur de notre Dieu et de vivre d'une manière qui semble l'Esprit qui habite en nous.

Révisez/Application :

Écrivez le texte à mémoriser au tableau ou sur panneau d'affichage « Car vous avez été rachetés à un grand prix. Glorifiez donc Dieu dans votre corps et dans votre esprit, qui appartiennent à Dieu » 1 Corinthiens 6:20, demandez aux élèves de lire le passage et de dire comment ils peuvent glorifier Dieu dans leur corps et leur esprit. Et quelles situations de la vie quotidienne les empêchent de glorifier Dieu et d'être des temples du Saint-Esprit.

Demandez-leur de comparer la fonction des parties d'une structure de temple avec celles de notre âme et de notre corps. Vous devez trouver des textes où la similitude entre chacun d'eux apparaît :

Élément structurel	Fonction	Texte biblique
Fondations	soutient et stabilise le tempe	Notre vie est soutenue par : Luc 6:48-49
Colonnes	tenir la structure ferme	Psaume 112:7, Psaume 73:26
Portes et fenêtres	contrôler l'entrée et la sortie du temple	Matthieu 6:22, Proverbes 16:23, Proverbes 15:14, Psaume 49:3
Plafond	couvrir et protéger l'intérieur du temple	Ephésiens 6:14, 1 Thessaloniciens 5:8
Façade	partie extérieure du temple	Job 8:21

Défi : Pour nous, l'image que les autres ont de nous est très importante, combien plus l'image devant Dieu comme son temple ! Tout comme nous passons du temps à bien paraître, nous devons passer du temps pour que Dieu nous purifie et fasse de nous des temples agréables qui l'honorent. Cette semaine, chaque fois que vous faites quelque chose pour améliorer votre apparence physique (bain, exercice, bien manger, entre autres), réalisez une activité dans le but de prendre soin du temple de Dieu, ainsi vous ne serez pas seulement beau pour les autres mais vous serez une chambre agréable au Saint-Esprit.

Comment dois-je manger ?

Leçon 21

Ana Zoila Díaz • Guatemala

Objectif : Que l'élève comprenne qu'une bonne alimentation est un élément important dans le soin de notre corps physique, comme le temple du Saint-Esprit.

Pour mémoriser : « Daniel résolut de ne pas se souiller par les mets du roi et par le vin dont le roi buvait » Daniel 1:8.

Avertissement : Commencez par le défi du cours précédent. Générez une discussion sur le thème de la croissance physique et spirituelle. Demandez comment s'est passé leur temps quotidien avec Dieu. Accepter

Connecter | Télécharger

Introduction dynamique (12 à 17ans).

- Instructions : apporter suffisamment de magazines recoupés contenant variété d'aliments, fruits, légumes, viandes, la farine, bonbons, sodas, etc. Au début de la classe, chaque étudiant choisit trois aliments et de partager le groupe parce qu'il l'aime.

  Le professeur a expliqué que chacun droit choisir à quel groupe appartient à chaque aliment de choix : céréales et tubercules, fruits et légumes, les produits animaux et les légumineuses, les graisses et les sucres. En œuvre de conclure ce genre de nourriture qu'ils aiment le mieux le groupe et s'ils sont adaptés à une bonne santé.

Introduction Dynamique (18-23 ans).

- Instructions : menu de repas qu'on aime. Écrivez cette liste d'aliments sur le plateau. Ils devraient constituer un menu avec vous.

  Ensuite, vous allez présenter dans la liste la teneur en calories des aliments qui y sont présentées et elles devraient faire la somme des calories dans les aliments qu'ils choisissent. Dites-leur que la femme dans sa jeunesse à besoin d'environ 2200 calories par jour et les hommes ont besoin environs de 2800 calories par jour. Beaucoup de jeunes consomment plus de calories que vous dépensez et ainsi accumuler de la graisse dans le corps et d'autre part certains ne consoment pas assez de calories et de commencer à avoir des problèmes de malnutrition.

Bande de rôtis	401
Brocoli	32
Le riz blanc	343
Banana	85
Graisse de porc	276
Papaye	76
Spaghetti	369
Mandarine	43
Jambon cru	296
Carotte	42
Pain	269
Melon	44
Viande de poulet	170
Tomate	22
Farine de maïs	50
Poire	52

La digestion des aliments se produit lorsque vous mangez et assimilez autant de nutriments que possible. Lorsque ces fonctions sont normales, le résultat est la santé, la force et la performance dans les différentes tâches.

Pour obtenir les avantages des aliments on doit d'abord prendre le temps de se nourrir. Si l'homme apprend à bien manger, pas si malade que lorsque les troubles alimentaires se produisent. Une bonne alimentation peut être la clé d'une bonne santé.

Il arrive également les mêmes choses dans le royaume de Dieu. La bonne relation avec Dieu dépend du spirituel, qui dépend de la nourriture spirituelle, c'est à dire le type, la quantité et l'état de la nourriture que vous mangez. Nutrition pour l'âme de l'homme vient de la Parole de Dieu et adorer.

Connecter | Télécharger

Avec les élèves en commençant par lire le chapitre I de Daniel en mettant l'accent sur les versets qui parlent de la nourriture. Cette histoire raconte quelque chose de particulier dans la vie de jeunes Juifs qui ont été pris en captivité.

Le terme utilisé pour ces jeunes dans la Bible hébraïque est Yeled indiquant un âge entre l'enfance et l'âge adulte quand ils ont le temps de se marier, donc le terme appliqué depuis qu'on a douze ans.

Maintenant, pour la relation étroite qui existait dans ces garçons entre le type d'aliment et de sa relation à Dieu.

1. Choisi pour être forts

D'après les versets 3 et 4 de Daniel, ces jeunes ont été choisis pour être de bonne famille et de la forme du corps inattaquable. La belle forme du corps dans les idées de l'Est, a été associée à la sagesse. Ces jeunes répondent aux exigences pour être définitivement mis à la disposition du roi, ce qui les rendait admissibles à être choisis pour servir. Daniel et ses amis savaient Dieu, et sûrement eu une vie qui lui a rendu hommage. Ce qu'ils ne pouvaient pas apprendre en captivité, mais a été livré comme l'enseignement à domicile.

Ces jeunes ont choisi de ne pas manger la nourriture du roi, non seulement pour prendre soin de votre corps physique, mais votre vie spirituelle parce que les juifs avaient un bon régime alimentaire basé sur les ordonnances de Dieu. Dans le livre de Lévitique 11:1-47 et 17:10-16, ils ont choisi de garder les ordonnances de Dieu, plutôt que les hommes, même au péril de sa vie, pour avoir désobéi au roi. Aujourd'hui, nous devons être de bons intendants de notre vie dans le physique et spirituelle, nous ne savons pas à quelle heure nous allons jouer une défense de notre foi loin de notre famille et des membres de l'église. Nos convictions doivent rester fermes en toutes circonstances.

D'une certaine manière pour Nebucadnetsar, il avait une relation étroite entre l'alimentation et l'intelligence comme dans le verset 5, nous voyons qu'une fois que le roi a ordonné, ils ont été choisis pour donner la meilleure alimentation pour trois ans. Passé ce délai, ils seraient prêts à servir le roi.

Dans l'ancienne Babylone, il a été accordé une grande importance à l'apparence physique, un peu comme la pensée du monde, où l'on vous donne une très grande importance à l'apparence physique, qui devient un problème presque écœurant pour certains. Cela a conduit les jeunes à changer le concept de la beauté de la santé sur la santé ou la gourmandise, et, finalement, certaines filles ont estimé que pour être belle est d'être extrêmement minces : de sérieux problèmes avec l'anorexie ou la boulimie. En tant que chrétiens, nous devons examiner cette question et choisir notre pouvoir non pas par mode, des goûts simples ou ce que d'autres mangent, mais par ce qui est sain et honore le nom de Dieu.

2. La nourriture du roi

La Bible ne nous dit pas spécifiquement ce type de nourriture qu'on a eu à Babylone (Daniel 1:5). Le mot hébreu pour ce type de nourriture est patbág utilisé pour définir des bonbons ou un sort. Certainement ces jeunes se sont vu offrir quelque chose agréable à l'œil et au nez, a été le meilleur de la culture babylonienne.

Le roi a également offert du vin, mais ce terme a également été utilisé pour tout type de boissons enivrantes. Babylone était connue comme brasseur et c'était commun dans les banquets pour des rois de s'enivrer.

Les jeunes d'aujourd'hui sont aussi bombardés par la publicité, condisciples et amis sont là pour les induire dans le monde de l'alcool. Pas tous les délices du roi de ce monde sont nutritifs, peut être séduisante, mais sera toujours commander à partir de malnutrition et finalement la mort elle-même.

A notre époque, on propose également une gamme de fast-food que nous avons apprécié, mais pas vraiment pour nous nourrir. Vous pouvez demander aux élèves d'énumérer certains aliments de considérer qui ne sont pas très nutritif ou nuire à votre santé : les boissons alcoolisées, la malbouffe, les boissons gazeuses, etc.

3. Daniel n'est pas contaminé

Dans Daniel 1:8-16, nous voyons la condamnation de Daniel. Il a fixé un objectif et rien ne changerait, il avait une résolution. Il a décidé de s'abstenir de contamination des aliments, indiquant un caractère déjà formé. D'autre part Hanania, Mischaël et Azaria, les trois autres amis de Daniel certainement eu la même formation et la participation à la fin de celui-ci.

Pour l'ancien monde qu'il y avait une relation étroite entre les idoles et de la nourriture parce que beaucoup de gens ont sacrifiés ou consacrés la nourriture aux idoles avant consommation. Donc, le peuple juif pouvait voir une relation très étroite entre l'idolâtrie et de la nourriture. En proposant à Daniel et ses amis et ils n'ont pas à se souiller par les mets du roi et ils ont également promis de ne pas être idolâtres, à partir des enseignements qu'ils avaient. Daniel a décidé de s'abstenir de nourriture qui lui est offerte, non pas parce qu'il était gâté ou exquis goût, mais pour éviter d'offenser leur Dieu. Son exemple fut suivi par ses amis.

Nous n'avons actuellement pas une loi stricte en ce qui concerne la nourriture puisque nous vivons sous la grâce (Actes 10:9-15), mais certainement que nous sommes appelés à faire une différence dans le monde et ne pas manger des produits alimentaires et Météo qui peuvent endommager notre corps.

Dieu nous ordonne de nous occuper du temple qui est notre corps et qui comprend de manger correctement de façon équilibrée, bonne alimentation de nos modes de vie individuelles.

Légumes et l'eau qu'ont mangés ces jeunes peuvent sembler quelque peu nutritifs, mais on voit que cela a fonctionné. Peut-être que c'était difficile pour eux de s'habituer à un régime aussi, parce que leur régime alimentaire hébreu comprenait la viande pure, et dans cet endroit il n'y avait ce type de viande. L'idée était qu'ils étaient d'accord pour faire une différence. Lorsque vous acceptez de ne pas contaminer le monde, pas seulement physiquement mais que vous prenez soin que ceux-ci gardant le temple de Dieu et que vous êtes obéissants, si vous faites votre part Dieu promet de vous donner la santé et de la sagesse (v. 17), de sorte que vous preniez soin de votre énergie physique et spirituelle. Que feriez-vous à la place de Daniel ?

Révisez/Application :

Divisez le groupe en trois équipes et chacun prendra trois principes pour une bonne alimentation, ils analyseront les passages bibliques et ils devront faire trois affiches pour expliquer chaque principe à la classe. (Utilisez du papier de construction, des marqueurs, des crayons de couleur, de vieux magazines, de la colle blanche et des ciseaux).

Neuf principes importants pour une bonne santé.

1. Mangez à intervalles réguliers et évitez de manger entre les repas (Ecclésiaste 3:1)

2. Mangez pour vivre et ne vivez pas pour manger. (Proverbes 23:1-2)

3. Reposez-vous selon le plan de Dieu (Exode 20 :9-11, Psaume 127 :2).

4. Gardez votre corps propre (2 Corinthiens 7:1)

5. Ayez le contrôle sur vous-même (Philippiens 4 : 5 ; 2 Timothée 1 : 7)

6. Gardez la joie dans votre vie (Proverbes 17:22, Philippiens 4:4)

7. Évitez les graisses (Lévitique 3:17) 1 Corinthiens 6:12

8. Faites confiance à Dieu et obéissez-lui (Proverbes 4:20-22)

9. Rendez gloire à Dieu dans tout ce que vous faites (1 Corinthiens 10:31)

Défi : Il est difficile de changer nos habitudes alimentaires mais pas impossible. Vous pouvez rechercher combien de calories vous devriez consumer pour votre âge et votre type d'activité. Ce sera un bon guide pour élaborer un régime alimentaire sain. N'oubliez pas de remercier Dieu pour la nourriture. De nombreuses personnes souffrent de malnutrition car elles n'ont pas les ressources pour se nourrir, profitez des bénédictions de Dieu mais avec prudence. Faites attention, à partir de ce moment, à ce que vous mangez.

La liberté de dire non

Leçon 22
Tabitha Gonzalez • États-Unis

Objectif : Les élèves prendront conscience des dangers de la toxicomanie et les dommages qu'elle peut causer au temple de l'Esprit, à la fois physique, mentale et spirituelle.

A mémoriser : « Tout m'est permis, mais tout n'est pas utile ; tout m'est permis, mais je ne me laisserai asservir par quoi que ce soit » (1 Corinthiens 6:12).

Avertissement

Aujourd'hui au début de votre cours, pour faire suite au défi de la semaine dernière, vous pouvez promouvoir une invitation à manger de la malbouffe et attendre les réactions de vos élèves. Dialoguez au sujet de cela.

Accepter

Connecter | Télécharger

Introduction dynamique (12 à 17 ans).

- Matériaux : Trois petites boules d'une même couleur, trois petites boules d'une autre couleur (les balles peuvent être fabriquées à partir de papier de couleur)
- Instructions : Si vous avez suffisamment d'espace pour faire de la dynamique dans la classe ou vous pouvez laisser la cour. Il faudra deux couples volontaires, l'un composé d'hommes et un autre formé par deux femmes.

    Chaque paire aura à sélectionner un joueur / guide et un autre joueur / poupée. Le joueur fait / poupée sera chargée d'exécuter le ballon d'un côté à l'autre dirigée par joueur / Guide de la même équipe. Le joueur / poupée ne peut pas faire un geste ou de marcher ou de prendre ou de libérer le ballon mais est guidé par le joueur / guide. Dans le cas où le joueur / poupée rendant tout mouvement par lui-même, il faut revenir au début. Le couple que vous pouvez conduire les trois balles à l'extrémité pointue en moins de temps sera le vainqueur. A la fin du jeu de rôle poser les responsables / poupées comment ils se sentaient. Le but de la dynamique est de montrer qu'une personne est dominée par la toxicomanie comme une poupée qui n'est pas libre d'agir et pourquoi ne peut-il grille bien dans sa vie.

Introduction dynamique (18-23 ans).

- Matériaux : Tableau et une chaise au centre de la pièce. Si possible une table et d'un marteau, (seront utilisés par le « juge »).
- Instructions : Choisissez une personne dans la salle pour être le juge et un autre qui est le secrétaire. Divisez la classe en deux équipes. Une équipe va défendre et soumettre au juge les raisons pour lesquelles les médicaments sont autorisés. La seconde équipe va défendre et présenter des arguments pourquoi les médicaments devraient être interdits. Le secrétaire doit écrire au tableau les motifs de la libération ou l'interdiction, dans deux colonnes différentes. Depuis un certain temps pour les équipes d'organiser leurs propositions et arguments. Ensuite, commencer la discussion avec la présentation des idées de chaque équipe et a terminé avec un temps pour chaque équipe pour affronter les idées de leurs adversaires.

    En fin de compte, le juge doit soumettre une déclaration de presse ou d'interdiction, sur la base des discussions tenues. Essayez d'être un blâme ou prétendre à une quelconque des revendications, seulement, si nécessaire, d'encourager la discussion jusqu'à ce que toutes les idées sont discutées.

    Le but de cette dynamique est d'introduire le sujet, permettre aux jeunes de réfléchir sur la leçon.

> À la dépendance n'est pas quelque chose de nouveau causé par un cartel de drogue nouvelle. Bien qu'il n'ait pas mentionné le mot « dépendance », à partir de l'Ancien Testament, la Bible parle de la raison et du domaine que de nombreux toxicomanes ont sur l'être humain perme (nonce), par exemple, le cas de Noé Genèse 9:20-23. La personne qui vient à l'addiction perd le contrôle de leurs capacités mentales et ne peut pas prendre des décisions consciemment et de manière responsable, en mettant à la merci du danger qu'ils apportent. Addictions touchent tous les domaines de l'être humain : physique, émotionnel et la perception de soi, les relations avec les autres, et en particulier sa relation avec Dieu.

1. Notre corps, le temple de l'Esprit Saint

« Ne savez-vous pas que votre corps est le temple du Saint Esprit qui est en vous, lorsque vous avez reçu Dieu, et vous n'êtes pas maitre de votre propre corps » (1 Corinthiens 6:19). L'étude des textes bibliques à travers cette leçon parle de la gestion de notre corps, qui est, de la responsabilité que nous devons prendre soin de ce que Dieu nous a confié.

Nous chrétiens, nous appartenons à Dieu, pour deux raisons. La première, c'est parce que nous avons été créé par lui et a donc le droit de création sur nous. La seconde est que, grâce au sacrifice de Jésus les chrétiens ont été achetés à un prix élevé, à devenir ses enfants. Maintenant, être enfants de Dieu, reçu par héritage le Saint-Esprit qui habite en nous et nous aide à vivre une vie sainte dans l'obéissance à Dieu.

Être détenu par Dieu peut sembler aux oreilles de certains comme autorité de lui, mais dans ce cas, cela signifie que l'amour de Dieu travaille dans les vies de ceux qui viennent à Christ. L'appartenance est précisément ce que Dieu nous donne l'équilibre nécessaire pour vivre une vie abondante, comme le dit la Bible.

2. Dites non à la dépendance

« Ne vous enivrez pas de vin : c'est de la débauche, mais soyez remplis de l'Esprit » (Ephésiens 5:18).

Bien que ce soit un commandement qui parle de vin, nous pouvons l'appliquer à tous et toute substance ou chose à modifier notre état de conscience et qui mène à la dépendance.

La définition de la dépendance est : « ce qui pousse une personne à utiliser une substance ou d'une chose continue ou forme commune pour l'obtention plaisir ».

Lorsque nous parlons première chose dépendance qui vient à l'esprit sont tous les types de médicaments qui sont illégales. Mais la dépendance peut provenir de choses au-delà de ce que la loi interdit. Un bon exemple est l'alcool et les cigarettes, qui, malgré provoquant la dépendance chimique est légal pour les plus de 18 ans dans la plupart des pays. La dépendance peut aussi provenir des comportements et des habitudes malsaines comme la dépendance au jeu, électronique, masturbation, etc... Bien que ces pratiques ne conduisent pas à la dépendance chimique, si elles peuvent entraîner une dépendance affective et de l'habitude et sont, de la même façon, au détriment des êtres humains.

Quoi qu'il en soit, il est un fait que l'ajout des causes des conséquences néfastes de l'homme à un degré plus ou moins grand. La Bible nous montre certains d'entre eux : les problèmes de famille (Genèse 9:18-29), le manque de sagesse (Proverbes 20:1), la pauvreté (Proverbes 21:17), compte non tenu des faits du Seigneur (Esaïe 5:11-12), le manque de compréhension (Osée 4:11), bondage (Tite 2:3).

a. Conséquences physiques

Celles-ci dépendent du type de pratique ou substance à laquelle la personne est adonnée là dans. Mais par tous les moyens, directement ou indirectement, notre corps est affecté.

Parmi les conséquences physiques de la dépendance chimique sont : la détérioration de nos neurones ' qui sont responsables de notre raisonnement et la pensée. Dégénérescence de certains organes en raison de la surcharge des substances inhabituelles de l'organisme, comme le cancer, la cirrhose, et d'autres. Ajouté à cela, les maladies contagieuses sont obtenues au moyen de l'administration de médicaments par le biais de seringues ou d'autres instruments, comme le sida. Enfin, l'utilisation de certains médicaments peut conduire à la mort.

b. Conséquences émotionnelles

Il est confirmé que l'usage de stupéfiants peut conduire à des troubles psychologiques dus au déséquilibre que certains composés chimiques produites dans notre corps. Le trouble bipolaire et la schizophrénie sont quelques-uns d'entre eux, et peuvent se produire même avec des médicaments pas très « forts ». Il est un fait que le médicament apporte un sentiment de bonheur et de libération momentanée des problèmes, mais après utilisation, est la dépression, l'irritabilité, la panique, etc. Ce n'est pas inhabituel le suicide chez les toxicomanes.

c. Conséquences spirituelles

Addiction nous dévie du plan original de Dieu pour nos vies, alors, la principale conséquence de la dépendance est la séparation de Dieu. Cette séparation est visible à travers la misère de la vie dans lesquelles vivent de nombreux toxicomanes. Ils arrêtent de profiter de la paix et de la joie, une vie qui est en pleine communion avec Dieu pour vivre une vie pleine de culpabilité et d'infériorité, ainsi que des problèmes avec les gens autour d'eux. Certainement, le pire résultat qui peut être dans la vie de celui qui vit dans l'esclavage du péché, c'est la perte de la vie éternelle, « (...) Ne vous y trompez pas (...) ni les ivrognes (...), n'hériteront le royaume de Dieu » (I Corinthiens 6:9-10).

3. Et pourquoi certains disent « oui » ?

Quand il s'agit de la dépendance, il y a plusieurs raisons qui peuvent conduire une personne à la pratique. Tout comme les adultes qui boivent de l'alcool ont du mal à admettre que l'alcool peut venir à être un problème et devient une dépendance, c'est la même chose pour les jeunes qui connaissent des difficultés à cause des drogues ou autres compléments. Il est important de savoir que quelqu'un est sujet à des dépendances c'est pourquoi il faut prendre soin de soi-même comme un bon intendant du corps que Dieu a donné. Savoir qui nous sommes devant Dieu, la valeur que nous avons en lui, et nous savons Sa Parole à travers l'objectif qu'il nous a créés, nous aide à ne pas tomber dans le piège de la dépendance. Acheter et boire de l'alcool après 18 ans peut-être légal, mais cela ne signifie pas de vivre dans la liberté. La liberté, c'est de prendre la décision de ne pas être dominé par le désir d'essayer de l'utiliser (Daniel 1:8). La Parole de Dieu donne un avis très intéressant sur la façon de rester libre de dépendances, « Soyez remplis de l'Esprit ». (Éphésiens 5:18b). Une habitude ne peut être remplacée par une autre habitude. Pas de mauvaises habitudes si nous remplissons nos vies avec de bonnes habitudes. Nous remplissons d'alcool ou d'autres choses qui mènent à la dépendance si nous nous soucions d'être proches de Dieu et remplis de Son Esprit. Beaucoup de gens pensent que le jeune homme est plus facile de tomber dans la dépendance et d'être plus fragile à l'influences de ses pairs, la curiosité et la rébellion, mais I Jean 2:14b déclare : « Je vous ai écrit, jeunes gens, parce que vous êtes forts, et la Parole de Dieu demeure en vous, et que vous avez vaincu le malin. » En d'autres termes, la jeunesse n'est pas synonyme de faiblesse, au contraire, nous sommes plus forts si la Parole de Dieu est notre niveau de vie.

Équipe dynamique (deux à quatre) : mettez les jeunes à réfléchir sur les questions suivantes, puis de partager leurs réponses au groupe. (Vous pouvez apporter des questions écrites et dans ce cas les étudiants apporteront des réponses).

- Qui vous a empêché d'être rempli du Saint-Esprit ?
- Quels sont généralement les endroits où l'accès aux médicaments est plus facile ?
- Avez-vous fréquenté certains d'entre eux ?
- Quels sont les invitations les plus fréquentes que nous recevons pour l'usage de stupéfiants ?

Si vos amis de l'école se demandent pourquoi vous ne buvez pas, fumez ou prenez la drogue, que répondriez-vous ? En avance sur les opportunités qui peuvent en découler pour toute dépendance, quelle est votre décision personnelle en face d'eux ?

Révisez/Application :

Donnez-leur du temps pour répondre aux questions suivantes, en réfléchissant sur le sujet des addictions, et découvrez ce que la Bible nous dit à ce sujet.

1. Quelle est la perspective biblique des dépendances ? Lisez 1 Corinthiens 6:12 *(Nous ne devons rien laisser nous gouverner)*.

2. 1 Corinthiens 6:19 nous dit à qui nous appartenons et pourquoi nous sommes. Pourriez-vous écrire le verset dans vos propres mots ?

3. Lisez les passages suivants de la Bible et découvrez les conséquences de l'utilisation du vin. Discutez avec vos camarades de classe.
    a. Problèmes dans la *famille* (Genèse 9:20-23);
    b. Manque de *sagesse* (Proverbes 20:1),
    c. *Pauvreté* (Proverbes 21:17),
    d. Ne pas considérer les *oeuvres* de Jéhovah (Ésaïe 5:11-13),
    e. Manque de *jugement* (Osée 4:11),
    f. *L'esclavage* (Tite 2:3).

4. Selon 1 Corinthiens 6:9-10, quelle serait la pire conséquence de la dépendance ? *(ne pas hériter du royaume de Dieu)*

5. La Bible nous donne des conseils très intéressants sur la façon de vivre sans dépendances. Lisez Éphésiens 5:15-18 et dites quel serait ce conseil. *(Marcher avec sagesse, tirer le meilleur parti du temps, faire la volonté de Dieu et être rempli du Saint-Esprit)*.

6. En ce qui concerne les dépendances, comment l'exemple de Daniel s'applique-t-il à nos vies ? Lisez Daniel 1:8 *(dans lequel nous pouvons nous refuser les choses qui nous blessent.)*

Défi : Au verso de cette feuille, rédigez une déclaration d'engagement personnel sur votre décision et votre position sur les dépendances. Datez-le, signez-le et demandez à vos camarades de classe de signer en tant que témoins de l'engagement et de la décision que vous avez pris.

S'il y a quelque chose dans votre vie qui doit être ajusté, priez le Seigneur et, si nécessaire, demandez l'aide d'un dirigeant de l'église. Dieu est toujours prêt à nous écouter quand nous le faisons avec sincérité de cœur.

Sexe du bon!

Leçon 23
David Gonzalez • États-Unis

Objectif : Les élèves vont comprendre clairement le concept biblique d'une relation sexuelle et que c'est uniquement pour être apprécié dans le mariage.

A mémoriser : « C'est pourquoi l'homme quittera son père et sa mère, et s'attachera à sa femme, et ils deviendront une seule chair » Genèse 2:24.

Avertissement
Au début de votre cours, revoyez le défi de la semaine dernière. Encouragez-les à commenter l'engagement qu'ils ont pris.
Accepter

Connecter | Télécharger

Introduction dynamique (12 à 17ans).

- Instructions : ils sont placés dans un cercle ou une ligne droite.

  Prenez l'un des élèves et de transmettre un message, par mimétisme, pas de mots (avoir seulement une minute à faire). Puis revenir avec le reste de la classe et en ensuite, l'étudiant qui a reçu le message par mimétisme dire que vous comprenez le message à l'oreille de la personne à côté de lui. Ainsi, chaque participant fera avec leur voisin respectif jusqu'à ce que le dernier participant reçoive le message. Après tout il été transmis à l'oreille demandera ensuite au dernier participant quel était le message qu'il a reçu, et avec le reste de la classe se comparer avec le message d'origine.

  Expliquez alors que la question de la sexualité est similaire à la dynamique. Ils ont beaucoup d'opinions autour de nous, mais dans la majorité des cas, le message d'origine est fortement déformé.

Introduction dynamique (18-23 ans).

- Matériaux : papier et crayon.
- Instructions : Divisez la classe en deux groupes. Demandez à chaque groupe de faire une liste des choses qui ne peuvent pas être partagées avec une autre personne, qui sont à usage individuel seulement. Après trois minutes, comparer les listes, et d'attribuer 10 points pour chaque mot que vous considérez qui se qualifie dans la catégorie des « objets partagés » dans le cas où les deux groupes sont d'accord sur un certain objet, seulement cinq points seront attribués. L'équipe avec la fin de la révision de la liste accumuler plus de points.

  A la fin expliquez que la sexualité ne peut être partagée que dans le mariage, dans une relation exclusive et la fidélité.

Connecter | Télécharger

Chaque jour, nous recevons des messages différents sur le sexe ou les rapports sexuels. Nous pouvons entendre une variété de descriptions, par exemple, sont très excitant, beaucoup le font, sont délicieux, parfois ennuyeux, mes parents disent qu'ils sont interdits, sont enrichissantes, sont mystérieux, sont heureux, sont douloureux, décevant, n'est qu'une routine, le pasteur dit, c'est le péché, sont amusants, etc.

En entendant ces opinions divergentes, pas étonnant que l'un des sujets de conversation favorise chez les adolescents est sur le « sexe ». Avec autant de contradiction, beaucoup cherchent à définir ou découvrir exactement ce que sexe signifie.

1. Le sexe est très bon !

Dans les deux premiers chapitres de la Genèse, nous lisons que Dieu a créé l'homme et la femme d'une manière claire et intentionnelle. La Bible dit clairement que quand il a créé l'homme, Dieu vit que cela était très bon temps. Dieu n'a pas dit que seules certaines zones de l'être humain étaient bonnes. Il vit l'être humain dans son ensemble était bon. Cela comprenait sexualité différente du sexe qui est différent de nous, homme et femme, chacun avec ses caractéristiques particulières.

La sexualité est alors un cadeau que Dieu a donné aux êtres humains, et nous pouvons distinguer que deux façons : l'homme et la femme.

Il est important de dire que, bien que la naissance d'utiliser notre sexualité, est de parvenir à l'adolescence que l'homme commence à prendre conscience de vous-même d'une manière plus claire, parce que pendant cette phase commencera visiblement à définir les caractéristiques de personnalité et découvrir de nouveaux aspects concernant leur propre sexe et l'autre.

C'est à l'adolescence que notre corps commence à préparer (mais pas totalement) d'apprécier et de partager des relations sexuelles avec une autre personne, comme il est dit : Genèse 2:24. « C'est pourquoi l'homme quittera son père et sa mère et s'attachera à sa femme, et ils deviendront une seule chair. » Cela signifie que le plan est de réserver le don de sexe pour quand nous grandissons à partager avec la personne que vous aimez et nous engageons à vivre toute une vie.

Les deux premiers chapitres de la Genèse nous donnent la claire lumière de la raison pour laquelle Dieu a conçu le sexe d'être différent humain. Tout d'abord, nous avons constaté qu'il a été créé pour être apprécié dans le mariage, sur l'exclusivité entre un homme et une femme (2:24). Deuxièmement, le sexe est un moyen de montrer l'amour physique entre le couple, s'il vous plaît à l'autre (2:24). Enfin, Dieu a créé le sexe pour reproduire (Genèse 1:28).

2. Est-ce que le sexe est toujours bon ?

Oui et non. Confus ? Permettez-moi de vous expliquer cela de la manière suivante : Manger de la viande ou de la nourriture solide n'est pas mal, mais pour un 2 ou 3 mois vieux est terrible. Il est hors du temps. Il n'est pas mauvais d'être une mère ou un père, ou faire pleinement usage de notre sexualité, mais si cela se fait en dehors du temps et de l'environnement à droite, sera un cauchemar.

Parlant de cauchemars, nous devons reconnaître que nous vivons dans un monde qui se réveillait d'un rêve horrible. Un monde qui, à cause du péché, il a vu l'image de Dieu en l'homme a été déformée (de le décrire en quelque sorte), affectant complètement la création. Cela signifie que même le but de Dieu pour le plaisir du sexe est déformé. La volonté initiale de rechercher la satisfaction mutuelle est devenue une pratique égoïste. Le plan de la fidélité, de l'engagement et de l'exclusivité dans le couple a été changé par beaucoup pour une relation de satisfaction momentanée dans de nombreux cas en important avec lequel (s) [la fornication et l'adultère]. L'ordre naturel a été modifiée par des actes de rébellion au plan de Dieu (l'homosexualité, le lesbianisme, etc.). Et tout cela a apporté ses conséquences : foyers brisés, maladies atteignant physiques et émotionnelles dans de nombreux cas, les plans de la mort, la rancune et de la haine sur les individus et les familles, les mariages et les grossesses, les mères célibataires imprévus / non désirées, avortements, et enfin le plus triste, de vivre en dehors de Dieu.

Cependant, même si nous vivons dans un monde sombre, le plan de Dieu est toujours valide. Donc la bonté de la sexualité demeure une réalité pour tous ceux qui ont reconnu Jésus comme notre sauveur.

La Bible nous invite à ne pas être conformes aux pratiques de ce monde (Romains 12:2) nous exhorte à agir au-delà de nos instincts. Il nous appelle à agir sur la base de notre raisonnement et de volonté, a donné à Dieu.

C'est clair pour nous, et nous croyons que c'est ce que nous faisons, mais nous ne pouvons pas ignorer la pression constante que nous avons souffert à travers des programmes de télévision, publicités : la publicité, l'impression, magazines, Internet, cinéma, musique, amis d'école, collègues de travail, et la liste pourrait s'allonger. Tous ces moyens sont de plus en contenu sensuel et érotique, de plus en plus trempé que vous recherchez pour nous de donner libre cours à nos sens.

La pression à une mauvaise utilisation de notre sexualité est très forte, mais la Parole de Dieu nous promet que si nous demeurons en Christ, le péché n'a plus de pouvoir sur nous. Dieu nous donnera la force de vivre selon sa volonté. Nous sommes plus que vainqueurs par Celui qui nous aime! (Romains 6:6, 8:37, 11-14 ; 2 Timothée 1:7 ; 1 John 5:4-5).

Dieu a créé le sexe pour nous de profiter, d'être une partie essentielle du mariage. Un mariage qui honore Dieu à travers la pureté sexuelle. Un mariage qui s'engage à assurer le bien-être et de satisfaction mutuelle. Le rapport des relations sexuelles avant le mariage est appelée fornication dans la Bible, et c'est un péché que Dieu déclare, ne cautionne en aucune façon (1 Corinthiens 6:18-19 ; Galates 5:19 ; Colossiens 3:05 ; 1 Thessaloniciens 4:3)

Mais honorer Dieu avec notre sexualité n'est pas unique à la mariée. Être célibataire peut également éviter de tester nos limites sexuelles (lieux, personnes, situations, etc..), En soumettant chaque pensée a Christ, être responsable de nos actions et nos désirs, nous maintenir pur pour ceux qui seront notre femme ou mari, et par-dessus tout, nous consacrer à Dieu lui-même, qui nous a donné le don merveilleux don de la sexualité.

Révisez/Application :

Demandez aux élèves de répondre individuellement, puis discutez en groupe si les gens se sentent à l'aise :

1. Définissez le mot sexualité.
2. Considérez-vous les relations sexuelles comme un péché ? Pourquoi ou pourquoi pas?
3. Dans quel but les relations sexuelles ont-elles été créées ?

Le sexe est-il toujours bon ?

1. Nommez quelques-unes des façons dont nous subissons des pressions pour céder à l'idée d'avoir des relations sexuelles avant le mariage :
2. Quelles seraient les deux principales raisons pour lesquelles vous seriez prêt à vous abstenir de relations sexuelles jusqu'au mariage ?

Réfléchir : y a-t-il des actions spécifiques que vous devez entreprendre maintenant ?

Y aura-t-il des pratiques que vous devriez arrêter de faire car elles peuvent devenir une menace sérieuse pour rester sexuellement pur ?

Défi : Comme il l'a fait avec cette jeune fille, Dieu veut nous utiliser dès notre jeunesse et veut parler à travers nous. Mais ATTENTION, Dieu ne négligera pas notre péché et notre désobéissance. Même dans ce cas, nous devons être disposés à recevoir la correction de Dieu. Avec Dieu, vous le pouvez aussi !

Méfiez-vous! Danger!

Leçon 24
Wendy Ayala • Guatemala

Objectif : Les élèves vont développer la conscience de la réalité des maladies sexuellement transmissibles et de prendre soin de leurs corps parce qu'il est le temple du Saint-Esprit.

A mémoriser : « Car ce n'est pas un esprit de timidité que Dieu nous a donné, mais un esprit de force, d'amour et de sagesse » 2 Timothée 1:7.

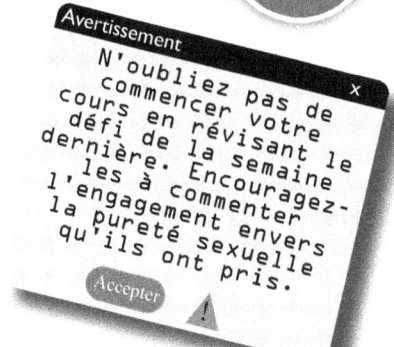

Avertissement : N'oubliez pas de commencer votre cours en révisant le défi de la semaine dernière. Encouragez-les à commenter l'engagement envers la pureté sexuelle qu'ils ont pris. Accepter

Connecter | Télécharger

Introduction Dynamique (12 à 17ans).

- Matériaux : un ou deux blocs en fonction du groupe (si vous pouvez les échanger pour d'autres fruits de saison ou quelque chose comme le chocolat ou quelque chose que les jeunes aiment beaucoup). Un couteau.

- Itinéraire : apporter en classe une pomme (ou ce que vous choisissez de porter) et le couteau fend la pomme et ils commencent par prendre en petites portions jusqu'à ce qu'il ne reste plus rien. Puis demandez comment était la pomme ? Aimez-vous ? Serait-ce que cette pomme se met à manger ? Sera de nouveau la même pomme riche et juteuse ? Bien sûr que non.

  Plusieurs fois dans notre vie, nous faisons des choses qui nuisent à notre corps. Si nous n'avons pas pris soin de lui, et nous sommes irresponsables de ne pas être encore le même. Parfois, des situations se présenteront comme la pomme appétissante, mais qui ne sont pas justes, si nous ne nous souvenons pas que notre corps est le temple du Saint-Esprit, et les éviter, nous devons accepter les conséquences que notre péché apportera.

Introduction dynamique (18-23 ans).

- Matériaux : tableau blanc et un marqueur ou à la craie.

- Instructions : Demandez au groupe de nommer toutes les MST connues et de les écrire sur le tableau. Ensuite, ils vous disent ce qu'ils savent à leur sujet.

Lorsque nous parlons de relations sexuelles en dehors du mariage, nous devons être conscients des maladies sexuellement transmissibles (MST) et les grossesses non désirées, donc aujourd'hui nous allons parler de maladies sexuellement transmissibles (MST) et ses conséquences, et ce que Dieu dit à ce sujet.

C'est pourquoi il est important que les jeunes sachent les conséquences afin qu'ils disent non ou mettent un terme à une relation qui n'est pas un lien conjugal.

> Les maladies sexuellement transmissibles sont des maladies qui sont transmises par les relations sexuelles, par contact génital et l'échange de fluides, beaucoup de ces maladies n'ont pas de remède, mais il ya d'autres qui ont des remèdes mais ayant de graves conséquences, il est donc important de connaître et de savoir ce que Dieu dit à ce sujet.

1. Aujourd'hui

Au cours des dernières années, cette question a préoccupé l'Organisation mondiale de la santé, parce que chaque fois, le nombre de nouveaux cas de MST a augmenté en nombre, ils parlent de 15 millions par an et le plus troublant, c'est que de plus en plus affecte les jeunes gens qui ont entre 13-19 ans.

En ce moment, nous sommes jeunes et sous pression par tous les moyens liées au sexe, annonces, la publicité, la télévision, Internet, etc. Et souvent, on nous apprend maintenant une phrase bien connue phrase « safe sex », cette expression est utilisée pour justifier des gens qui ont des rapports sexuels en dehors du mariage et de l'utilisation du préservatif pour prévenir l'infection possible de ces maladies, mais Comment est-il sûr ? Demandez aux élèves de penser à l'utilisation de cette expression.

Aujourd'hui, dans le monde il y a 65 millions de personnes atteintes de maladies sexuellement transmissibles incurables, tout a commencé par un moment de passion et peut-être croire que la propagande du sexe sécuritaire qui définit la tendance ne dit pas toute la vérité. Dieu depuis le commencement établi des règles et des règlements pour nous épargner la douleur. Dieu a créé le sexe pour être pratiqué dans le mariage, le respect de ce mandat c'est pour éviter beaucoup de désordres et donc de nombreuses maladies. L'homme ne veut pas entendre la voix de Dieu et a décidé de créer leurs propres normes et cela a des conséquences énormes pour le monde entier.

2. Grave problème

Si vous pensez que ce point ne doit pas être utilisé à ce stade, si vous pensez que le groupe n'est pas encore mature pour le recevoir ou vous ne vous sentez pas capable de l'utiliser, s'il vous plaît ne pas l'utiliser, laissez-le comme information supplémentaire. Mais vous pouvez donner des généralités car dans la section Réviser/Application, l'exercice vrai ou faux doit être fait avec les informations contenues dans le tableau.

En utilisant cette information, vous êtes invités à déposer des photos sur Internet sur les maladies mentionnées, car cela a plus d'impact sur les élèves. Nous devons parler aussi clairement que possible avec les jeunes à comprendre les risques encourus. École du dimanche est un bon moment pour enseigner ces choses. Si vous utilisez un feuillet d'information, on peut le faire par écrit, dans des feuilles simples pour chaque équipe pour analyser et expliquer une maladie.

Que savons-nous de chacune de ces maladies ? Eh bien aujourd'hui, nous allons jeter un rapide tour d'horizon sur ces derniers. Nous parlerons de certaines de ces maladies qui sont plus fréquentes.

Signes de maladie	Transmise	Symptômes et signes	Traitement	Cas par année
Chlamydia	Bactéries, contact de fluides sexuels	Douleurs pelviennes, l'infertilité, Liquide comme du pus provenant du pénis, liquide jaunâtre avec une mauvaise odeur dans le vagin, des douleurs, des démangeaisons.	Les antibiotiques, dans les premiers stades, de nombreuses fois, les femmes ne savent pas qui leur a donné la chlamydia, et c'est triste car après, cela cause infertilité en conséquence.	3 millions

La gonorrhée	Les bactéries, les contacts sexuels, sous-vêtements fluides contaminés	Maladie pelvienne, l'infertilité, les sécrétions malodorantes, picazon, ulcères génitaux, pus, douleur, sensation de brûlure. Lors d'un déplacement affecte les yeux, cœur, etc.	Les antibiotiques, pénicilline	650 millions
Syphilis	Bactéries, contact sexuels fluides	Ulcères génitaux, démangeaisons, douleur, sécrétions malodorantes.	Les antibiotiques	70 millions
Herpès	Virus, contact sexuels, fluides	Démangeaisons, des douleurs et des brûlures. Eruptions apparentes d'un liquide clair.	Aucun traitement	1 million
Virus du papillome humain	Virus, contact sexuels fluides	Les verrues sur les organes génitaux, paraient comme des choux-fleurs murs, peuvent causer le cancer.	Traitement de chimiothérapie, la radiothérapie, souvent incurable	5,5 millions
L'hépatite B	Virus, contacts sexuels, des liquides, des seringues, transfusions	La fièvre, des douleurs articulaires, des nausées, des vomissements, de la diarrhée pendant une dizaine de jours.	Il n'existe aucun traitement efficace.	120 milles
La trichomonase	Contact sexuel, fluides	Mousseux, des démangeaisons intenses, mauvaise odeur dans l'écoulement.	Antibiotique	5 millions
Le SIDA, le VIH	Virus, contact sexuel, des fluides, des transfusions, des seringues, mère au foetus.	Virus, contact sexuel, des fluides, des transfusions, des seringues, mère au foetus. C'est une maladie où le virus infecte le corps et élimine toute notre défense immunitaire qui nous rend vulnérable à toutes sortes de maladies. Ce virus attaque le système immunitaire qui est chargé de protéger le corps contre toutes maladies	Il n'existe aucun remède	Plus de 41 millions de sida infectés

3. Dieu et les maladies sexuellement transmissibles

Dieu a établi le sexe dans le mariage et il était bon, mais l'homme a désobéi, en conséquence, il y a beaucoup de maladies aujourd'hui.

Par exemple, le sida, on a déclaré que le premier cas a été détecté chez une personne qui avait des relations sexuelles avec un singe, qui a été purement et simplement interdite par Dieu dès le commencement (Lévitique 18:23).

La perversion de l'homme comme Paul dit dans Romains les a livrés à leurs mauvaises pensées, de sorte qu'ils déshonorent leurs propres corps (Romains 1:21-32).

Dieu a créé le sexe (Genèse 1:27) et le sexe (Genèse 1:28), mais pour être apprécié au sein du mariage entre l'homme et la femme. Il n'a donné aucune autre alternative.

Le diable, notre ennemi est celui qui vole, tue et détruit tout ce que Dieu a créé, et nous devons être prudents.

Le monde offre un péché frappant (Genèse 3:3-4) et maintenant il ne ressemble pas à quelque chose naturelle et nécessaire. Dans les écoles, les collèges et le travail, on parle de rapports sexuels sans risque, ce qui donne l'idée qu'il est mieux protégé que d'avoir une MST, et ce qui est faux, rien n'est sûr, pas le préservatif. Nous avons même, Dieu nous ordonne de prendre soin de notre corps parce qu'il est le temple de Dieu et il ne nous appartient pas.

Il est triste de constater que le nombre de personnes souffrant de ces maladies a augmenté considérablement, car l'ennemi induit le péché de l'homme d'une manière subtile, de sorte que nous, chrétiens, devrions mettre un terme et avoir le contrôle sur nous, car Dieu a donné un esprit d'amour, de puissance et de maîtrise de soi (2 Timothée 1:7).

Alors, quand ils viennent les mauvaises pensées et les désirs que vous avez le pouvoir de prendre captive à l'obéissance de Christ. (2 Corinthiens 10:5)

Dieu vous a donné les armes qui sont sa Parole, la prière et la présence du Saint-Esprit, de sorte que vous devriez les prendre et avec eux pour combattre l'ennemi. Prenez soin de votre corps et n'oubliez pas que chaque action a ses conséquences. Prenez votre main forte, et que Dieu soit avec vous et ne vous laissera pas.

Révisez/Application :

Formez des équipes puis répondez aux questions :

1. Si Dieu a créé le sexe comme quelque chose de beau pour le couple, pourquoi l'homme a-t-il déformé ce don et l'a-t-il transformé en quelque chose de nocif et de pécheur ?
2. Pourquoi pensez-vous que Dieu a dit que les relations sexuelles devraient être dans le cadre du mariage ?
3. Quelles sont les conséquences d'avoir des relations sexuelles hors mariage ?

Demandez-leur de répondre vrai ou faux dans chaque phrase.

1. Les maladies sexuellement transmissibles sont transmises par les rapports sexuels, les liquides et les contacts sexuels.
2. Toutes les maladies sexuellement transmissibles ont un remède.
3. Le SIDA se transmet par des étreintes, des baisers ou des poignées de main.
4. Le SIDA n'affecte que les homosexuels.
5. Je peux avoir des relations sexuelles tant que cela me protège.
6. Le préservatif est une méthode sûre pour éviter de contracter ce type de maladie.
7. Notre corps est le Temple du Saint-Esprit.

Défi :
Rappelez-vous que Dieu vous a donné le pouvoir de vaincre la tentation, et vous donne la force d'avancer. Il est nécessaire de prendre soin de votre corps, car c'est le Temple du Saint-Esprit, tout ce que vous en ferez aura ses conséquences, qu'elles soient bonnes ou mauvaises, alors Dieu vous a donné les clés de votre corps, vous décidez de ce que vous recherchez à, ce que vous entendez et ce que vous faites avec lui, mais rappelez-vous que Dieu vous tiendra responsable.

Habitudes des habitudes!

Leçon 25
Gabriela Lopez • Mexique

Objectif : Les élèves vont comprendre qu'il ya des habitudes, comme la pornographie et la masturbation, qui détruisent la vie d'une personne et loin de Dieu.

A mémoriser : « Fuis les passions de la jeunesse, et recherche la justice, la foi, la charité, la paix, avec ceux qui invoquent le Seigneur d'un cœur pur » 2 Timothée 2:22.

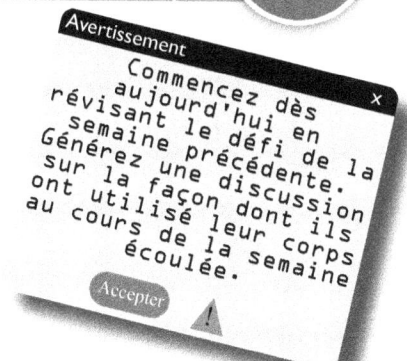

Avertissement

Commencez dès aujourd'hui en révisant le défi de la semaine précédente. Générez une discussion sur la façon dont ils ont utilisé leur corps au cours de la semaine écoulée.

Accepter

Connecter | Télécharger

Introduction Dynamique (12 à 17ans).

- Matériaux : Deux grandes feuilles de papier et marqueurs
- Instructions : Sur papier, écrit des paroles décrivant les mauvaises habitudes et un autre de bonnes habitudes. Demandez aux enfants d'écrire sur le papier, et en une courte phrase ce qu'ils entendent par chacune de ces phrases et énumérer quelques exemples dans la vie quotidienne des adolescents.

Introduction Dynamique (18-23 ans).

- Matériaux : papier et crayon.
- Instructions : Formez des équipes de deux à trois jeunes personnes maximum, puis demandez à chaque équipe de réfléchir, de discuter et d'écrire ce qu'ils veulent dire par la masturbation et la pornographie. Ensuite, demandez à chaque groupe de présenter ses réponses et de commencer la leçon.

Commencez avec la question suivante : Quelle est la flexibilité qui peut venir sur le monde a cause du péché ? Nous entendons parler de formes ou de modes de vie acceptées, bien vues et parfois admirées. Il ya une prétendue liberté où vous pouvez essayer et expérimenter jusqu'à l'affectionnément au troisième, tout est permis de le faire.

Dans ce monde que nous voyons flexibilité de la mode, les expériences pratiquées au-delà, la perversion, en résumé seulement attaquer les mauvaises habitudes et nuire aux êtres humains. Dieu, dans Sa Parole nous dit dans 1 Corinthiens 6:12 « Tout est permis, mais pas tous, toutes choses me sont permises, mais je ne vais pas être maîtrisé par tout échoue. » Les jeunes doivent être conscients de ce que le monde a offert grâce à des pratiques et des expériences faites dans les sciences occultes, mais que la grande majorité porte, y compris la masturbation et la pornographie.

Connecter | Télécharger

Les adolescents et les jeunes adultes doivent comprendre que leur corps se développe. Pour cette raison, il est naturel et on s'attend à ressentir des pulsions sexuelles et des désirs. Dieu dans Son travail parfait créé l'homme et la femme et l'un de ses principaux objectifs pour eux est lié à la bonne utilisation de sa sexualité.

Les femmes et les hommes sont appelés à être « une seule chair » (Genèse 2:24) dans l'esprit, l'âme et le corps. L'union corporelle (rapport sexuel) est l'un des moyens d'expression que Dieu a donné aux êtres humains d'exprimer l'amour.

En utilisant notre sexualité perfectionner, procréer et d'exercer ainsi le pouvoir autorisé par Dieu pour donner la vie à un autre être.

Il est tout à fait raisonnable de penser que la sexualité humaine (pulsions, désirs et sexe) a pour but, « Soyez féconds et multipliez » (Genèse 1:27-28) et d'en profiter (Genèse 2:24) au sein du mariage.

La sexualité est donnée à l'homme dans la liberté et décide s'il va donner un bon ou un mauvais usage. Malheureusement, il est très fréquent que les humains l'utilisent mal, et la sexualité n'est pas l'exception.

La vie humaine est composée de valeurs, les idéologies et les habitudes, celles-ci sont seulement les pratiques, coutumes, pratiques qui constituent une routine, mais comme pour tout, il y a de bonnes et de mauvaises habitudes.

Les bonnes habitudes sont celles qui nous aident en discipline et une vie saine par exemple l'habitude de manger au bon moment, l'habitude de l'exercice, l'habitude d'avoir assez de sommeil, etc. Mauvaises habitudes viennent de nuire sur le chemin de devenir hors de contrôle et toucher d'autres domaines de la vie humaine, comme la masturbation et la pornographie

1. Masturbation : acte du péché privé

Parfois, les professionnels de la santé mentale (psychiatres, psychologues) recommandent aux adolescents et aux jeunes d'explorer leur corps, leur sexualité (la masturbation), parce que c'est seulement ainsi ils auront plus de connaissance d'eux-mêmes et par conséquent plus grand plaisir.

Le dictionnaire définit la masturbation comme « l'excitation des organes génitaux par eux-mêmes (ou autre), le plus souvent à l'orgasme par contact manuel, ou d'autres moyens qui ne comprennent pas la pénétration sexuelle. » Il est clair que la masturbation est un souhait épanouissement sexuel. Dans l'enfance, et dans un premier temps à l'adolescence se passe dans une morbidité très naturelle, et il s'agit d'un processus de développement et de la connaissance naturelle. Cependant, avec la définition dans le dictionnaire, nous pouvons voir que la masturbation a causé, et devient nocif pour au moins trois raisons :

1. Premièrement, elle défie et va à l'encontre de la volonté de Dieu, qui a créé les organes sexuels et les désirs sexuels dans le but de procréation et le plaisir dans le mariage.

2. Deuxièmement pour l'excitation, le plus souvent on a besoin d'une certaine stimulant qui aide et stimulant provient généralement d'une idée, l'image, la pensée ou de la fantaisie illégale, alors que c'est un péché. Il tombe dans la luxure (désir sexuel) à quelqu'un qui n'est pas votre conjoint (dans la plupart des cas, les gens qui pratiquent la masturbation, même mariés) sont des péchés mentaux que la Bible condamne, et c'est un fait qualifié fornication, la débauche ou comprise comme l'immoralité sexuelle, et cela est fortement condamnée par Dieu (1 Corinthiens 6:8-10).

3. Troisièmement, la masturbation est souvent incidence sur les autres domaines de la vie de ceux qui la pratiquent, car elle atteint l'anarchie sexuelle, est une action qui est effectuée de plus en plus. Et puis, la masturbation est une pratique qui vient de prendre contrôle de personne. Pour cette dernière raison est meilleur jamais commencer à démarrer et je pense que vous pouvez quitter à tout moment. Comme jeune est important de rechercher la présence de l'Esprit Saint dans leur vie et donc et sera présent pour aider à contrôler le désir, cependant innocent ou simple, il peut sembler peut aboutir à quelque chose de mauvais (2 Timothée 1:7)

2. Pornographie : vision déformée

La pornographie est l'affichage de contenu à caractère sexuel dans obscène avec l'intention de provoquer ou favoriser la convoitise. Il y a un piège à l'homme quand l'obscène crée des œuvres en vue d'éveiller les désirs sexuels ; ces moyens de mal inimaginable utilisé.

Beaucoup d'adolescents, jeunes et adultes dans la société croient que la pornographie n'affecte pas n'importe qui parce que ça se passe dans l'intimité, on ne le voit pas. Ce n'est pas le cas, les études à travers le monde ont constaté que cela développe une dépendance. Généralement ceux qui sont nouveaux à la pornographie terminent un coup d'œil, mais le désir, la curiosité et la curiosité augmente, atteignant le niveau de contenu de plus en plus fort, jusqu'à ce qu'il devienne enfin une dépendance.

Cette dépendance entraîne une désensibilisation, où le toxicomane porno devient tolérant que des images explicites et grotesque d'actes sexuels, et ce n'est plus suffisant. Poursuivre à assouvir sa soif de désir est ce qui rend les images ressemblent de plus en plus dégradant, perverse et malade, jusqu'à ce que dans certains cas, la vue n'est pas assez et apprendre à agir par des actes criminels, le viol, la violence domestique, le sexe, etc.

Et la situation ne s'arrête pas là, le Dr Victor Cline, un psychologue clinicien et expert en comportement à l'Université de l'Utah, dit : « Si tu reviens encore et encore pour être exposé au matériel de cette nature (tableau pornographique), peu à peu vient d'avoir une bibliothèque de porno dans son esprit qu'il ne peut pas s'échapper. Il sera là, prêt à se rappeler, même si vous ne voulez pas ».

Quand il arrive à ce point les hommes et les femmes n'ont plus le contrôle sur lui-même, pas d'auto- contrôle dans ce que vous pensez, si ces habitudes très nocifs viennent à dénigrer, ne vient pas de remplir l'objectif pour lequel il a été créé pour vivre en harmonie avec Dieu et être saint (1 Pierre 1:16).

Par contre, c'est pour cela que l'apôtre nous dit : « La Parole du Christ habite en vous richement, enseignant et vous exhortant l'un l'autre, en toute sagesse... » Colossiens 3:16. Au lieu de cela nous avons la volonté de Dieu à travers la bible saturant la bibliothèque notre esprit de savoir comment agir correctement en toutes circonstances.

Aussi, nous ne devons pas oublier ce qui est derrière l'industrie du porno : les femmes et les enfants exploités dans le crime sexuel.

3. Que faire en tant que jeunes chrétiens ?

Ne dites pas aux élèves de faire. Permettre aux étudiants de s'organiser en équipes de trois à quatre personnes et reposent sur le texte à mémoriser « Fuis les passions de la jeunesse, et recherche la justice, la foi, l'amour et la paix, avec ceux qui invoquent le Seigneur d'un cœur pur » 2 Timothée 2:22 les étudiants retiennent des idées pratiques pour ces deux mauvaises habitudes qui sont très courantes chez les adolescents et les jeunes. Ils peuvent être jeunes filles et les équipes de jeunes, puis chaque équipe peut soumettre sa proposition au groupe.

Vous pourriez penser que les jeunes chrétiens sont très éloignés de la vie, d'autres peuvent nier que ces désirs ont traversé leur esprit et leur cœur.

Si dans le cas où vous avez vécu l'une de ces deux pratiques, nous pouvons dire qu'il n'y a pas de quoi à s'inquiéter. Nous sommes conscients que le monde chaque jour met le péché dans une large mesure, comme la Parole de notre Seigneur, ce qui était autrefois appelé mal maintenant appelé bon, nous lisons en Romains 1:18-32. Ce partenariat nous permet beaucoup de choses et de lieux facilement à la portée de main ou pour le compte de la santé physique et mentale, pour votre corps ou tout simplement pour se comporter bien. Cependant, nous ne pouvons pas oublier que Dieu condamne le péché, lire dans Colossiens 3:5 il est réprimandé fortement par notre Seigneur. Si le Père nous demande cela, c'est parce qu'il est possible, et comme jeunes, il est temps de donner tout notre être : l'esprit, l'âme et le corps à Dieu, si vous êtes tombés dans ces pratiques, il est temps de se confesser, se repentir et surtout ayez la confiance que la volonté de Dieu est pour vous débarrasser de tout acte qui vous emmène loin de lui et que vous voulez sombrer dans le péché.

En tant que jeune chrétien, on doit fuir de tout péché, est le commandement que nous rencontrons dans Hébreux 12:14 et celui qui suit la loi de l'Éternel sera béni (Psaume 1:1-3). Et nous devons comprendre que si dans le passé, nous pratiquions ces choses, le sang du Christ a le pouvoir de pardonner nos péchés (1 corinthiens 6:10).

Beaucoup de participants ont seulement écouté la leçon, mais aucune décision ferme n'a changé leur attitude. C'est le moment le plus important de la leçon, les élèves ont déjà toutes les informations et doivent répondre à la Parole. Il serait très important pour l'enseignant ou l'enseignante de faire appel aux élèves pour repentir et demander pardon pour leurs péchés et priez pour eux.

Révisez/Application :

Lisez attentivement le cas à la classe et faites-leur répondre aux questions posées :

J'ai 17 ans et il y a quelques mois j'ai commencé à me masturber ; J'ai essayé de quitter ce vice. Je suis chrétien et la seule chose que je veux, c'est plaire complètement à Dieu ; Je reconnais que le vice de la masturbation m'en empêche chaque jour davantage. J'ai commencé il y a 6 mois, comparé à d'autres cas, ce n'est pas long et il est peut-être temps de me débarrasser des grosses conséquences qui pourraient m'affecter.

1. Quels défauts ou actes coupables identifiez-vous dans le cas ?
2. À la lumière de la Parole et de ce qui a été vu dans la leçon, comment pourriez-vous aider le jeune homme ?
3. Si vous connaissez quelqu'un qui est sur le point de tomber dans ces habitudes ou qui a eu un problème avec la masturbation ou la pornographie, quels conseils de la Parole pourraient aider à l'empêcher de continuer.

Défi : Peut-être avez-vous ou n'avez-vous pas pratiqué l'une de ces habitudes, vous seul le savez, méditez dessus et examinez-vous. Cependant, en tant que jeunes et surtout en tant qu'êtres humains, nous ne sommes pas exempts de mauvaises pensées : comme la luxure, la lascivité et les désirs sexuels. Chaque jour, lisez le texte et répétez-le lorsque ces pensées traversent votre esprit, et dans la prière, placez les pensées et les désirs entre les mains de Dieu.

Si vous connaissez quelqu'un qui a ces pratiques, assurez-vous de l'avertir et de prier pour lui.

Fixer des limites !

Leçon 26
Odily Diaz • Le Salvador

Objectif : Que l'étudiant ait identifié le harcèlement sexuel, de savoir qui est à risque de devenir une victime mais ce que cela respecte leurs limites ou être un tyran, mais respecter les limites des autres.

A mémoriser : « L'Éternel fut avec Joseph, et il étendit sur lui sa bonté. Il le mit en faveur aux yeux du chef de la prison » Genèse 39:21.

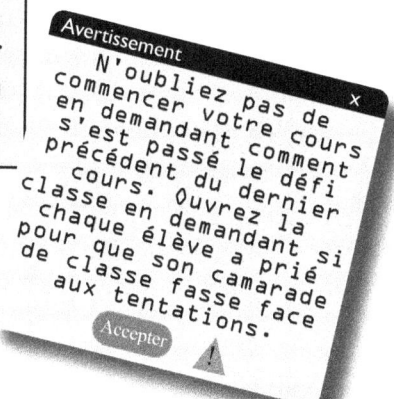

Connecter | Télécharger

Introduction dynamique (12 à 17ans).

- Instructions : divisez le groupe en deux, un groupe Masculin et un groupe féminin.

    Demandez aux garçons de se placer dans le centre de la pièce. Puis demandez-leur d'entrelacer avec les bras et les jambes aussi fort qu'ils le peuvent. Les filles, d'autre part vont essayer de les séparer un par un du centre de la pièce jusqu'à ce qu'un seul d'entre eux reste. Alors si vous voulez, les filles vont faire la même chose, un cercle au milieu et les garçons tentent de les séparer.

    A la fin de la dynamique, on devrait expliquer que de la même manière que leurs homologues libèrent pas leurs convictions et doivent être fondées sur la Parole de Dieu. Ils doivent être fermes sur ce qu'ils croient et se battent jusqu'au bout, ils doivent se battre avec toute la force et de la passion pour ce qu'ils veulent s'occuper.

Introduction Dynamique (18-23 ans).

- Instructions : deux premiers groupes, hommes et femmes mélangés. Un groupe sera les victimes et les autres tyrans. Le groupe devrait poser des questions victimes d'intimidation et ils doivent répondre non ! Sérieusement on ne devrait même pas sourire.

    Ensuite, expliquer que s'ils veulent être pris au sérieux ils devraient sérieusement répondre sans hésitation aux choses qu'ils n'aiment pas.

Le harcèlement sexuel est un problème qui se produit dans tous les milieux sociaux : à la maison, au travail, à l'école, l'université, dans la rue et même dans certains centres religieux. Dans le passé, vous pouvez aller à l'extrême de l'utilisation de foi, de profiter de la naïveté et de la peur de paroissiens et d'obtenir des faveurs sexuelles.

> Le harcèlement est considéré comme typique attouchements non désirés par les pairs, mais englobe également les commentaires de supériorité, de discussions sur le sexe, blagues à caractère sexuel, des faveurs sexuelles pour obtenir un autre statut, etc.
>
> ## 1. Deux cas de harcèlement sexuel dans la Bible
>
> L'un a été perpétré par une femme et un autre d'un jeune homme et avaient tous deux des fins différentes, en fonction de leur contexte.

Comme ces deux passages sont connus par la plupart des jeunes, ils pourraient être organisés en deux équipes : Les filles choisissent Tamar et les garçons choisissent Joseph. Ils doivent analyser chaque cas et découvrez comment le problème résolu par le harcèlement sexuel.

a. Le harcèlement sexuel commence dans l'esprit : Amnon et Tamar

La Bible nous montre de façon réaliste la présence et les résultats de harcèlement sexuel au sein du peuple de Dieu. Amnon est un exemple clair de ce qui ne respecte pas les limites, de harceler et de provoquer de grands dégâts dans la vie de Tamar et enfin dans sa vie aussi.

Dans 2 Samuel 13:1-16 que Amnon est tombé amoureux de sa sœur Tamar a atteint le point de tomber malade d'ennui, mais comme elle était vierge, il pensait qu'il serait difficile de faire quelque chose. Avec Jonadab qui lui a prévu de ce qu'il doit faire. Selon ce qu'ils prévoyaient elle est arrivée chez son frère Amnon à la demande de son père, le roi, qui ne comprenait pas le but de son fils.

Tamar a préparé la nourriture et l'apporta à sa chambre (v. 10). Une fois qu'elle est venue à son lit pour lui donner à manger et quand elle était là Amnon a profité de l'occasion (v. 11). Il était plus fort, il a utilisé la force et l'a violée. Il a utilisé la tromperie, de la séduction et de la persuasion pour obtenir ce qu'il a besoin tout en ignorant la négativité de cet acte. Amnon a manipulé les circonstances pour sortir avec elle. Il ne voulait pas entendre Tamar selon les versets 13 à 14,16. Ce fut vraiment un acte de violence envers Tamar. Amnon a causé beaucoup de dommages à sa sœur qui a ensuite horreur de sa présence (v. 15).

Amnon avec son Jonadab on fait un plan stratégique pour répondre à ses désirs. Ce plan n'était pas bon, ni pour lui ni pour sa sœur. Plus tard, nous voyons qu'il a payé pour son viol sur Tamar avec sa vie (vv. 28-29).

b. Vous devez être rusé et sournois comme Joseph

En parlant de harcèlement à plusieurs reprises que nous pouvons courir ou fuir, car cela permet d'identifier avec anticipation. Formation. Prenons l'exemple que nous dit la Bible. Joseph avait été pris en esclavage en Egypte pour le travail de ménage de Potiphar, son travail était très bien, aussi qu'il a trouvé grâce auprès de son maître, « parce que l'Eternel était avec Joseph… » Genèse 39:2

Au verset 6 dit que Joseph était « beau de visage », ce qui nous montre qu'il a eu une bonne apparence qui a mené à un incident avec la femme de Potiphar.

La femme de son maître était une personne qui n'avait pas d'occupations principales. Elle n'avait pas de préjugés et profitant de l'absence de son mari, Joseph roula sous ses yeux, elle voulait aller au-delà des limites en ayant des relations entre un homme et une femme qui ne sont pas mariés. Version King James de 1960 dit Genèse 39:7 « Or, après ces choses, que la femme de son maître porta les yeux sur Joseph, et dit: Couche avec moi. » Version Bonnes Nouvelles Genèse 39:7 « C'est arrivé après ces choses, que la femme de son maître regarda Joseph de désir et lui dit : 'Couche avec moi' ».

Dans les versets 8 et 9 montre l'explication de Joseph, qui a compris que s'il accepte, il irait à l'encontre de son maître et à Dieu.

La femme ne comprenait pas cela, elle continuait à le harceler avec des invitations quotidiennes pour coucher avec lui (v. 10). À une occasion, elle est devenue insistante et a saisi ses vêtements, le tirant vers elle (v. 12).

Dans ce cas, contrairement à Tamar, Jose pouvait résister à l'invitation et fuir la présence de la femme de Potiphar, mais en fuyant il a laissé sa robe selon Versets 12-13. Elle a utilisé cette chose pour accuser Joseph et de l'envoyer en prison (v. 20) en dépit d'être innocent.

Il doit être clair que Joseph était au bon endroit Pourquoi ? Il était dans le palais en esclavage par la volonté de Dieu qui avait un plan pour lui. Joseph savait que s'il a couru et s'est échappé de cette situation serait pire, il a eu une relation avec Dieu, il l'a connu et accompli ses promesses. Bien qu'il ait été harcelé à plusieurs reprises, il a fait quelque chose qu'il croyait juste, il était toujours conscient de la valeur de sa relation avec Dieu et s'enfuit pour sortir de cette situation, mais n'a pas échappé le mensonge selon lequel la femme de Potiphar l'ont emmené en prison.

2. Dieu est avec nous

Personne ne doit se moquer de nous en aucune façon, bien sûr, nous devons prendre soin de ne pas provoquer des situations dangereuses. « Soyez sobres, soyez vigilants, car votre adversaire, le diable, comme un lion rugissant, rôde, cherchant qui il dévorera » 1 Pierre 5:8.

Nous devons toujours être dans une relation constante et bien avec Dieu. Nous devons être prudents et garder les yeux grands ouverts à tout ce qui se passe autour de nous, et par-dessus tout, recherche la volonté de Dieu.

D'autre part il ne faut pas se moquer des autres ou de passer les limites des autres, nous devons respecter quand quelqu'un dit quelque chose qu'il n'aime pas ou ne se sente pas à l'aise avec n'importe quelle situation, n'importe quoi. Tenons a répondre à la règle d'or « Par conséquent, toutes les choses que vous voulez que les hommes fassent pour vous, faites-le de même pour eux... » Matthieu 5:12.

3. Quelques conseils à garder à l'esprit

- Vous devez être prudent avec les regards, et qui peuvent confondre d'autres personnes ou peut-être à tort le mensonge.
- Quand vous parlez vous ne devriez pas utiliser le double sens dans les conversations, parce que si vous parlez à double sens vous pouvez ouvrir des portes pour d'autres que vous avez mal compris.
- Vous devez être prudent avec les expressions utilisées sous la forme de conseils.
- Le contact soit avec des amis/ou d'autres personnes doit avoir des limites et on doit respecter ces limites.
- Si une personne vous fait sentir mal à l'aise avec son / ses regards, paroles ou attitudes, vous devez éviter d'être seul pour interagir avec lui ou pas si ce n'est pas nécessaire.
- Ne laissez personne vous intimider ou menacer, en disant que vous ne devriez pas dire à quiconque ce que vous dites ou faites, même votre famille, ami, professeur, camarade de classe ou un frère en Christ. Vous l'accusez avec vos parents ou les personnes qui ont plus d'autorité. Personne ne peut vous faire quelque chose que vous ne voulez pas, ou vous n'aimez pas.

- Demander aux élèves, peut-être qu'ils ont d'autres suggestions pratiques, pour se méfier d'être maltraités, ou de ne pas être abusé par d'autres.

Le degré de l'impact psychologique du harcèlement sexuel sur la victime dépend de l'intensité plus ou moins grande de l'agression et de soutien psychologique et social dans les environs de la victime.

Cachant souvent le harcèlement de peur de recevoir des accusations de manque de crédibilité ou de diffamation, ou pour cause de harcèlement, etc. Cette dissimulation tend à augmenter l'impact psychologique sur la victime.

La chute de la race humaine dans le péché et la dépravation ont détruit ce que Dieu avait prévu et voulu depuis le début de ce monde, en particulier pour nos relations. S'il est vrai que le péché affecte la vie humaine complètement, quelques péchés déchirent le tissu de nos relations d'une manière si douloureuse et misérable comme le péché de harcèlement / abus sexuels. Cela fausse l'image de Dieu, dévalorise les êtres humains créés à son image et dévaste ses victimes. L'église doit être compromise pour prévenir et aider les gens harcelés ou agressés sexuellement.

Révisez/Application :

Demandez-leur de répondre :

Le harcèlement sexuel est considéré comme une forme de discrimination illégale et est une forme d'abus sexuel et psychologique car il englobe des commentaires obscènes, des arguments sur la supériorité sexuelle, des blagues sexuelles, des faveurs sexuelles pour obtenir un autre statut, etc.

1. Comment pourriez-vous détecter un harceleur ?
2. Que devez-vous éviter pour attirer l'attention d'un harceleur ?
3. Que pouvons-nous faire face à un harceleur ?

Défi : Mémorisez le passage de 1 Pierre 5:8 et veillez à être en présence du Seigneur afin qu'Il vous aide à être attentif, à voir ce qui se passe autour de vous et à faire ce qu'il faut.

Un jeune pur

Leçon 27
Haroldo Urizar • Guatemala

Objectif : Les élèves comprennent clairement ce que la pureté sexuelle et comment cela est possible dans la vie chrétienne.

A mémoriser : « Mais, puisque celui qui vous a appelés est saint, vous aussi soyez saints dans toute votre conduite ! » 1 Pierre 1:15.

Avertissement : Au début de votre cours, n'oubliez pas de revoir le défi de la semaine dernière. Demandez-leur de vous dire de mémoire le texte biblique de 1 Pierre 5:8.

Connecter | Télécharger

Introduction dynamique (12 à 17ans).

- Matériaux : Deux roses ou des fleurs qui ont des pétales.
- Instructions : Divisez la classe en deux groupes. Donne à chaque groupe une rose, et demander à chacun des membres de commencer à arracher un pétale jusqu'à ce qu'il n'en reste plus. Lorsque le pétale terminé l'enseignant recueillera la tige qui était sans pétales et de faire de la représentation d'une personne qui utilise le sexe pour le plaisir. Expliquez que le corps doit être pris en charge très délicatement, le corps n'est pas un jouet mais a été conçu pour un but divin. Lorsque nous avons des relations sexuelles sans donner de l'importance et de la place pour laquelle Dieu l'a conçu que nous jouons avec nos corps et nos vies sont touchées dans tous les aspects.

Introduction dynamique (18-23 ans).

- Matériaux : papier et crayon.
- Itinéraire : demande à chaque élève mentionné, de donner certaines des circonstances dans lesquelles ils peuvent être tentés de perdre la pureté sexuelle et comment ils peuvent rechercher les perdus.

Lorsque nous parlons de la pureté sexuelle implique plusieurs aspects de la vie humaine. Rappelons que, comme nous l'avons vu dans les classes précédentes, nous avons été conçus comme des êtres sexués, mâles et femelles. Dieu nous a créés de cette façon, mais aussi clairement établis que nous utilisons notre sexualité de façon responsable.

Les relations sexuelles ont été la cause de l'infidélité, la tristesse, le suicide, les problèmes familiaux, divorce, etc. Évidemment, si un tel acte est utilisé en dehors de ce que Dieu a établi dans Sa Parole.

Connecter | Télécharger

La culture dans laquelle nous vivons, nos jeunes sont bombardés avec la publicité qui présente clairement des corps nus et à moitié nu qui crée toutes sortes de pensées ou éveiller leur curiosité sexuelle. Un des plus grands problèmes est que dans cet âge les garçons et les filles sont à un stade de l'exploration de nouvelles expériences sexuelles.

Nous devons enseigner à nos jeunes que Dieu a créé le sexe et les caresses mais spécifiquement pour le mariage. Nous montrons aussi que si nous nous sentons attirés par quelqu'un, c'est normal, mais aussi leur apprendre à contrôler leurs émotions, parce que quand les hormones sont activées, elles remplacent les neurones, c'est à dire, quand une personne est confrontée à la tentation sexuelle, souvent seulement pense a la satisfaction momentanée, pas les conséquences.

1. Dieu et le sexe

Dieu a créé le sexe comme un moyen de féconder, de multiplier et pour profiter à l'intérieur du mariage. Il savait que cela était bon. Dans le plan divin c'était parfaite l'union de deux personnes qui s'aimaient et cette union est non seulement du corps, mais aussi, de l'esprit et de l'âme (Genèse 2:24). Il a béni cette union. Car pour Dieu, des relations sexuelles en dehors du mariage sont considérées comme un péché appelé fornication, et cela demande de la pureté sexuelle avant le mariage. Mais aujourd'hui, ce principe de Dieu a été l'un des plus attaqués par les idées modernes, dans lequel nous disons que le mariage n'est pas à la mode, que vous pouvez avoir des relations sexuelles quand vous voulez et avec qui vous voulez, tout simplement en prenant soin de vous protéger. L'idée de rester pur jusqu'au mariage, est une affaire de mode antique.

Dans la Bible, nous trouvons les conseils suivants pour faire face à la tentation sexuelle :

Vous pouvez diviser le groupe en équipes de 3-4 étudiants et discuter des passages dans cette partie et ils disent les conseils de son Dieu pour rester sexuellement pur.

- Lorsque nous sommes dans la tentation, nous ne sommes pas tranquilles cependant, si nous gardons à l'esprit ce que nous lisons dans l'Écriture et toujours faire confiance, nous recevons la paix. Esaïe 26:3

- Dieu nous donne les sorties. Il est très fréquent que nous utilisons des phrases comme « Je n'étais pas en mesure» ou «la tentation était trop forte » cependant, Dieu dans Sa Parole dit qu'il nous donne toutes sortes de moyens pour surmonter (1 Corinthiens 10:13).

- Dieu a dit, quand vous êtes sur le point de tomber dans la tentation « fuis », « échapper aux pièges du diable » 2 Timothée 2:22, 1 Corinthiens 6:18. Pour ne pas dire que les jeunes chrétiens à être craintifs, mais à des moments critiques où la passion est supérieure à la raison, il est préférable de fuir, de ne pas tomber dans la tentation.

- Dieu ne contrôle pas notre corps. Il est très courtois de ne pas le salir si vous ne voulez pas. Mais si vous allez offrir un contrôle complet, y compris vos besoins sexuels, il vous donnera le contrôle et la maîtrise de soi dont vous avez besoin, 2 Timothée 1:7.

2. Les jeunes et la sainteté

Le passage de la Bible de mémoire nous parle aujourd'hui, c'est avec l'aide de Dieu, il est possible de vivre une vie de sainteté dans tous les domaines de notre vie, même dans le domaine de la sexualité. « Mais, puisque celui qui vous a appelés est saint, vous aussi soyez saints dans toute votre conduite » 1 Pierre 1:15. Le Saint évite le mal et cherche à vivre propre et pur devant Dieu.

Parfois, nous pensons que les tentations viennent à nous pour être « chrétien » besoins sexuels, mais nous sommes humains, nous devons comprendre dans sa plénitude, être le Fils de Dieu, aller à l'église, aller à école du dimanche, etc., ne nous fait pas vivre dans un cercle où personne ne peut nous toucher ou nous influencer. C'est un mensonge. Le diable a essayé de tenter Jésus, combien plus devons-nous envisager pour nous ? Saint Paul dit aux jeunes de Corinthe, s'ils ne peuvent pas attendre pour avoir des relations sexuelles, il vaut mieux se marier bientôt, de ne pas tomber dans le péché de fornication 1 Corinthiens 7:2. Il y a beaucoup de jeunes chrétiens peu matures, ayant à la fois l'approche physique et caresse très intense qui les mettent en danger tous les jours, de tomber dans la tentation de relations avant le mariage.

Par conséquent, il est très important que nous examinions combien est-il vulnérable ce domaine de notre vie en tant jeunes chrétiens, afin que nous vivions une vie de sainteté, de prière, l'apprentissage de Sa Parole, la lecture de la Bible, en choisissant soit de nos amis, se souvenant de notre pacte de pureté sexuelle que nous avons fait il y a quelques dimanches, fuyant la tentation, objectifs pour atteindre nos plus grands désirs.

Révisez/Application :

Discutez avec la classe :

Peut-être n'avez-vous pas expérimenté ce qu'est une relation sexuelle, cependant il existe de nombreuses pressions, telles que la publicité, les amitiés qui peuvent vous faire tomber dans ce type de tentation. Demandez-leur de répondre :

1. Quelle serait votre réponse si un jeune homme ou une jeune femme de votre âge vous demandait votre avis sur la pureté sexuelle ?

2. Lorsque vous êtes seul, que faites-vous pour éviter les pensées qui ne plaisent pas à Dieu ?

3. Quel conseil de la Parole de Dieu peut vous aider à ne pas tomber dans la tentation d'avoir des relations sexuelles et à maintenir votre pureté sexuelle ?

Défi : Souvenez-vous toujours du dicton : « L'esprit vide, l'atelier de Satan ». Si votre esprit n'a rien de bon à penser, si vous ne lisez pas votre Bible, si vous ne priez pas, si vous ne passez pas votre temps à étudier, faire de l'exercice, travailler, etc. il est très facile pour les pensées de besoins sexuels impies d'entrer. Par conséquent, remplissez votre esprit de bonnes choses et vous vous éviterez de tomber dans la tentation.

Décès silencieux

Leçon 28
Wendy Ayala • Guatemala

Objectif : Les élèves vont reconnaître Dieu comme le créateur de la vie, depuis la conception et le seul a le pouvoir de l'enlever.

A mémoriser : « C'est toi qui as formé mes reins, Qui m'as tissé dans le sein de ma mère » Psaume 139:13.

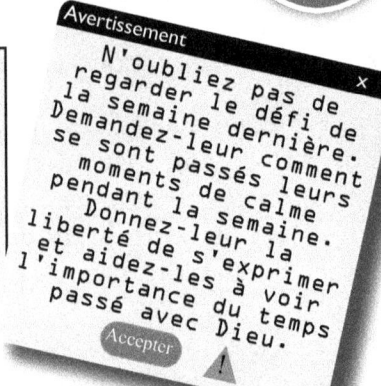

Avertissement

N'oubliez pas de regarder le défi de la semaine dernière. Demandez-leur comment se sont passés leurs moments de calme pendant la semaine. Donnez-leur la liberté de s'exprimer et aidez-les à voir l'importance du temps passé avec Dieu.

Accepter

Connecter | Télécharger

Introduction dynamique (12 à 17ans).

- Instructions : Commencez par expliquer qu'ils sont dans une situation difficile. Tout le monde est allé à un endroit éloigné, mais quand ils sont rentrés chez eux, ils ont réalisé qu'ils agissent tous de façon bizarre. Je ne sais pas quoi faire parce que les choses ont augmenté, cependant, la gazoline a augmenté trois fois de plus, pas de travail et pas d'argent. La situation est tellement extrême que dans chaque maison des parents obligent à sacrifier quelqu'un, donc tout le monde va défendre et dire qu'il ou elle ne peut pas mourir.

    Après chacun des élèves va expliquer pourquoi il ne doit pas mourir, demandez-leur comment ils se sentaient à l'idée de possibilité.

    Ensuite, réfléchir avec eux et leur dire qu'il y a un grand groupe de petits gens qui meurent tous les jours et ne peuvent rien dire, ne peuvent pas se défendre et le plus triste, c'est qu'ils n'ont pas demandé à être dans ce monde.

Introduction dynamique (18 à 23ans).

- Instructions : Formez deux groupes. Expliquez qu'aujourd'hui, ils feront partie du Congrès de leur pays et maintenant discuter d'une question très importante pour le pays, l'avortement. Il veut promulguer une loi pour accepter l'avortement comme légal.

    Un groupe est en faveur de l'avortement et défendra d'approuver sa légalité, tandis que l'autre groupe ne sera pas d'accord et combat pour que l'avortement soit un acte condamnable. Chaque groupe devra défendre leur position et expliquer pourquoi ce qu'ils expriment.

    Après un certain temps de l'écoute commence par les points.

Dans ce texte, le psalmiste dit que Dieu l'a fait, le connait parfaitement bien. Il se considère comme un miracle ou un prodige venant de la main de Dieu, en manifestant la toute-puissance du Créateur.

Connecter | Télécharger

Lorsque nous parlons de l'avortement, il est important de connaître les définitions, par exemple, étymologiquement cela signifie <<privation de naissance». L'avortement c'est la mort du produit de la conception (union de l'œuf et du sperme) et l'expulsion de l'organisme maternel à n'importe quel stade du développement prénatal.

1. Nous sommes faits à l'image de Dieu

Dans Genèse 1:27 dit : « Et Il a créé l'homme à son image, à l'image de Dieu il le créa, homme et femme Dieu les a créés. » Ce verset fait deux déclarations claires : d'abord, que nous sommes la création de Dieu et la seconde : que nous sommes faits à Son image. Après ces affirmations nous ne voyons sur quoi baser pour dire que nous pouvons détruire la vie de quelqu'un ? Dieu a créé la vie, et donc la vie qui lui appartient, dans le Psaume 24:1 « La terre est au Seigneur, et tout ce qu'il renferme, le monde et ceux qui y habitent. » Il est clair que nous sommes en Lui, la vie est sacrée, c'est un don et nous devons respecter cela.

2. Pourquoi dire non à l'avortement?

Le monde voudrait nous faire croire que l'avortement est une solution admissible et éthique pour les humains. Ils veulent nous tromper en pensant qu'il n'y a pas d'embryons de vie, et c'est un gros mensonge. Nous savons que chaque action a ses conséquences quand nous désobéissons les mandats de Dieu, viennent des ennuis. Cela ne veut pas dire que la grossesse est un problème, mais ce devrait être dans une maison, là où on s'aime et le désire, cela ne devrait pas être seulement le produit d'une passion. Lorsque dans une relation sexuelle un œuf rencontre un spermatozoïde, cela est appelé conception ou la fécondation. Médicalement lorsque cette rencontre est faite il y a de la vie dans l'embryon, la Parole de Dieu dit clairement : « Tes yeux me voyaient. » Psaume 139:16. Donc, on peut dire que de la fécondation, il y a déjà la vie et personne ne peut prouver le contraire, donc si quelqu'un décide d'avorter, c'est certainement commettre un assassinat et dans Exode 20:13 le commandement dit : « Tu ne tueras point. » Il y a eu de nombreuses études qui ont prouvé les souffrances endurées par le fœtus avant un avortement, les gestes de douleur, ses cris dans le silence, battements de son cœur, croyez-le ou non, ils ne souffrent pas seulement avant mais tout au cours de l'avortement. Les fils sont un héritage de l'Éternel. Voici tous les enfants, donc nous sommes des bénédictions pour nos parents, nous sommes leur héritage, dans le Psaume 127:3-5 dit : « Voici, des fils sont un héritage de l'Éternel, Le fruit des entrailles est une récompense... » Dieu dit que les enfants sont particulièrement pour les parents, donc nous devons prendre la responsabilité de nos actions. Il est vrai que souvent le fruit de l'utérus n'est pas de l'amour, par exemple, il y a les cas suivants: abus sexuels ou de viol, mais Dieu donne la force d'aller de l'avant, et ne pas prendre la vie à sa création.

Les questions suivantes pour la réflexion :

- Quels sont les fondements bibliques pour dire non à l'avortement ?
- Que conseilleriez-vous à quelqu'un vous aimez beaucoup qui vous demande un conseil, parce que son copain veut qu'elle réalise un avortement ?

3. Méthodes d'avortement

C'est triste à ce sujet, mais nous savons que les méthodes barbares utilisées pour l'avortement. Cette information peut nous aider à un certain moment quand quelqu'un vient nous demander notre avis. En ce qui concerne les méthodes utilisées, dépendra du trimestre de la grossesse, vous êtes la personne qui veut un avortement, par exemple :

Si au premier trimestre, un à trois mois, on utilise :

- **Aspiration :** C'est une méthode où vous entrez un tuyau qui aspire le fœtus, c'est 29 fois plus puissant qu'un aspirateur normale, détruisant le fœtus de façon brutale et laide. Il s'agit de la méthode utilisée dans les cliniques d'avortement.

- **Dilatation et Routine échelle :** C'est une autre méthode tout aussi effrayante, où un dispositif comme une cuillère forte est introduit dans la matrice de la femme et coupe le fœtus de façon sanglante, jusqu'au dernier morceau.

- **Pilule RU486 :** Ceci est un médicament d'ordonnance prise d'interrompre la grossesse, mais elle est très dangereuse, il est combiné avec d'autres médicaments provoquant des contractions puis l'expulsion du fœtus.

Si la grossesse se situe entre trois et neuf mois, on utilise :

- **Dilatation et évacuation :** Dans cette méthode, la matrice se développe et on introduit une pince qui détruit le fœtus, car à cet âge il a des os et il est plus difficile de quitter la matrice.

Plusieurs fois, il y a des avortements qui viennent de façon inévitable et ces avortements surviennent chez des personnes qui ne veulent pas l'avortement, mais la matrice ou autre chose ne peut pas supporter la grossesse jusqu'à la fin. Cet avortement n'est pas condamné par Dieu parce que la personne ne la pas voulu, mais il est inévitable.

Dans de nombreuses villes, des villages ou des lieux éloignés, l'avortement est pratiqué par des sages-femmes, les femmes (non professionnels), mais ils le font par manque de précaution et une mauvaise hygiène, tuant de nombreuses personnes, elles le font à travers des cercles, câbles de vélo, câbles, etc, si brutale et insalubres.

4. Conséquences après un avortement

Il n'y a pas de méthode sûre à 100% pour prévenir la grossesse. Mais beaucoup de gens pensent qu'ils peuvent risquer de tomber enceinte et l'avortement va résoudre le problème. Peut-être que personne ne s'en apercevra, ou personne ne le saura, mais ils ne savent pas que cela va laisser une marque indélébile dans leur esprit et leur cœur. Des études ont prouvé que l'avortement apporte, en particulier pour les femmes, de graves conséquences telles que :

- **a. Problème de la faible estime de soi :** La personne se sent très embarrassée, triste, estime qu'elle n'a pas de valeur en tant que femme, elle est négligée. elle croit que personne ne va l'accepter en tant que femme, et parfois cela peut l'emporter à la prostitution ou le suicide.
- **b. Faute complexe :** Femme avortée se sent très coupable, avoir des troubles du sommeil, l'anxiété et la souffrance d'un lourd fardeau de culpabilité, que seul le Christ peut enlever.
- **c. L'infertilité en personne :** Plusieurs fois, la jeune femme est exposée à l'avortement, est tenue devant des gens incompétents et sans scrupules, qui endommagent son sein ou des ovaires. Il est triste que cette personne se fait marié et veut bien fonder une famille mais ne peut pas parce qu'elle a eu un avortement avant qui nuisait sa capacité de reproduire ou acquis une infection qui pourrait changer sa vie.

Révisez/Application :

Demandez-leur d'écrire vrai ou faux :

1. L'avortement est autorisé par Dieu lorsqu'il s'agit d'un couple d'adolescents. **F**
2. L'avortement n'affecte pas l'embryon car il ne se sent pas. **F**
3. Dieu est le donneur de vie et donc lui seul peut l'enlever. **V**
4. Je suis maître de ma vie et je peux en faire ce que je veux. **F**
5. Toutes les méthodes de contraception sont sûres. **F**
6. Dieu m'a formé dès le ventre de ma mère. **V**
7. La vie commence à partir de l'union du spermatozoïde avec l'ovule. **V**

Défi : Dieu sait pourquoi il a laissé les relations sexuelles se pratiquer dans le cadre du mariage. Rappelez-vous qu'Il vous a créé et veut le meilleur pour vous, alors ne Lui désobéissez pas ; car une grossesse non désirée peut avoir de graves conséquences pour vous et votre partenaire, et mettre fin à tous vos rêves d'avenir

Mmm, quelle Tentation !

Leçon 29
Natalia Lourd • États-Unis

Objectif : Les élèves vont comprendre quelle est la tentation et le péché, elle n'est pas péché pas jusqu'à ce que nous cédions à cela.

A mémoriser : « Aucune tentation ne vous est survenue qui n'ait été humaine, et Dieu, qui est fidèle, ne permettra pas que vous soyez tentés au delà de vos forces » I Corinthiens 10:13a.

Avertissement
Au début de votre classe, revoyez le défi de la semaine dernière. Discutez de l'avortement et de vos propres réflexions à ce sujet.
Accepter

Connecter

Introduction dynamique (12 à 17ans).

- Instructions : Diviser la classe en deux équipes. Dans un document, chaque équipe de cinq va inscrire les options de décision qu'un adolescent pourrait faire face dans sa vie quotidienne. « Copier la réponse, compagnon inattendu sur un test ou laisser la question en blanc. » Une fois que chaque équipe a ses cinq situations, ils peuvent présenter l'autre équipe et les autres élèves de l'équipe doivent décider quel est le bon choix. Les élèves de chaque équipe peuvent décider comment la décision est facile ou quelle est la difficulté de la décision qui est prescrite. L'enseignant doit être prêt à guider la discussion et donner quelques versets qui éclairent les étudiants.

Introduction dynamique (18-23 ans).

- Matériaux : Des bandes de papier et des crayons ou des stylos.
- Instructions : Demandez aux élèves d'écrire individuellement dans leurs bandes s'ils ont passé une tentation au cours de la semaine. Après l'enseignant donnera les bandes et de les livrer de nouveau aux étudiants, en veillant à ne pas donner la bande de papier a la personne qui l'a écrit, mais à un autre. Chaque élève lira la tentation et de dire en quelques mots que comment s'échapper à cette tentation. L'activité se termine lorsque tous les participants disent quelques choses brièvement.

En tant qu'êtres humains, nous vivons des situations difficiles dans nos vies qui nous causent de la douleur et de l'angoisse. Au cours de ces situations, nous nous demandons pourquoi cette situation s'est produite dans nos vies et quand nous ne trouvons pas une réponse claire, nous éprouvons encore plus le mécontentement et l'incertitude. En tant qu'êtres humains, nous avons tendance à vouloir connaître la cause de la situation et quels sont les avantages ou les conséquences auront –ils dans notre vie et Dieu prend soin d'expliquer la raison dans la Bible.

Télécharger

Commencez par définir la tentation comme l'une des façons de tester notre fidélité à Dieu. par dictionnaire théologique Beacon « L'objectif est de tester le caractère de la personne. Le but peut être de renforcer la vie d'une personne ayant les vices cachés du caractère. »

Les tentations sont des situations difficiles auxquels nous faisons face dans nos vies. Plusieurs fois, les gens autour de nous qui nous font confiance assez pour partager avec eux ce que nous allons faire et que nous recevons de l'encouragement et de réconfort. Il est important de se rappeler que Jésus lui-même a traversé des tentations tout en vivant ici sur terre, et Il sait quand nous aurons des passions. De même, Jésus peut nous aider à avoir la victoire sur les situations et sortir victorieux dans les tests. vraiment, Jésus a le pouvoir d'aider, et d'étudier son exemple dans la Bible peut nous encourager à lui faire confiance.

1. Qu'est-ce que la tentation ?

Le mot tentation peut être défini comme une occasion de prendre une décision. En toute tentation devant nous, nous avons la possibilité de prendre la bonne décision ou la mauvaise décision. Il est important de reconnaître que, dans une situation de tentation, prendre la bonne décision est souvent difficile. La mauvaise décision est souvent plus attractive ou souhaitée par la personne qui est dans la tentation durable.

Parlant de la tentation, on éprouve souvent des sentiments de honte, et nous reconnaissons que nous sommes tentés par les différentes situations. Elles sont souvent très difficiles ce qui exige de l'honnêteté et du courage. Lorsque nous voyons les Écritures, nous lisons que Jésus lui-même, quand il vivait sur la terre, est passé par les tentations et la puissance du Saint-Esprit pouvait le supporter. Hébreux 4:15 nous dit que « ... nous n'avons pas un souverain sacrificateur [Jésus] qui ne puisse compatir à nos faiblesses, mais il était tenté en tous points comme nous le sommes, sans commettre de péché ».

Il est important de reconnaître que la tentation n'est pas un péché. Autrement dit, lorsque nous sommes tentés de pécher. La situation devient péché et loin de Dieu quand, au lieu de dire non à un mauvais choix, nous accédons à l'occasion négative ou pécheresse de tentation offerte. Quand une fille sait que sa mère l'interdit de manger le bonbon qui est sur la table de la cuisine, la mère ne punit pas l'enfant d'avoir envie de le manger, maman comprend évidemment que la jeune fille pourrait vouloir manger les bonbons, mais la mère punit l'enfant si l'enfant mange le bonbon qu'elle avait interdit à la fille de manger. Bien que cet exemple n'est pas idéal, il peut nous aider à comprendre ce que Dieu considère comme péché lorsque nous nous détournons de lui et nous désobéissons à sa parfaite volonté pour notre vie, mais Dieu veut nous aider afin que cela ne se produit pas. Dans 2 Pierre 2:9 nous rappelle que « le Seigneur sait délivrer de l'épreuve des hommes pieux. » Autrement dit, le pieux souffre la tentation, mais Dieu le délivre de ne pas pécher.

Nous devons nous rappeler que la tentation n'est pas un « jeu » de Dieu dans nonce notre vie. Lorsque nous sommes confrontés à des essais dans nos vies, en tant qu'êtres humains, nous avons tendance à commencer à se demander : Et quand Dieu va faire quelque chose, pourquoi ne pas faire disparaitre cette situation de ma vie ? La Bible elle-même nous rappelle la nature de l'amour de Dieu, et dit que « lorsque vous êtes tenté, ne dites pas qu'on est tenté par Dieu, car Dieu ne peut être tenté par le mal, et il ne tente personne » (Jacques 1:13). Rappelez-vous que Dieu permet des situations dans nos vies pour un but, et que l'amour de Dieu est éternel et que nous pouvons lui faire confiance complètement

2. Quel est le but de la tentation ?

Le but de ce que nous sommes confrontés à une situation de tentation dans notre vie est pour nous de grandir. Dans sa Parole, Dieu nous rappelle : « Frères en Christ, vous devriez être très heureux quand vous passez par toutes sortes de difficultés. Alors, quand votre confiance en Dieu est mise à l'épreuve, vous apprendrez à gérer les difficultés dures » (Jacques 1:2-3 NLT).

Il est important de reconnaître que la tentation est un test, c'est à dire une façon de nous aider à prouver quelle est la force de notre foi et de l'engagement à Dieu. Il est similaire à l'expérience d'un enfant de cinq ans qui veut apprendre à faire du vélo. Votre père vous expliquera comment grimper, comment s'asseoir, où mettre vos pieds et les mains, comment pédaler et comment faire fonctionner la moto avec le guidon. Cependant, l'enfant ne sait pas si vous pouvez faire du vélo jusqu'à ce qu'il commence à pédaler le vélo lui-même. De même, Dieu instruit et nous enseigne, mais aussi des essais de temps ou les tentations viennent dans nos vies, bien que difficile, comme lorsque l'enfant commence à marcher seul, nous permettra de nous renforcer et de mettre en pratique ce que Dieu a enseigné.

Dieu a un plan merveilleux pour nos vies, et que malgré les différentes épreuves et les tentations qui viennent dans nos vies, Dieu supervise tous (Jérémie 29:11). Le but principal de la tentation doit être de nous rapprocher de Lui et de nous aider à faire l'expérience de Son amour et de soins pour nous d'une manière douce (Romains 8:28).

3. Comment surmonter la tentation ?

Une des choses les plus importantes à retenir est que la tentation peut être surmontée. Pour nous, l' êtres humains, la plupart des tentations que nous faisons face peut sembler impossible à supporter, mais Dieu ne nous laisse jamais seuls, et nous offrons toute son aide surtout dans les situations difficiles. Nous devons savoir comment s'approcher de Dieu par la lecture de la Bible et la prière, qui sont des pratiques que nous pouvons renforcer et compléter la présence de Dieu pour surmonter la tentation. Jésus nous rappelle que Dieu ne nous laisse pas seuls, mais nous donnera le Consolateur, l'Esprit Saint pour nous aider et nous rappeler les choses que nous avons apprises.

Dans Luc 4:1-13, nous lisons que Jésus lui-même est notre meilleur exemple de la façon de surmonter les tentations qui viennent dans nos vies : Quand Satan a l'a tenté 3 fois, Jésus dit : « Il est écrit », parce qu'il savait et avait mémorisé les Ecritures à partir de son petit âge. Comme cela s'est produit avec Jésus, une discipline qui peut nous aider à surmonter la tentation est de mémoriser les versets de la Bible, alors nous pouvons nous souvenir lorsque nous sommes confrontés à une situation dans laquelle il peut être difficile de prendre une décision. Hébreux 2:18 nous dit que « car, ayant été tenté lui-même dans ce qu'il a souffert, il peut secourir ceux qui sont tentés ».

Il est également important de se rappeler que Jésus était un fils obéissant à son père, et a essayé de lui plaire en tout, de sorte que tout ce qu'il a fait dans sa vie, était de lui rendre hommage. Donc, nous, si nous disons que nous sommes ses enfants, lorsque la tentation est présentée, dans laquelle nous sommes invités à faire le mal, nous devons prendre la décision qui plaît à Dieu et lui obéir en tout.

Enfin, il est important de reconnaître que le seul moyen sûr de surmonter la tentation est de se confier et se dépendre de Dieu. Dieu nous aime d'un amour infini, il s'intéresse à tout ce qui se passe dans nos vies, et promet son aide et sa présence. Cette semaine, essayez de le croire, faire confiance et de mémoriser le mot que Dieu nous donne dans 1 Corinthiens 10:13 : « ... et Dieu, qui est fidèle, ne permettra pas que vous soyez tentés au delà de vos forces; mais avec la tentation il préparera aussi le moyen d'en sortir, afin que vous puissiez la supporter ».

Révisez/Application :
Travail d'équipe : Lisez l'histoire aux élèves et demandez-leur de réfléchir et de répondre aux questions suivantes.

« L'histoire est racontée d'une dame qui, intéressée par le processus de purification de l'or, a visité la bijouterie de sa ville. En s'approchant de la fonderie, il lui posa quelques questions sur le procédé. Dites-moi, commença-t-elle : Est-il vrai que vous utilisez le feu pour purifier l'or que vous utilisez pour fabriquer des bijoux et que vous gardez toujours les yeux sur le processus ? Le fondeur a répondu : En effet, l'or arrive ici chargé d'impuretés, et le seul moyen de séparer la matière précieuse des impuretés est par le feu. Le feu, à haute température, brûle toutes les impuretés, et ne résiste qu'à l'or qui reste pur à la fin. Pendant le processus, il est très important que je ne quitte pas l'or des yeux une seconde, car un instant trop long, et l'or lui-même fondrait avec les impuretés. Je porte la plus grande attention tout au long du processus. La femme étonnée demanda : Comment savez-vous que l'or est complètement purifié ? Le fondeur a répondu :'Ah, c'est facile, l'or est complètement purifié quand je vois mon image s'y refléter' ».

1. En quoi cette histoire ressemble-t-elle aux tentations auxquelles nous sommes confrontés dans nos vies ?
2. Quelles sont certaines des questions que vous vous êtes posées lorsque vous avez traversé des tentations dans votre vie ?
3. Que ressentez-vous en sachant que Dieu, en tant que fondateur, est attentif pendant tout le processus de formation de nos vies ?
4. Quelles sont certaines des choses que vous avez faites lorsque des tentations sont entrées dans votre vie ?
5. Comment pensez-vous que les tentations peuvent réellement vous aider à devenir un meilleur chrétien ?
6. Considérez-vous que les autres peuvent voir Dieu reflété dans votre vie ?
7. Quels nouveaux aperçus ou encouragements avez-vous trouvés en étudiant les passages bibliques de la leçon qui peuvent vous aider dans votre vie à partir de maintenant ?

Défi : Comment pouvez-vous faire plus profondément confiance à 1 Corinthiens 10:13 cette semaine ? Ne doutez jamais que Dieu est toujours avec vous et qu'il peut augmenter votre foi et votre force lorsque vous en avez le plus besoin. Dieu vous aime comme personne d'autre dans ce monde et veut vous aider à surmonter toute tentation.

Pourquoi suis-je chrétien ?

Leçon 30
Ignacio Pesado • Espagne

Objectif : Les élèves sauront argumenter une réponse pour expliquer et défendre leur foi.

A mémoriser : « Mais sanctifiez dans vos cœurs Christ le Seigneur, étant toujours prêts à vous défendre, avec douceur et respect, devant quiconque vous demande raison de l'espérance qui est en vous » 1 Pierre 3:15.

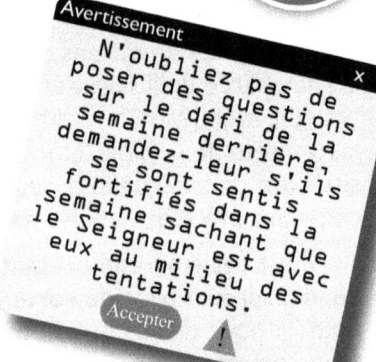

Avertissement : N'oubliez pas de poser des questions sur le défi de la semaine dernière, demandez-leur s'ils se sont sentis fortifiés dans la semaine sachant que le Seigneur est avec eux au milieu des tentations.
Accepter

Connecter | Télécharger

Introduction dynamique (12 à 17ans).
- Matériaux : Papier et crayon
- Instructions : Demandez à chaque élève de trouver une caractéristique d'un chrétien. Par exemple, vous pouvez dessiner un jeune homme lisant la Bible. Partagez ensuite votre dessin avec les autres.

Introduction dynamique (18 à 23 ans).
- Instructions : Formez deux groupes et placez l'un en face de l'autre, dans une position de débat. Puis leur dit qu'un groupe sera en faveur et l'autre contre la phrase suivante: « Les chrétiens ont honte de l'Evangile ».
  Permettre à chaque groupe de présenter ses opinions et les raisons de quelques minutes. Vérifiez qu'il y a trop à s'étendre.

L'Apologétique est la défense de la Bible et de la foi chrétienne. Essentiellement, l'apologétique Chrétienne est de parler de Dieu et comment il s'est révélé. Les excuses, c'est la défense rationnelle de la foi chrétienne, qui cherche à établir la vérité du christianisme.

Bibliquement parlant, l'apologétique est « Soyez toujours prêts à vous défendre (apologie) avec douceur et respect à quiconque vous demande raison de l'espérance qui est en Vous " (1 Pierre 3:15).

Connecter | Télécharger

La plupart des chrétiens d'aujourd'hui préfèrent à parler du christianisme, le penser le vivre ou l'expliquer. Mais considérons les suivants versets :

1. « Mais celui qui a reçu la semence dans la bonne terre, c'est celui qui entend la parole et la comprend et porte des fruits » (Matthieu 13:23). Ils ont tous entendu, mais seulement la « bonne terre » porte du fruit.

2. « Et l'Esprit dit à Philippe : Avance, et approche-toi auprès du char. Philippe accourut et entendit la lecture d'Isaïe le prophète et lui dit : Comprends-tu ce que tu lis ? Il a dit, comment puis-je, si quelqu'un ne me guide ? » (Actes 8:29-31).

3. Paul à Corinthe « discourait dans la synagogue chaque sabbat, et il persuadait des Juifs et des Grecs » (Actes 18:4).

4. Ensuite Paul « entra dans la synagogue, où il parla librement. Pendant trois mois, il discourut sur les choses qui concernent le royaume de Dieu, s'efforçant de persuader ceux qui l'écoutaient. » (Actes 19:8).

5. « Ainsi la foi vient de ce qu'on entend, et ce qu'on entend vient de la Parole de Dieu » (Romains 10:17). Encore une fois, l'accent est sur l'audition de perception.

6. « Nous cherchons à convaincre les hommes », dit Paul (2 Corinthiens 5:11). Le mot grec utilisé pour chacun de ces termes (persuasion, le dialogue, le discours, litige, argumenter, de présenter des preuves, la raison avec) sont faciles à utiliser pour donner l'idée de communication et sont au cœur du modèle d'évangélisation classique de Paul.

Peut-il y avoir une foi qui sauve sans intelligence ? Peut-il y faire preuve de compréhension sans raisonnement ? La Bible semble dire non. Paul encourage les croyants à 2 Timothée 2:15 à étudier pour présenter devant Dieu, comme un ouvrier qui n'a pas à avoir honte.

Ils estiment que toute participation de l'esprit dans l'échange d'idées sans trop d'effort humain et vraiment juste seul dilue l'œuvre de l'Esprit.

Mais le christianisme se nourrit de l'intelligence, pas l'ignorance. Nous devons aimer Dieu avec l'esprit en plus avec le cœur et l'âme.

1. Ce que nous croyons

Dans cette leçon, nous allons définir et illustrer les paramètres, de donner la raison pour laquelle nous sommes chrétiens, en d'autres termes parler de ce que nous croyons. Je pourrais les diviser en groupes et distribuer des passages de la Bible avec les élèves et leur demander de dire à la classe ce que le verset dit au sujet de leurs croyances. Par exemple, Genèse 1:1, Isaïe 45:22, Colossiens 1:16 nous dit de croire « en un seul Dieu le Créateur de toutes choses ».

1. Nous croyons en un seul Dieu, Créateur de toutes choses (Genèse 1:1 ; Ésaïe 45:22 ; Colossiens 1:16).

2. Nous croyons que Dieu est un Dieu Trinitaire : Père, Fils et Saint-Esprit, trois personnes distinctes et un seul Dieu. Voyons maintenant : (Ésaïe 9:6-7 ; Jean 1:1 ; Romains 9:05 ; Ephésiens 4:6).

3. Nous croyons que le mystère de l'Incarnation que Marie a conçu par la grâce du Saint-Esprit (Luc 1:29-30, 35 ; Matthieu 1:18).

4. Nous croyons que la seconde personne de la Trinité existait dans l'éternité, mais le mystère de l'Incarnation, qui fait partie de la nature humaine, ce qui en fait le « ENMANUEL » (Dieu avec nous) (Matthieu 1:23) « Dieu a manifesté dans la chair » (1 Timothée 3:16).

5. Nous croyons que Jésus-Christ est vrai Dieu et vrai homme (sans péché) son sacrifice sur la Croix était d'une valeur infinie pour nous racheter de nos péchés (Jean 1:18 ; Romains 9:05 ; Tite 2:14 ; Hébreux 4:15 ; Apocalypse 5:09).

6. Nous croyons que la Bible est la Parole de Dieu, écrite par les hommes, mais sous la direction et l'inspiration de l'Esprit Saint et de croire en tout ce qu'elle dit (2 Pierre 1:20-21).

7. Nous croyons que Jésus est mort pour nos péchés et ressuscité pour notre justification (Romains 4:25).

8. Nous croyons que Jésus est ressuscité et monté au ciel où il est à la droite du Père et qui également intercède pour nous (Romains 8:34).

9. Nous croyons que Jésus-Christ est le seul médiateur entre Dieu et les hommes. « Car il ya un seul Dieu et un seul médiateur entre Dieu et les hommes, il est Jésus Christ » (1 Timothée 2:5).

10. Nous croyons que chaque homme est un pécheur, non seulement pour être un descendant d'Adam, mais parce qu'il a péché volontairement, comme le dit la Bible, « il n'y a point de juste, pas même un seul » (Romains 3:10).

11. Nous croyons que l'homme est justifié par la foi seule, « Que dirons-nous donc qu'Abraham, notre ancêtre ? Car si Abraham a été justifié par les œuvres, que dit l'Écriture ? Abraham crut en Dieu, et il a été imputé à justice. Mais celui qui travaille, son salaire ne s'est pas compté comme une grâce, mais comme une dette, mais cela ne fonctionne pas, mais qui croit en celui qui justifie l'impie, sa foi lui est imputée à justice » (Romains 4:1-5).

12. Nous croyons que Jésus-Christ a été donné pour que les hommes soient sauvés, « Pour une telle façon Dieu a tant aimé le monde qu'il a donné son Fils unique, afin que quiconque croit en lui ne périsse point mais qu'il ait la vie éternelle. » (Jean 3:16). Et le Saint-Pierre dit : « Il n'y a pas de salut en aucun autre nom (en dehors de Christ), car il n'y a pas d'autre nom sous le ciel donné parmi les hommes, par lequel nous devions être sauvés » (Actes 4:12).

13. Nous croyons que le croyant dans le Christ, qui a la foi vivante qui croit que Jésus-Christ est mort pour ses péchés et l'accepte comme son seul Sauveur et suffisant, et dans ce temps avoir l'assurance de la vie éternelle. Jésus a dit : « En vérité, en vérité, je vous le dis, celui qui écoute ma parole, et qui croit à celui qui m'a envoyé, a la vie éternelle et ne vient point en jugement, mais il est passé de la mort à la vie » (Jean 5:24). « Celui qui croit au Fils a la vie éternelle » (Jean 3:36). « Celui qui croit en moi a la vie éternelle » (Jean 6:47).

14. Nous croyons en l'Esprit Saint, la troisième personne de la trinité divine, qu'Il est toujours présent et efficace actif dans l'Eglise de Jésus Christ et, est avec elle, pour lui convaincre dans le monde de péché, en régénérant ceux qui se repentent et croient, de sanctifier les croyants, et de les guider dans toute la vérité telle qu'elle est en Jésus. (Jean 7:39, 14:15-18, 26, 16:7 - 15 ; Actes 2:33, 15:8-9 ; Romains 8:1-27 ; Galates 3:1-14, 4:6 ; Ephésiens 3:14-21 ; 1 Thessaloniciens 4:7-8 ; 2 Thessaloniciens 2:13 ; 1 Pierre 1:2 ; 1 Jean 3:24, 4:13).

2. Je crois en Jésus

Il n'y a pas de christianisme sans Christ. Dans Matthieu 16:13-17, les hommes ont donné plusieurs réponses à la question : « Que dit-on du Fils de l'homme ? » Pierre dit : « Tu es le Christ, le Fils du Dieu vivant. » Pourquoi suis-je, le Fils de Dieu ?

1. Car même l'histoire reconnaît que Jésus a vécu sur la terre. L'histoire de l'humanité est divisée par le fait de la vie de Jésus. Les comptes en avant et après Jésus-Christ. Des hommes célèbres de l'antiquité et les écritures antiques comme ceux de Barnabas, Clément, Ignace, Polycarpe, remplissent des documents qui racontent les faits sur la vie et les enseignements du Christ, pas revenus sur leur témoignage.

2. Parce que la Bible le dit : La Bible déclare l'existence de Jésus. Jean parle concernant la puissance de Jésus dans sept grands miracles et précise l'objectif d'entre eux. Voir Jean 20:30-31 Les disciples connaissaient Jésus mieux. Ils croyaient en lui beaucoup que tous. Beaucoup d'entre eux ont quitté ces expériences à côté du Christ.

3. Parce que Jésus transforme notre vie : Aucun être humain n'était le même après la rencontre avec le Seigneur Jésus Christ. Parce que si vous le laissez prendre le contrôle de votre vie, vous pourriez ne pas être le même. Paul dans 2 Corinthiens 5:17 confirme que tout est nouveau en Lui.

4. Parce que Jésus travaille toujours : Parce que Jésus peut prendre la vie sauvage du pécheur et la transformer en un verre utile et propre à son travail.

Dieu n'a pas honte d'être notre Dieu et Jésus pour être notre Sauveur, mais ce qui nous rend honteux de Jésus est que nous soyons honteux de ces mots. Avez-vous honte des paroles de Jésus ? Allons-nous embrasser les Écritures ? Allons-nous mettre dans l'embarras ou nous sentir fiers ?

Révisez/Application :

Demandez-leur d'écrire dans leurs propres mots ce que les croyances suivantes signifient pour eux.

- Jésus le Christ
- Chrétiens
- Saint-Esprit
- Biblique

Demandez aux élèves de discuter en groupe pour savoir si les gens se sentent à l'aise.

Défi : Nous n'allons pas avoir honte de notre Seigneur, ni de ce qu'Il a dit. Beaucoup veulent vous faire passer pour un idiot en se moquant de votre foi. Mais nous devons être clairs pourquoi nous sommes chrétiens, parce que je crois en ce que je crois et demande à Dieu de nous aider à avoir les bons arguments pour définir notre christianisme face à un monde qui est perdu sans Christ, et enfin vivre toujours selon les actions du Christ C'est ce qui fait de nous des chrétiens.

Faites une liste des raisons qui font de vous un chrétien et partagez cette liste avec ceux qui ne le sont pas.

Pourquoi suis-je un Nazaréen ?

Leçon 31
Rosario Xuc • Guatemala

Objectif : Les élèves sauront clairement pourquoi les Nazaréens sont des chrétiens.

A mémoriser : « Recherchez la paix avec tous, et la sanctification, sans laquelle personne ne verra le Seigneur ». (Hébreux 12:14)

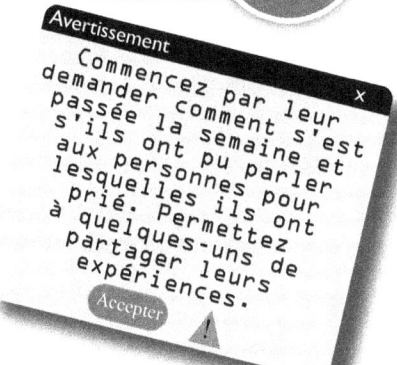

Avertissement

Commencez par leur demander comment s'est passée la semaine et s'ils ont pu parler aux personnes pour lesquelles ils ont prié. Permettez à quelques-uns de partager leurs expériences.

Accepter

Connecter | Télécharger

Introduction dynamique (12-17 ans).

- Instructions : Demandez aux élèves de dire comment qu'ils reconnaissent qu'une personne est un sapeur, pompier, militaire, police, médecin, pasteur, etc., sans parler avec eux ?

    Demandez aux élèves si on les questionne ainsi : Pourquoi es tu Nazaréen ou nazaréenne ? Quelle serait ta réponse ? Laissez-les de vous donner quelques réponses.

    Aujourd'hui, nous allons voir quelques points importants à savoir de donner une réponse concrète à cette question, basée sur l'Écriture.

Introduction dynamique (18-23 ans).

- Instructions : Deux groupes ont été formés, chaque groupe devrait représenter un comédien bien connu, mais ne dites pas le nom et présentez le rôle joué par comédien.

    L'enseignant à demandé au groupe si contraire à ce qui est représente le comédien, Quel comédien s'agit-il ?

    En répondant le groupe adverse, question pour déterminer comment ou pourquoi vous pensez qu'il s'agit d'un comédien ?

    Demandez aux élèves s'ils vous demandaient Pourquoi êtes-vous Nazaréen ou Nazaréenne ? Comment répondriez-vous ? Laissez-les vous donner quelques réponses.

    Aujourd'hui, nous allons voir quelques points importants, de donner une réponse concrète à cette question, bien sûr en fonction de la Sainte Ecriture.

Connecter | Télécharger

Avant de répondre à la question Pourquoi je suis un Nazaréen ? Nous avons besoin de savoir que l'église Nazaréenne est une identité chrétienne et est composée de ceux qui ont volontairement associé à la doctrine de l'Église et son gouvernement. Les gens qui cherchent la sainte communion chrétienne, la conversion des pécheurs, l'entière sanctification des croyants, leur édification dans la sainteté.

Cela signifie que l'église est destinée à servir le royaume de Dieu grandir par la prédication et l'enseignement de l'Évangile dans le monde entier. Non seulement cela, mais il a une commission bien définit qui est de préserver et de propager la sainteté chrétienne comme indiqué l'Ecriture Sainte, à travers la conversion des pécheurs, la restauration des personnes et l'entière sanctification des croyants.

Dans la leçon, on va répondre à la question : Pourquoi suis-je Nazaréen ?

1. Parce que je m'identifie à sa croyance dans le Christ

Nous sommes une église chrétienne. Qu'est-ce que ça veut dire ?, Permettez aux élèves de répondre.

Nous croyons en Jésus-Christ comme le Fils de Dieu (Jean 1:18). Il est Dieu, mais il est devenu homme et habite parmi nous. Grâce à son œuvre rédemptrice nous a apporté le salut, Mais, lorsque la bonté et l'amour de Dieu notre Sauveur ont été manifestés, il nous a sauvés non par les œuvres de la justice, mais selon sa miséricorde. Il nous a sauvés par le biais de la régénération et le renouvellement du Saint-Esprit.

Il est notre sauveur et le seul médiateur entre Dieu et les hommes, « Car il y a un seul Dieu et médiateur entre Dieu et les hommes, Jésus-Christ... » 1 Timothée 2:5.

2. Parce que je m'identifie à sa doctrine

Vous avez probablement entendu à plusieurs reprises le mot « doctrine » mais vous vous demandez à quoi se réfère ce mot ?

La doctrine, ce mot signifie un ensemble d'instructions cohérentes basées sur l'éducation ou d'un système de croyance.

La doctrine de l'Église du Nazaréen est basée sur la Bible, qui est la Parole de Dieu et nous conduit à vivre un modèle de style de vie différente que le monde nous présente. La Bible dit, « Mais puisque celui qui nous a appelés est Saint, vous aussi soyez saints dans toute votre conduite » (1 Pierre 1:15). Selon qu'il est écrit :

Dieu qui est saint, nous appelle à une vie de sainteté (Hébreux 12:14, Lévitique 20:26). Nous croyons que le Saint-Esprit veut faire en nous une seconde œuvre de grâce, appelée par différents termes, y compris « l'entière sanctification » et « baptême du Saint-Esprit » qui nous purifie de tout péché, nous renouvelant à l'image de Dieu, nous donner les moyens d'aimer Dieu de tout notre cœur, âme, esprit et la force, et notre prochain comme nous-mêmes (Actes 2:42), et produire en nous le caractère de Christ. Sainteté dans la vie des croyants est clairement comprise comme Christ.

3. Parce que je m'identifie à leurs missions

L'Eglise du Nazaréen est un peuple missionnaire, cela signifie que nous sommes un peuple envoyés, répondant à l'appel du Christ et la puissance du Saint-Esprit à aller dans le monde, témoignant de la Seigneurie du Christ et participer avec Dieu dans le bâtiment de l'église et l'extension de son royaume (Marc 16:15 ; Matthieu 28:16-20).

Comme Nazaréens notre mission commence dans :

- **a. Culte :** Comme nous nous rassemblons devant Dieu dans le chant de louange, l'écoute de la lecture publique de la Bible, en donnant la dîme et les offrandes, prière, écoute de la Parole, de baptiser, et de participer à la Sainte-Cène, nous en savons plus clairement ce que cela signifie d'être le peuple de Dieu. Notre conviction que l'œuvre de Dieu dans le monde est réalisée principalement par des congrégations adorant nous amène à comprendre que notre mission comprend l'obtention de nouveaux membres dans les compagnons de tourisme de l'église, et l'organisation de nouvelles congrégations à l'adoration. Le culte est la plus haute expression de notre amour pour Dieu, est un culte centré sur Dieu qui l'honore dans sa grâce et sa miséricorde nous rachète. Ensuite, le cadre principal de culte est l'église locale où le peuple de Dieu se réunissant, non pas dans une expérience d'auto-centrée ou glorification de soi, mais comme don de soi et offre. L'adoration est le service de l'amour et de l'obéissance de l'église à Dieu.

b. **Ministres au monde dans l'évangélisation et de la compassion :** Grâce à cette mission dans le monde, l'église démontre l'amour de Dieu. L'histoire de la Bible est l'histoire de Dieu réconciliant le monde avec lui-même, en fin de compte par Jésus-Christ selon 2 Corinthiens 5:16-21. L'église est envoyée dans le monde pour participer avec Dieu dans ce ministère d'amour et de réconciliation par l'évangélisation, de la compassion et de la justice.

c. **Encourage les croyants vers la maturité chrétienne par des disciples :** qui affirment qu'être disciple de Christ est un mode de vie. Le processus d'apprentissage comment Dieu veut vraiment que nous vivons dans ce monde. Comme nous apprenons à vivre dans l'obéissance à la Parole de Dieu et la responsabilité mutuelle pour l'autre, nous commençons à comprendre la vraie joie de la vie disciplinée et le sens chrétien de la liberté. Le but ultime du disciple est de se transformer à la ressemblance de Jésus-Christ comme mentionné 2 Corinthiens 3:18.

d. **Prépare les femmes et les hommes pour le service chrétien par l'enseignement supérieur chrétien :** l'enseignement supérieur chrétien est essentiel au développement de la gestion de nos esprits. Foi dans l'éducation n'est pas divisée en parties par parties, il intègre à merveille avec la connaissance que la foi et l'apprentissage sont développés ensemble. Toute la personne est cultivée, et tous les domaines de la pensée et de la vie comprise dans une relation au désir et à la conception de Dieu. L'enseignement supérieur chrétien contribue de manière significative à cette mission, nous offrons aux gens la grande image de la connaissance et de la nécessité pour un service efficace à Dieu dans nos diverses vocations. Le désir du Seigneur est de développer les hommes et les femmes qui ne peuvent prendre sa place en tant que dirigeants chrétiens qui servent dans l'église et dans le monde.

Toute organisation reste au fil du temps est basée sur une combinaison de fins, les croyances et les valeurs profondes. Pour nous c'est la même chose. Notre église a été fondée à transformer le monde en projetant la sainteté scripturaire. Nous sommes une église. Notre mission est de faire des disciples de toutes les nations, comme le Christ.

La vie présente et future de l'Eglise du Nazaréen est définie par sa participation à la mission de Dieu. Donc, aujourd'hui, nous pouvons dire que c'est une organisation qui se distingue non seulement par ses croyances, mais aussi par la façon particulière de contribuer au royaume de Dieu.

Révisez/Application :

Demandez-leur de répondre dans leurs propres mots :

1. Pourquoi vous appelez-vous chrétien - chrétienne ?
2. Pourquoi êtes-vous un Nazaréen - Nazaréenne ?
3. Qu'entendez-vous par l'énoncé : Nous nous identifions aux missions ?

Demandez aux élèves de discuter de leurs réponses en groupe si les gens se sentent à l'aise.

Défi :
Pensez à ce dont nous avons parlé et dans la semaine, écrivez votre propre déclaration expliquant pourquoi vous êtes un nazaréen et partagez-la dans votre classe dimanche prochain.

Culte

Leçon 32
Ana Zoila Díaz • Guatemala

Objectif : Les élèves sauront identifier les caractéristiques d'une secte.

A mémoriser : « Car il s'élèvera de faux christs et de faux prophètes; ils feront des prodiges et des miracles pour séduire les élus, s'il était possible » Marc 13:22.

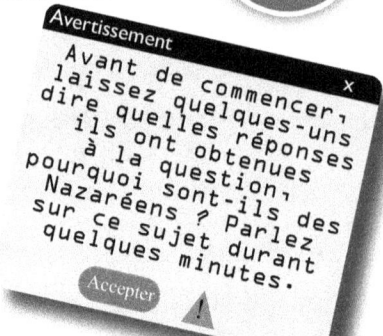

Avertissement
Avant de commencer, laissez quelques-uns dire quelles réponses ils ont obtenues à la question, pourquoi sont-ils des Nazaréens ? Parlez sur ce sujet durant quelques minutes.
Accepter

Connecter | Télécharger

Introduction dynamique (12 à 17ans).

- Instructions : Demandez aux élèves de se regrouper et que tout le monde ait les yeux bandés. Puis demandez-leur de faire 20 tours sur eux-mêmes et l'un des deux devrait conduire l'autre à un objectif fixé. Vous gagnez, si vous atteignez l'objectif que vous assignez.

  Expliquez que la cécité produit de fausses Sectes et des philosophies qui peuvent assommer les gens d'entrer dans le droit objectif.

Introduction dynamique (18-23 ans).

- Instructions : Vous avez chacun des élèves, ou dans un groupe si vous préférez regarder les annonces de journaux qui ont à voir avec les sectes et discutez comment vous avez proliféré au sein des sociétés.

Cette dynamique permettra de voir et comment se pose les sentiments et les préoccupations des jeunes sur le sujet suivant Irvine Robertson, dans son livre Qu'est-ce que les sectes croient ? Disons que le sectarisme aujourd'hui peut être divisé en quatre catégories :

1. **Cultes pseudo chrétiens :** ceux qui prétendent être chrétiens et ne le sont pas. Bien que nous utilisions la Bible, avoir des moyens très particuliers de l'interprétation et même utiliser d'autres écrits auxquels ils donnent la même valeur que la Bible et même considérés comme supérieurs. Autres caractéristiques est qu'ils se vantent de posséder la seule source du salut et que leur chef a une nouvelle révélation.

2. **Sectes de l'Est :** font partie du mouvement qui favorise « le mysticisme oriental », ce qui est certain et très à la mode. Les racines les plus fortes dans le bouddhisme et l'hindouisme. Cherchant une personne à se regarder « la vérité ». La Bible est un livre sacré et en plus on croit en la réincarnation, le monisme et que Dieu est dans tout et tout.

3. **Sectes hindoues chrétiens :** Ils font un mélange entre la doctrine et les enseignements de l'hindouisme chrétien. Il s'agit notamment de la Science chrétienne, la théosophie, l'unité, entre autre.

4. **Culte de la personnalité :** Ceux qui tournent autour d'un leader ou fondateur. Beaucoup sont disparus avec la mort de leur chef. Une caractéristique de ces derniers temps est l'apparition de fausses doctrines et de faux prophètes ou les enseignants qui essaient de tromper les gens, les croyants et les incroyants.

Connecter | Télécharger

Une autre caractéristique est que les foules se pressent autour de ces types de doctrines d'erreur. Cela a causé un grand réveil et l'émergence de cultes et de fausses doctrines dans notre environnement. D'où notre responsabilité de chrétiens à nous présenter comme les défenseurs de la foi, chargés de divulguer à un monde qui a soif et a perdu le vrai évangile de Jésus-Christ, sur la base des enseignements de la Bible (la seule vraie Parole de Dieu).

Pour cette raison, nous allons étudier ce que la Bible dit à propos de ces doctrines d'erreurs et les faux enseignants. Nous verrons les avertissements que Dieu nous donnent, ce qui est le mode de fonctionnement de ces mouvements et ce que nous faisons en tant qu'enfants de Dieu :

1. Tromperie

Une caractéristique fondamentale d'un culte, c'est le manque de vérité ou de fausse déclaration de la vérité. La Bible dit clairement que Jésus est le chemin, la vérité et la vie et nul ne vient au Père que par Lui, Jean 14 : 6.

Il est intéressant de noter que depuis la caractéristique d'un culte est simplement faux le concept du Christ dans l'homme. Jésus-Christ est Dieu, le Seigneur de tout ce qui est la seule source de salut. Colossiens 2:8 nous dit : « Prenez garde que personne vous fasse sa proie par la philosophie et par une vaine tromperie, s'appuyant sur la tradition des hommes, sur les rudiments du monde, et non sur Christ ».

Une secte religieuse ou une secte accompagne toujours cette vérité plus que ce qu'ils prétendent est si nécessaire pour le salut, comme Jésus-Christ. En d'autres termes, avoir un rituel, doctrine ou coutumes qui sont égaux à Christ, ou le groupe aura un chef religieux qui est égal ou semblable à Christ. Ainsi, bien que certaines sectes connaissent Jésus, demander toujours que quelque chose d'autre est nécessaire pour aller au ciel.

Voici quelques exemples de conditions préalables pour obtenir le ciel établies par ces groupes : Hare Krishna, le samedi, les travaux, Marie, seul Jehova, Bouddha, tu es ton propre dieu, etc. Les sectes religieuses enseignent que le salut vient du Christ, plus votre petite variation ou doctrine. Certaines sectes ne reconnaissent pas le Christ à tous ! Vous pouvez égaliser Christ avec leurs enseignants ou quelque « grand homme dans l'histoire ». Le moyen le plus efficace de reconnaître une secte ou culte religieux est de voir comment ils croient en Jésus Christ.

2. Ils ne croient pas dans la Bible comme une révélation divine

1 Timothée 6:20 dit : « O Timothée, garde ce qui est engagé à ta confiance, en évitant les discours vains et profanes, et les disputes de la fausse science ». Ce verset met en garde contre l'utilisation de philosophies vaines, les arguments et même la tromperie des faux prophètes. Actuellement de nombreux livres philosophiques, de la tromperie paraissent beaucoup plus supérieurs que la lecture de la Bible.

Il y a beaucoup de sectes et de doctrines d'erreurs qui ne prétendent pas d'avoir une nouvelle vérité, mais sont la source de son enseignement de la Bible, et en font une interprétation qui va contre le vrai sens des Écritures prenant généralement des passages hors de contexte et logés selon leur point de vue. Ils possèdent le seul vrai moyen d'interpréter les enseignements de la Parole de Dieu. La Bible n'est pas la seule source d'autorité : c'est, avoir d'autres sources d'autorité qui considèrent la Bible au même niveau ou au-dessus de son niveau.

Beaucoup de sectes attaquent les enseignements du christianisme biblique, faisant valoir que l'église chrétienne s'est éloignée de la vraie foi. Ses doctrines souffrent constamment des variations, parce que sa fondation n'est pas solide. Souvent, les dirigeants de sectes « inspirés » par Dieu osent faire des prédictions de l'avenir, ils ne seront jamais rencontrer. Gardez à l'esprit que la modification de votre théologie, s'adapter à la signification de son faux confort de la prophétie.

3. L'homme exalté du Leadership

Colossiens avertis des traditions humaines au sein de ces groupes, et c'est précisément parce qu'elle exalte l'homme d'une manière exagérée. Il y a des sectes qui ont des leaders qui sont le centre de l'autorité et les messagers de Dieu, pourquoi sont ils les seuls responsables de l'établissement de la « doctrine » et définir la conduite et le déroulement de la secte crue. Ce sont les personnes de grande influence sur les membres de la secte qui ont fait cela.

Jérémie 29:8 « Car ainsi parle l'Éternel des armées, le Dieu d'Israël : Ne vous laissez pas tromper par vos prophètes parmi vous, et par vos devins, ni d'écouter les rêves que vous rêvez. » Jérémie 29:9 « Car ils prophétisent le mensonge à vous en mon nom : je ne leurs ai pas envoyés, dit le Seigneur. »

Les Cultes sont souvent centrés autour d'un homme ou d'une femme qui tente de prendre le pouvoir, l'argent ou d'influence en manipulant les membres du groupe. Souvent essayer d'instiller la peur dans leurs disciples. Pour les « croyants » ils sont constamment enseignés que le salut ne vient que par la maintenance dans cette secte.

4. Comment éviter de tomber dans la tromperie ?

a. **Se rassemble dans une église :** Une église dans laquelle on constate qu'il existe une communion et la connexion avec la Parole de Dieu, une église biblique et centrée sur le Christ et qui enseigne que la Bible est la parole de Dieu à son peuple (Tite 2:1) la personne de Jésus Christ est la pierre angulaire de leur expérience chrétienne et spirituelle.

b. **Prendre au sérieux l'Étude de tout message qui nous est proposé :** Dans ce sens, il est important que les personnes prennent des notes à la maison et ensuite prendre le temps d'examiner, d'ouvrir la Bible avec sérieux et propositions de la responsabilité qui lui sont posées 1 Thessaloniciens 5:21.

c. **Mis à part la foi émotionnelle et d'essayer de rationaliser :** Dans Romains 12:1-2 nous constatons que notre foi doit être une foi rationnelle, c'est à dire, qui peut formuler et présenter un avis motivé et compréhensible. En tant qu'êtres humains, nous avons un côté émotionnel, mais nous ne devrions pas prétendre de nourrir notre foi, seuls les éléments émotifs ou des expériences rares, nous devons démystifier l'expérience chrétienne et la voir avec une approche équilibrée.

d. **Aider ceux qui ont été victimes de la tromperie religieuse :** Jude l'Apôtre, dans les versets 22 et 23 parle de la nécessité de prendre des mesures contre la tromperie et de l'erreur, en cherchant à sauver ceux qui sont tombés à la proie aux enseignements des sectes et les fausses religions.

Le vrai christianisme est celui qui souligne que la Bible est celui qui contient la vérité de Dieu pour son peuple, et la personne de Jésus-Christ est le centre de notre expérience chrétienne et spirituelle.

Caractéristiques d'une personne sujette à la tromperie religieuse :

- Aller à la recherche de nouveautés religieuses : les personnes qui sont toujours en circulation venant de l'extérieur qui apportent de nouvelles choses ou des expériences spirituelles pour être «en harmonie avec la mode.

- Votre foi est trop impressionnable : C'est une personne très émotive, sa foi est basée sur l'apparence et les choses qui font appel à leurs émotions. Chaque miracle ou fait de mauvais augure doivent être examinées sur la Bible, autrement, ne doit pas être accepté en tant que chrétien.

- Tendance à chercher des choses cachées et sombres.

- Lire des livres ou des écrits d'origine douteuse, ou qui remettent en question la véracité de la Parole de Dieu ouvre la porte à confusion spirituelle.

- Aller constamment de l'église à l'église et d'un groupe à un autre : C'est un pèlerin constant, ne cherche pas une église biblio centrique et a l'église Christocentrique à s'y installer.

Révisez/Application :

Répartissez vos élèves en groupes, assignez-les à une secte qui se développe dans leur pays et donnez des informations de base à ce sujet. Faites-leur découvrir les trois caractéristiques mentionnées dans le développement de la leçon et notez-les sur leur feuille de travail.

- Tromperie
- La Bible
- L'homme

Demandez-leur de faire un tableau qui montre la différence entre ce qu'ils croient en tant qu'Église de Jésus-Christ et ce que croit la secte qu'ils vous ont assignée. Chaque groupe fait un rapport à la classe.

Moi en tant que chrétien, je crois en...	Cette secte croit en...

Défi : On dit que la meilleure façon d'identifier le faux est de connaître le vrai. Connaissez-vous les articles de foi de l'église ? Faites des recherches dans la semaine, mémorisez-les et partagez-les avec la classe la semaine suivante.

Nouvelle ère

Leçon 33
Ana Zoila Díaz • Guatemala

Objectif : Les élèves seront en mesure de distinguer les caractéristiques de la Nouvelle Ère.

A Mémoriser : « Prenez garde que personne ne fasse de vous sa proie par la philosophie et par une vaine tromperie, s'appuyant sur la tradition des hommes, sur les rudiments du monde, et non sur Christ » (Colossiens 2:8).

Avertissement : Rappelez-vous le défi de la semaine dernière et commencez le cours en répétant les articles de foi de l'église et en demandant aux élèves de les répéter également. Accepter

Connecter | Télécharger

Introduction dynamique (12 à 17ans).

- Instructions : Donnez à chaque élève deux morceaux de papier. Les adolescents doivent écrire dans l'un des morceaux de papier une caractéristique de sa personne pour être vraie et l'autre morceau de papier une caractéristique qui est fausse. Quand tout le monde se termine, on doit les lire immédiatement et les autres élèves vont découvrir laquelle des caractéristiques est vraie et celle qui est fausse.

   Commentaire qu'il y a un mouvement qui veut présenter des mensonges qui tentent de les mélanger avec les vérités, et il faut faire attention de ne pas tomber sur eux.

Introduction dynamique (18-23 ans).

- Instructions : Demandez aux étudiants d'apporter un journal. Avoir regardé dans le journal pour parler des éléments ésotériques, et éléments orientaux. Expliquez comment ces pratiques sont préférées dans la société.

   La Nouvelle Ère n'est pas une secte, pas une église ou une religion. C'est une façon de voir la vie, une philosophie, une façon de penser et d'agir que de nombreuses personnes et organisations ont adopté à changer le monde selon certaines croyances qu'ils ont en commun. Mais n'ont pas de patron, pas de règles, pas de doctrines fixes ou discipline commune.

   La nouvelle Ère parle de choses qui peuvent toucher notre foi : Dieu, la création, la vie, la mort, comme la méditation, le sens de notre existence, etc.... mais ce n'est pas une religion. Prenant divers aspects de beaucoup de religions de la science et de la littérature et mélangés avec un peu d'originalité pour donner les questions les plus importantes de la vie humaine. Parfois même le langage chrétien utilisé pour exprimer des idées très anti-chrétiennes.

   Dans cette leçon, nous allons voir quelles sont ces croyances de la tromperie pour éviter de tomber là dans.

1. Qu'est-ce que la Nouvelle ère (Nouvel Age) ?

Le mouvement Nouvelle Ère a pris une variété de noms, y compris le potentiel du mouvement humain, troisième force, conspiration du Verseau, la Conscience Cosmique et cosmique humanisme. Alors que la plupart des gens se réfèrent à lui comme le mouvement du Nouvel Âge, beaucoup dans le mouvement n'aiment pas ce titre, et bien d'autres ne sont même pas considérés comme faisant partie du mouvement, mais ils peuvent pratiquer un grand nombre de croyances fondamentales du Mouvement Nouvelle Ère.

Définir avec précision le nouvel Age ou la Nouvelle Ère est une tâche difficile pour plusieurs raisons. Tout d'abord, le mouvement Nouvel Age est un mélange de beaucoup de choses et tente d'unifier. Les facteurs d'unification sont partagés plutôt que d'une idéologie de la structure organisationnelle.

Deuxièmement, le mouvement Nouvel Age est difficile à définir, car il souligne et encourage le changement. Le mouvement Nouvel Age est syncrétique et, par conséquent, un caractère évolutif. De nombreux partisans changent leurs points de vue, de sorte qu'il est souvent difficile de définir les croyances fondamentales du mouvement Nouvel Age. Nous pourrions dire que la Nouvelle Ère est un mélange de l'Orient, l'Inde et même avec les philosophies et de la science. Les croyances ont imprégné les domaines médicaux et éducatifs.

2. Principales croyances de la Nouvelle ère :

La croyance dans le monisme. Les adeptes de la Nouvelle Ère croient que « tout est un ». En fin de compte, aucune différence réelle entre les humains, les animaux, les rochers, ou même Dieu. Toute différence entre ces entités n'est qu'apparente, pas réelle. Une vision chrétienne de la réalité rejette le concept de monisme (tout est Dieu et Dieu est en tout). La Bible enseigne que la création de Dieu n'est pas une unité indivisible, mais une diversité de choses et les êtres créés. Création n'est pas unifiée en soi, mais soutenue par le Christ, en qui « tout se tient » (Colossiens 1:17).

- La croyance dans le panthéisme. Tout est Dieu. Toute la création participe dans l'essence divine. Toute la vie (et même ce qui n'est pas vivant) a une étincelle de la divinité ladans. Le christianisme est théiste, pas panthéiste. Les adeptes de la Nouvelle Ère enseignent que Dieu est une force impersonnelle, tandis que la Bible enseigne que Dieu est imminent, personnel, souverain Dieu et Trinitaire. Dieu est séparé de sa création, au lieu d'être simplement une partie de la création, comme le panthéisme enseigne.

- La croyance que nous sommes des dieux. La conclusion logique des deux autres. Si « tout est un » et « tout est Dieu », alors nous devons conclure que « nous sommes des dieux ». Nous, selon la Nouvelle Ère, nous sommes ignorants de notre divinité. Nous sommes « dieux déguisés » Si nous considérons ce fut la déception qui a provoqué la chute de l'homme Genèse 3:4-5. Nous sommes créés à l'image de Dieu (Genèse 1:26) et, par conséquent, avoir la dignité et la valeur (Psaume 8), mais jamais ce qui fait de nous des dieux. La Nouvelle Ère enseigne que nous sommes des dieux, et nous devons donc la divinité de notre humanité.

- La croyance en la réincarnation. La plupart des adeptes de la Nouvelle Ère croient en une certaine forme de réincarnation. La Bible nous dit clairement que cela ne peut pas être possible. « L'homme meurt une fois, puis le jugement » Hébreux 9:27. La Bible enseigne la résurrection des corps (1 Corinthiens 15), la réincarnation de l'âme. De même, la doctrine du karma est étrangère à l'Évangile.

Le salut vient de la grâce, et non par les œuvres dans cette vie (Éphésiens 2:8-9) ou toute la vie présumée passée. Nous ne serons pas renaître après la mort. Hébreux 9:27 enseigne clairement « qu'il est établi pour les hommes de mourir une seule fois, et après vient le jugement ».

- **La croyance du relativisme moral.** La Nouvelle Ère pense en termes de gris plutôt que noir et blanc. En refusant la loi de non-contradiction, le nouvel Age croit souvent que les deux déclarations contradictoires peuvent être vraies. Par conséquent, enseignons que « toutes les religions sont vraies » et que « il y a beaucoup de chemins à Dieu ». Nous devons en tant que chrétiens être clairs que Jésus est le seul chemin vers Dieu, Jean 14:6. D'autre part, la Bible nous dit d'être « Chaud ou froid », « lumière et les ténèbres », « salé ou fade ».

Lorsque les doctrines de la Nouvelle Ère ne sont en fait pas nouvelles du tout discutées. Beaucoup de ces concepts peuvent être trouvés dans une forme de base dans la Genèse 3. Notez ces déclarations faites à Ève dans le jardin : « Vous serez comme des dieux » (panthéisme), « sûrement pas mourir » (réincarnation), « Il va ouvrir les yeux » (changement dans la conscience) et « Dieu a-t-il vraiment dit » ? (Le relativisme moral).

3. Où voyons-nous l'influence de la Nouvelle Ère (Nouvel Age)?

- **La pénétration littéraire :** Aujourd'hui, la littérature de la Nouvelle Ère est excessive, en 1991 seulement aux États-Unis, on avait 2500 librairies spécialisées, à l'exclusion des articles du Nouvel Age dans les bibliothèques, avec 25 000 titres en circulation et en croissance rapide, ce qui en fait la source de " gros bénéfices " de la ligne selon l'avis sur le journal « Journal de Brésil » en Janvier 1995.

- **La Pénétration de l'audiovisuel :** Ils sont évidents dans les films, vidéos, jeux vidéo, musique, livres et magazines les influences suivantes : goût pour la terreur, si l'imagination et de fantaisie, de magie à fin cosmique, le laid et monstrueux, l'expérience des pouvoirs extra-sensoriels parapsychologiques comme la télépathie, la communication avec les esprits grâce à des jeux, voyage à l'au-delà, des talismans, sorcellerie, etc. et même des faits sataniques. Films sataniques abondent et sont souvent diffusés à la télévision.

- **La pénétration par des symboles :** Symbolisme satanique peut être vu en abondance dans les journaux, les magazines, les arts, la publicité, la télévision, les films, vêtements, etc.

- **Pénétration dans la musique :** L'appel « Nouvel Age de la Musique », avec la répétition des sons dans des séquences alternées est fait pour créer des ambiances avec l'auditeur à un état de relaxation qui favorisent les états de conscience altérée.

- **Drogues :** Dans le Nouvel Âge médicaments sont utilisés, principalement comme un moyen de parvenir, à travers ces états modifient la conscience et la manipulation de système nerveux appelé déifier les expériences.

- **Discrédit morale progressiste et la loi de Dieu :** Il s'agit d'une forme claire de pénétration dans tous les secteurs de la société, à travers les médias, à la fois dans les programmes de fiction (nouveauté, films) et en non - fiction (les scientifiques, etc..).

- **Façades, de sorte que le Nouvel Age soit présenté :** Apparente acceptation de toutes les religions, pas contre tout, ni accepter aucun - païen : l'hindouisme, le bouddhisme, le zen, le taoïsme. Il introduit les croyances païennes (par exemple de la réincarnation). Ainsi, les chrétiens vont « annexer » ces fausses doctrines et les croyances de notre foi, nous avons fini par perdre la vraie foi Donc, pour être affaibli et détruit la foi chrétienne, est réalisé l'un des objectifs du Nouvel Age : intégrer toutes religions en une seule.

- **Trouver la santé :** Un cas typique est celui de la guérison par « énergie universelle », également « la méditation transcendantale » pour atteindre l'équilibre émotionnel et mental. Des pratiques telles que le yoga et l'acupuncture est des exemples classiques de manifestation de la Nouvelle Ère.

- **Recherche de l'écologie :** le vrai écologiste vise à préserver la planète et à respecter toutes les formes de vie, surtout la vie humaine a une valeur bien supérieure à tous les autres et que l'homme a été fait « à l'image et à la ressemblance de Dieu ». L'environnementalisme exagéré du nouvel Age dit que l'homme est aussi bon que d'une baleine ou une montagne ou un arbre. Livré à considérer l'homme comme le pire ennemi de la planète au lieu de lui considérer comme son tuteur et administrateur.

Révisez/Application :

Les étudiants se verront présenter les citations bibliques suivantes, qu'ils devront mettre en correspondance avec le concept que ces citations bibliques contredisent. La réponse est la suivante :

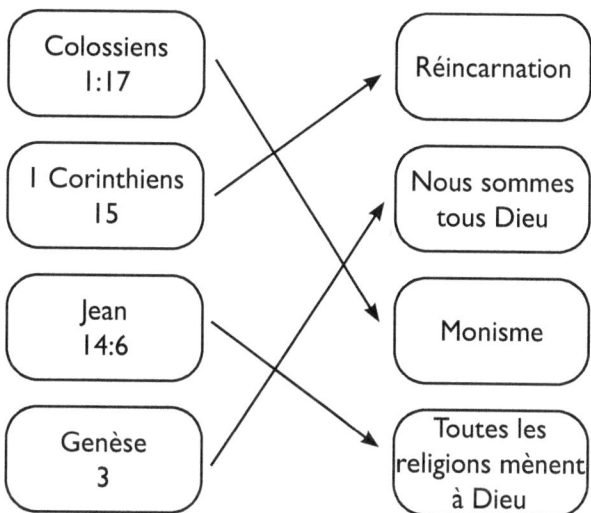

Défi : Voyant l'influence du New Age dans la société, préparez une liste des façons dont il est présenté dans l'environnement où vous vivez.

Occultisme

Leçon 34

Ana Zoila Diaz • Guatemala

Objectif : L'étudiant doit être capable de distinguer les caractéristiques de l'occulte pour éviter d'être pris.

A mémoriser : « Car nous n'avons pas à lutter contre la chair et le sang, mais contre les dominations, contre les autorités, contre les princes de ce monde de ténèbres, contre les esprits méchants dans les lieux célestes » (Ephésiens 6 :12)

Avertissement : Commencez votre classe en leur demandant ce qu'ils ont trouvé autour d'eux qui ont une influence New Age et permettez-leur de partager pendant quelques minutes. Accepter

Connecter | Télécharger

Introduction dynamique (12 à 17ans).

- Itinéraire : Choisissez cinq à dix jeunes représentez une histoire effrayante ou légende dans votre ville. Apportez-vous une histoire si les jeunes ne savent pas tout. Demandez à quelqu'un de prendre par surprise derrière le groupe et leur faire peur ou faire du bruit. Vous remarquerez que la plupart d'entre eux effrayer car ils ont été attentifs à ce que les autres avaient parce que c'était quelque chose occulte. Posez des questions parce qu'ils pensent que les gens vont toujours vouloir savoir d'occulte.

Introduction dynamique (18 à 23ans).

- Instructions : offrez aux jeunes les statistiques suivantes : Une équipe de recherche a réalisé une étude auprès des élèves des écoles intermédiaires et secondaires de répondre à cette question. vous êtes intéressé à connaître l'occulte? Le sondage a fourni les statistiques suivantes révélées par les medias: plus de la moitié des répondants (la 54 %) ont déclaré avoir un intérêt pour l'occulte et le monde surnaturel, et un quart (le 26 %) ont indiqué qu'ils sont « très intéressés ».

Discutez avec les élèves pourquoi ils pensent que ce phénomène se produit chez les jeunes.

Existe-t-il le surnaturel ? Nous vivons à une époque ou les gens cherchent les réponses aux questions basés sur la vie : Quel est le but de la vie ? Y a-t-il une vie après la mort ? Existe-t-il des preuves d'un Dieu surnaturel?

Selon la bible il y a un conflit surnaturel continu (Ephésiens 6:12). Cette présente bataille spirituelle se trouve entre le règne de Dieu et le règne de satan.

A cet effet, les écritures nous disent clairement que le surnaturel est réel, et la lutte spirituelle en cours, Certains veulent démystifier ce que dit le diable, des démons et de la possession démoniaque. C'est évident que le surnaturel existe donc si nous attachons à la bible le surnaturel nous combattons avec un évangile vivant et plein de puissance, un transformateur de vie. Cependant, Si nous devons prendre en compte clairement que tout ce qui est surnaturel est une réalité, et c'est très important de ne pas vous laisser infiltrer dans ce monde totalement spirituel. Nous avons alors la connaissance de son existence, nous ne devons pas créer en nous le désir d'avoir une expérience spirituelle.

> Connecter | Télécharger

Le mot « occulte » vient du mot latin « occultus » et contient l'idée des choses qui sont invisibles, qui sont secrets et mystérieux.

1. Qu'entend-on par occulte?

On peut citer trois caractéristiques distinctes de l'occulte :
1. Essayez des choses secrètes ou cachées.
2. Il a à voir avec des opérations ou des événements qui semblent dépendre de forces humaines au-delà des cinq sens.
3. Il a à voir avec le surnaturel, avec la présence des forces spirituelles.

Dans l'occulte inclurent : la sorcellerie, la magie, la chiromancie, cartomancie, divination, table d'écriture spirite, cartes de tarot, le satanisme, le spiritisme, démonisme et l'utilisation des boules de cristal. Nul doute que dans cette liste vous pouvez ajouter beaucoup d'autres, mais nous verrons cela et plus encore dans cette étude.

La Bible condamne catégoriquement, sans exception, toutes les pratiques occultes. Dans le Deutéronome 18:9-15, nous montre très clairement que le Seigneur donne un ordre à tout le peuple d'Israël de ne pas pratiquer l'occultisme, comme sacrifier son fils ou sa fille par le feu, le métier de devin, etc., il est clairement dit que c'est une abomination à l'Éternel.

Mais non seulement l'Ancien Testament condamne l'occulte, mais rend également le Nouveau Testament (Galates 5:20), à Éphèse, beaucoup de ceux qui ont pratiqué l'occultisme sont devenus croyants en Jésus-Christ et ont renoncé à leurs pratiques occultes. « En outre, beaucoup de ceux qui avaient pratiqué la magie apportèrent leurs livres et les brûlèrent... » (Actes 19:19).

2. Apparemment, qu'est ce qu'offre l'occulte ?

Occultisme propose plusieurs choses intéressantes que tout le monde voudrait posséder. Pour cette raison, c'est très attrayant pour que de nombreuses personnes soient impliquées dans ce monde effrayant de l'occulte. Mais qu'en est-il offert l'occulte ?

Apparemment l'occulte fournit :
1. **Puissance :** se réfère logiquement à un tout puisque le pouvoir surnaturel par les mêmes lois naturelles, ce pouvoir apparent donné par les forces sataniques est posé affecte d'autres, les éléments physiques et de même entre eux.
2. **La connaissance de l'inconnu :** Principalement des événements surnaturels et futurs, ils permettent (les démons) à communiquer avec les morts et parfois exercent leur autorité sur les morts qui sont en fait des démons.
3. **Guérir les maladies :** Ils parviennent à des guérisons vraiment incroyables et les maladies psychiques. Régulièrement ces guérisons sont effectuées par les guérisseurs et les célèbres propres pour ne pas mentionner beaucoup d'autres.

Le surnaturel ne peut venir que de deux sources d'énergie : le Dieu trinitaire ou Satan. Dieu se manifeste la puissance de la bénédiction et de l'édification du peuple chrétien et pour sauver les perdus, empêchant ce Satan de faire des merveilles pour créer de la confusion, de l'ignorance et de la destruction de l'homme. Satan est un menteur, habillé comme un ange de lumière (2 Corinthiens 11:14) et est enveloppé dans leurs réseaux tous les types de personne dans l'occulte même les chrétiens.

3. Quelles sont les pratiques occultes ?

a. Divination

La divination prétend connaître le passé par des méthodes occultes. De même que le passe, Satan connait l'actuel ou aujourd'hui, il est esprit avec ses anges et est dans diverses parties même s'il n'a pas l'omniprésence. Ses anges l'aident à trouver ce qui se passe dans le monde, et l'utiliser pour créer des devins de confusion.

Certainement divination est inspirée par Satan. Le diable cherche à étonner par les devins. Pour un enfant de Dieu n'a pas de sens de la divination de l'avenir, en plus d'être interdit par Dieu, notre vie est dans ses mains, l'avenir des enfants de Dieu est sûr. Divination utilise plusieurs méthodes pour tromper :

- **Astrologie** : influence alléguée des étoiles sur la destination.
- **Cartomancie** : À la découverte du passé, présent et futur grâce à des cartes. Le tarot est un jeu de cartes spéciales pour la divination.
- **Chiromancie** : Deviner chance par la chiromancie, chiromancie est similaire à la lecture de la carte, car l'objectif est de prédire l'avenir, mais de différentes manières.
- **Claire ftalomancie** : Devinez quelque chose sur la personne de sentir les objets lui appartenant.
- **Clair audience** : Entendre des voix inexplicablement à être informés de ce qui se passe ou va se passer pour une personne.
- **Voyance** : Avoir des visions pour le passé, le présent et l'avenir d'une personne, le plus souvent utilisé une boule de cristal.
- **Nécromancie** : Devinez avec l'aide des esprits morts.
- **Oniromancie** : avoir de rêves. Dieu a donné le don de l'interprétation des rêves à Joseph et Daniel comme des cas particuliers et notamment de montrer la puissance de Dieu. Satan cherche à l'utiliser pour tromper. Les devins ont créé un dictionnaire où chaque type de sommeil a son sens. (Rêves : inondation = hiboux de mort accident malheureux = pluie = bonne chance).
- **Oracles** : Les devins qui interprètent les vols et les chants des oiseaux ou des signaux astronomiques.
- **Guija** : Le Ouija est vendu dans les magasins de jouets comme un « jouet » simple, mais il est si dangereux qu'ils recommandent de ne pas utiliser de danger occulte d'être possédé par des esprits invoqués.
- **Psychométrie** : Deviner la possession des biens personnels de la personne concernée.
- **Rod et Pendule** : Deviner selon le mouvement qui fait de ces dits objets. Il est actuellement considéré comme la science qui donne le nom de la radiesthésie.

Dans 1 Chroniques 10:13-14 parle de la décision de Dieu concernant Saül qui consulta une devine, ce qui montre que Dieu n'aime pas la divination et de consulter les devins apporte des conséquences terribles, en dehors de Dieu il interdit à aller au devins (Lévitique 19:31) et écouter (Deutéronome 13:1-5 et 10-11) pour ceux qui viennent avec eux, il déteste (Lévitique 20:06).

b. Spiritisme

Le spiritisme a à voir avec l'invocation des esprits des morts, ce qui est très dangereux car il peut avoir une conversation directe avec les démons. Satan est très intelligent et fera tout pour tromper les gens en leur faisant croire qu'ils parlent avec un parent décédé.

c. Manifestations spirituelles

Visions de fantômes, esprits, fantômes ou des esprits des humains ou des animaux dans les maisons, les usines, les rues, les cimetières, les hôpitaux, les routes, etc. Plusieurs fois, cela peut être dû à une simple suggestion, illusions mentales ou des idées délirantes, mais nous ne pouvons pas ignorer la vérité est que dans de nombreux cas, il est simple suggestion mais esprits sataniques déguisés en bonté humaine ou quelque chose de terrible qui se manifeste concrètement.

La Bible est très claire sur cette pratique. Spiritisme veut dire convoquer et de parler directement avec un esprit d'un collègue décédé, soit un parent ou d'une autre, et les personnes qui consultent les spiritualistes sont trompées en pensant qu'effectivement ils ont reçu le message de leur ancêtre, mais la vérité est que, selon la Bible, cela est impossible. Hébreux dit que « il est réservé aux hommes de mourir une seule fois et après quoi vient le jugement » (Hébreux 9:27).

Dans la Bible, nous constatons que toutes les pratiques de spiritisme sont une abomination pour Dieu (Deutéronome 18:11) et selon Lévitique 20:27 invoquant les esprits des morts mérite d'être lapidés.

d. Magie

Le but de la magie est de causer par des méthodes occultes la santé ou la maladie, l'amour ou le rejet, bonne ou mauvaise chance, ou protection contre les dommages, la richesse, la mort, etc. Certains croient que la magie peut être blanche ou noire, « blanche est bonne et noire est mauvaise ». La vérité est que vous ne pouvez pas séparer l'une de l'autre car c'est l'influence satanique, il n'y a que deux sources de la puissance, Dieu et Satan. La puissance de Dieu ne se manifeste pas à travers la magie, mais par l'Esprit Saint. Satan utilise la magie noire et blanche pour détourner les hommes de la vérité de Dieu.

Certes, Dieu n'aime pas de la magie, car il est l'une des armes favorites de Satan pour tromper les gens de ne pas mettre leur foi en Lui La Bible est claire à ce que Dieu dit à propos de la magie.

- Exode 22:18 - SEIGNEUR déteste les sorciers.
- Deutéronome 18:10 - Dieu ne veut pas les magiciens.
- Apocalypse 21:8 - Les assistants seront jetés dans l'étang de feu.
- Lévitique 19:31 - à Dieu ne plaise ceux qui évoquent les esprits de mort.
- Lévitique 20:06 - Dieu hait ceux qui s'adressent aux morts et aux esprits.

Révisez/Application : Établir un argumentaire biblique contre l'occultisme.

Instructions : Demandez à vos élèves de lire les versets bibliques suivants et, sur la base de ceux-ci, d'établir un argument biblique contre les pratiques qui leur sont indiquées. Puis discutez en groupe.

Versets :
- o Lévitique 20:6
- o Lévitique 19-31
- o Esaïe 47:9-10
- o Actes 8:9-24 ; 13:4-12.
- o Lévitique 20:27
- o Deutéronome: 18:10-11
- o 2 Rois 21:2,6

Pratiques:
- ◊ Sorcellerie (Magie) : Lévitique 19:31, 20:6 ; Deutéronome 18:10-11.
- ◊ Spiritisme : Lévitique 20:27 ; Deutéronome 18:10-11.
- ◊ Divination : Lévitique 19:31 ; Deutéronome 18:10-15 ; 2 Rois 21:2,6 ; Esaïe 47:9-10 et Actes 13:4-12.

Défi : Nous sommes bombardés par toutes sortes d'informations occultes dans les médias. Films, émissions de radio et de télévision, journaux, magazines, etc., ils invitent chaque jour de plus en plus de personnes à pénétrer dans le monde des ténèbres.

Dieu ne veut pas que nous vivions dans les ténèbres mais dans la Lumière car le Christ Jésus est la lumière du monde. Essayez de voir dans la semaine comment ces choses se sont introduites dans la vie de tous les jours et discutez-en avec la classe le dimanche suivant.

Satanisme

Leçon 35
Ana Zoila Díaz • Guatemala

Objectif : L'élève identifie les caractéristiques du satanisme pour éviter de tomber dedans.

A mémoriser : « Il a dépouillé les dominations et les autorités, et les a livrées publiquement en spectacle, en triomphant d'elles par la croix » Colossiens 2:15.

Avertissement : Ne commencez pas avant d'avoir demandé comment s'est passé le défi de la semaine précédente. Encouragez-les non seulement à observer mais à éliminer de leur vie tout ce qui pourrait avoir une influence occulte.

Connecter

Introduction dynamique (12 à 17ans).

- Instructions : formez un cercle avec vos élèves, choisissant trois à cinq personnes. Ces trois élèves ne devraient pas révéler leur identité car ils ont été choisis comme attaquants. Dites à tout ce qui est dans le groupe qu'il y a trois ou cinq ennemis qui tuent avec un clin d'œil. Les pièces seront tirées en attaquant d'autres avec le clin d'œil, quand ils lanceront un clin d'œil à l'œil à quelqu'un qui se rend compte qu'ils l'ont abattu et doit quitter le jeu, mais si quelqu'un d'autre le découvre doit dire que j'ai trouvé l'espion et d'identifier qui est le meurtrier.

Introduction dynamique (18-23 ans).

- Instructions : Discutez avec les jeunes sur l'existence du diable, ce qu'ils en pensent et ce qu'ils savent au sujet de leur travail etc.

  Cette étude aidera à identifier certains cas des ruses de l'ennemi d'aujourd'hui.

  L'ennemi des chrétiens est Satan et son armée d'anges déchus. Notre opposition et notre lutte sont contre les forces spirituelles, qui sont invisibles.

  Quel est l'ennemi ? « A force hostile et la puissance qui a des effets destructeurs ». Le mot hébreu dans l'Ancien Testament signifie « observateur, ou quelqu'un qui est à la recherche où observer avec une attitude de critique ». Le nom Satan signifie « adversaire ou l'accusateur ».

  Très peu de gens, chrétiens et non-chrétiens, ont une idée claire de qui est Satan et sa place dans le concept de monde. Satan déchaîne destruction et la ruine sur les mariages et les relations, les familles, les églises, les communautés et les nations. Le chrétien en armure complète peut se tenir.

Télécharger

Satan était une bonne personne jusqu'à ce qu'il veuille s'élever au-dessus de Dieu. Sa beauté lui rempli de fierté, qui l'a amené à perdre sa sainteté. Il voulait recevoir la louange qui n'appartenait qu'à Dieu. Ne pas reconnaître l'autorité de Dieu qui l'avait créé, a été chassé du ciel comme il est écrit dans Isaïe 14:12-14 et Ézéchiel 28:14-16.

L'autre fois, nous voyons Satan, ayant perdu leur progéniture en place du ciel, est le jardin d'Eden, où il a trompé Adam et Eve (Genèse 3:1-13), les obligeant à se rebeller contre leur Créateur, marquant la ligne de bataille entre les deux royaumes, le royaume de la lumière et le royaume des ténèbres.

1. Noms et les stratégies de l'ennemi

Examinez quelques noms de Satan trouvés dans les Ecritures, afin que Je puisse mieux comprendre la nature de leur ennemi. Beaucoup de ces noms révèlent non seulement la nature et la personnalité de son ennemi, mais aussi de mettre en lumière les tactiques de guerre utilisées contre le corps de Christ.

Divisez les élèves en groupes et donnez à chaque groupe un nom avec les passages. Demandez-les de décrire l'ennemi selon ces passages.

1. **Diable :** Matthew 4:5, 8,11 ; Apocalypse 12:9, 12 ; 20:02.

    Réponse : Il est décrit comme fourbe, sournois, bien informé et vieux.

2. **Père du mensonge :** Jean 8:44.

    Réponse : meurtrier et menteur.

3. **Le dieu de ce siècle :** 2 Corinthiens 4:4.

    Réponse : Nous sommes loin de salut.

4. **Infidèle ou incroyant** 2 Corinthiens 6:15.

    Réponse : Aucune relation pour le chrétien.

5. **Ange de lumière :** 2 Corinthiens 11:14.

    Réponse : Trompeur.

6. **Ennemi ou vengeur** Psaume 8:2.

    Réponse : Ennemi et vindicatif.

7. **Adversaire :** 1 Pierre 5:8.

    Réponse : Adversaire et dévoreur.

Sa stratégie

D'abord reconnaître que pour lutter contre Satan doit le faire dans le monde spirituel. Les choses spirituelles se discernent spirituellement, ne cherchent pas à comprendre le raisonnement humain. Vous ne combattez pas contre la chair et le sang, mais avec les puissances des ténèbres.

2. Satanisme et croyances diverses

Satanisme

Le culte de Satan a de profondes racines historiques. Le culte est connu comme le satanisme, il s'exprime de différentes façons. La magie noire, masse noire, certains aspects du monde de la drogue, des sacrifices de sang et tous disposent d'une connexion avec le satanisme. Dans le livre « Échapper à la sorcellerie » Roberta Blankeship relate qu'en 1973, a été retrouvé à la périphérie de Dayton Beach, en Floride, le mutilé, le corps mutilé d'un jeune homme de dix-sept ans appelé Ross « Mike » Cochrane. Les informations de l'agence Associé à la Presse de nouvelles a déclaré : « Le verdict de la police est que Cochrane a été victime d'adorateurs de Satan, et a été tué au milieu d'un rite sacrificiel frénétique ».

Satanisme exerce d'autres rites de refroidissement et sanglantes, constitué principalement de clubs de sexe qui embellissent leurs orgies avec des rituels sataniques. Bien que l'Église de Satan sonne comme une contradiction dans les termes, cette église a été fondée à San Francisco en 1966 par Anton Szandor LaVey.

La Messe Noire

C'est peut-être les pratiques les plus criants ayant existé, le satanisme. Une masse noire est un rassemblement de gens d'adorateurs de Satan dirigée par un ou plusieurs de ses auteurs prêtres de tourner le moral de leurs réunions et des orgies tout en faisant des sacrifices à Satan. Une jeune connaissance de cette ville, dans cette étude appel « Rigo » rester anonyme raconte son expérience personnelle pour aider les messes noires et dit : « Pour moi, l'ignorance impliquant un culte satanique dans la ville de Guadalajara, au Mexique et eu beaucoup de problèmes spirituel parce qu'il était possédé par environ sept démons à la messe, pendant que nous avions une réunion de plusieurs personnes où nous avons adoré Satan et à condition que nous sacrifions pour lui, la chose la plus effrayante je me souviens, c'est d'avoir sacrifié un enfant et un adulte de les offrir à Satan une fois bu tout son sang offert et mangé sa chair, maintenant avec l'aide de nombreux chrétiens je pourrais sortir de ce culte et remercier Dieu de pouvoir recevoir le don de la vie éternelle, maintenant je sais que je suis en sécurité et que je serai avec lui dans le ciel pour l'éternité ». « Rigo » comme beaucoup de jeunes sont impliqués dans ces pratiques sataniques par ignorance, parce qu'aux Etats-Unis, environ 60 000 des sacrifices humains se produisent chaque année dans les messes noires.

3. La défaite de Satan sur le Calvaire

Qu'est-ce que les passages suivants nous disent ?

- « Et comme Moïse éleva le serpent dans le désert, ainsi faut-il que le Fils de l'homme soit élevé, » Jean 3:14.

- « Et dominations et les autorités gâtées, il a fait un spectacle public, triomphant, sur eux de la croix, » Colossiens 2:15.

- «Maintenant le salut est arrivé, la puissance et la royauté de notre Dieu et l'autorité de son Christ, parce qu'il a été abattu, l'accusateur de nos frères, qui les accusait devant notre Dieu jour et nuit. Et ils l'ont vaincu par le sang de l'Agneau et par la parole de leur témoignage et donnant leur vie jusqu'à la mort » Apocalypse 12:10-11.

Ils nous montrent que la croix était le moyen que Dieu a utilisé pour vaincre l'ennemi de l'humanité. Ce n'est que par la mort de Jésus sur la croix, l'effusion de sang et le sacrifice que Jésus-Christ a souffert que nous pouvons obtenir le salut.

Il ne peut pas être une victoire permanente dans la vie des enfants de Dieu jusqu'à ce que nous puissions voir et apprécier le fait que Satan a été vaincu à la croix du Calvaire. L'église de Dieu, comme une unité, ne peut pas faire face à l'être satanique de surtension attaqué s'il n'est pas d'abord apprendre à se soumettre au pouvoir et la victoire sur le Calvaire nous donne le témoignage clair de la défaite du diable.

L'église de Dieu est dans sa dernière bataille, ce qui signifie un conflit final avec Satan. Faire face à ce conflit a un autre point de vue autre que le Calvaire, est impossible. D'où la nécessité pour la compréhension la plus claire possible de la façon dont le chrétien peut exercer l'autorité pour gagner la victoire sur l'invasion satanique. Tout autour de nous, nous voyons les puissances sataniques qui se développent, menaçant d'anéantir tout sur son passage et qu'à travers le Christ on peut surmonter.

Dans Hébreux 2:14-15, nous pouvons voir que la croix a détruit la puissance de Satan sur l'homme « ... à détruire par la mort celui qui avait la puissance de la mort, c'est le diable. » Détruire. Nous pourrions prononcer quelque chose de plus fort que cela? Dans le grec ce mot signifie « rendre impuissant ou mis hors de combat ».

Révisez/Application :

Demandez aux élèves de rechercher les passages et de découvrir les avantages que nous, enfants de Dieu, avons sur l'ennemi.

Un ennemi sans aucun avantage :

1. 2 Thessaloniciens 3:3 (Les chrétiens sont protégés de Satan.)

2. 1 Jean 2:13 (Les chrétiens l'ont vaincu.)

3. Luc 10:19 (Les chrétiens ont du pouvoir et ne sont pas blessés.)

4. 1 Jean 5:18. (Satan ne peut pas nuire aux justes.)

5. Jacques 4:7 (Le chrétien soumis à Dieu a le pouvoir de lui résister et de le faire fuir.)

6. 1 Pierre 5:8-9 (Le diable est notre adversaire et veut nous dévorer auquel nous pouvons résister par la foi.)

Demandez aux élèves de chercher dans les passages bibliques et de découvrir quelques recommandations que les Écritures nous donnent pour ne pas donner de place au diable.

Quelques recommandations :

1. Éphésiens 4:26-27 (Le chrétien est celui qui laisse place au diable.)

2. 2 Corinthiens 2:10-11 (Le pardon nous empêche de tomber sous le pouvoir de Satan.)

3. Éphésiens 6:11 (Avec toute l'armure, nous pouvons tenir bon contre leurs pièges.)

4. Romains 16:20 (La grâce et la puissance de Dieu sont avec nous pour vaincre Satan.)

5. Jean 12:30-31 (N'ayez pas peur de Satan car Jésus est plus puissant que lui et le chassera de votre vie et du monde.)

6. 2 Thessaloniciens 2:8 (Le passé, le présent et l'avenir de Satan sont la défaite.)

Défi : Pendant la semaine, réfléchissez sur les avantages que vous avez en tant qu'enfant de Dieu et partagez-le avec quelqu'un que vous connaissez qui ne connaît pas le Christ.

Les Différences

Leçon 36
Vivian Juárez • Guatemala

Objectif : Les élèves apprendront sur le sujet de la personnalité et de caractère dans le cadre de l'image de Dieu en l'homme

A mémoriser : « Puis Dieu dit : Faisons l'homme à notre image, selon notre ressemblance» (Genèse 1:26a).

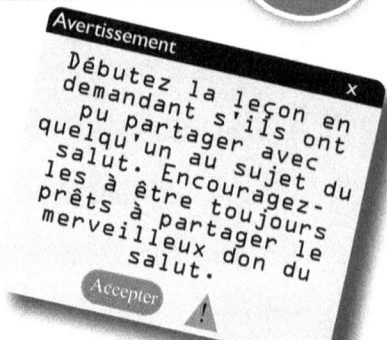

Avertissement: Débutez la leçon en demandant s'ils ont pu partager avec quelqu'un au sujet du salut. Encouragez-les à être toujours prêts à partager le merveilleux don du salut.

Connecter

Introduction dynamique (12 à 17ans).

- Matériaux : Album, souvenir de journal ou des magazines, jeu « trouver les différences ».
- Instructions : Divisez les élèves en groupes. Donnez à chaque groupe une coupe et les faire travailler à l'activité. Lorsque vous aurez terminé, questionner les: qu'est ce qu'ils penseraient si le monde avait deux endroits ou deux personnes aussi proches dans l'activité menée ?

  (Au cours de la discussion de la question des jumeaux peuvent se poser ou a deux jumeaux dans sa classe, on peut utiliser cette situation pour faire, la pensée de ce qu'ils se sentent à savoir que dans le monde il y a une autre personne comme eux). Demandez-les ensuite à penser du texte biblique qui exprime que nous avons l'image de Dieu.

Introduction dynamique (18 à 23 ans).

- Matériaux : Cartes et crayon.
- Instructions : Divisez la classe en deux groupes, un groupe à lui de faire une liste des caractéristiques de l'être humain et l'autre de faire une liste des caractéristiques de Dieu. A la fin faire une comparaison des deux listes ligne qui se répètent dans les deux listes. Demandez: Que pensez-vous devraient être les similitudes ? Qu'en est-il des différences ?

  Pensez-vous qu'une personne peut être aveugle à cause de l'argent ? C'est vrai ! Pour l'argent, une personne peut rester sans voir la famille, de voir les gens autour de lui, de voir le monde dans le besoin, qui est de plus en plus chaque jour et il est près d'elle. Mais la plupart du temps sans voir la Parole de Dieu et par conséquent loin de son Règne.

Considérant combien limité est l'esprit humain, verset de mémoire peut être surprenant. En tant qu'êtres humains, nous avons tendance à voir Dieu comme un être lointain et bien établi une relation avec Lui, nous trouvons difficulté de croire que lui et nous ne sommes pas vraiment très différents, du moins selon la nature humaine d'origine suprême. Nous avons la même image, nous sommes comme, cela signifie que nous ressemblons à Dieu. Peut-être jusqu'à maintenant, nous n'avons pas pris beaucoup de temps pour examiner cette vérité et de comprendre ce que cela signifie pour nous aujourd'hui.

Télécharger

1. La création de Dieu

Toute la création de Dieu est bonne (Genèse 1:31) et a un but. Les humains ne font pas exception, Dieu a prévu pour nous à son image et à sa ressemblance, cela signifie que Dieu attendait « Et Dieu nous dit: Faisons l'homme à notre image, selon notre ressemblance... » Genèse 1:26a.

Malheureusement, à cause du péché les choses ont changé dans la nature des êtres humains, malgré cela, de nombreuses années après la création de l'homme et de la femme Paul dit que le but de Dieu pour nous est « Car nous sommes son ouvrage, créés en Jésus-Christ pour de bonnes œuvres, que Dieu a préparées d'avance, afin que nous les pratiquions» Éphésiens 2:10.

L'être humain est la création la plus complexe de Dieu, contrairement aux autres créatures, Dieu a décidé de donner à l'homme ses qualités qui lui permettent de décider et effectuer ce pour lequel nous avons été créés.

2. L'homme: la personnalité et le caractère

Quand on voit les êtres humains, nous pouvons voir que nous ne sommes pas égaux. Nul n'est comme un autre et peut donc résulter de confondre l'idée que Dieu nous a créé à son image. Nous savons que Dieu est Esprit, et donc la déclaration concernant que l'homme a été créé à l'image et à la ressemblance de Dieu va bien au-delà de l'apparence physique, notre ressemblance à Dieu se réfère plutôt à ce qui est immatériel (Genèse 1:26). D'un point de vue biologique, il est facile de comprendre que tous les êtres humains sont égaux et nous exerçons nos activités d'une manière assez similaire que nous explorons au-delà peut se rendre compte que l'on à quelqu'un d'autre qui peut avoir un grand nombre de différences.

a. Personnalité

Ce qui rend une personne à part des autres, c'est leur personnalité, qui peut être comprise que les caractéristiques de chaque individu de définir leurs caractéristiques de comportement, leur façon de penser et de sentir, (cote intérieur et extérieur, sortant, pessimiste, calme, contrôlée, passif, bienveillant, sensible, inconstant, agité, sociable, etc..). Bien que les classifications spécifiques de la personnalité, chaque personne a en elle-même des traits propres qui lui distinguent des autres. Dans la Bible, nous trouvons des personnages avec différents types de personnalité, nous pouvons même voir comment chacun des disciples de Jésus avaient des caractéristiques particulières dans leur comportement, la façon dont nous nous sentons et pensons, nous notons aussi que, indépendamment de leur traits particuliers Dieu les a utilisés pour atteindre leur but.

Pour Moïse, le libérateur d'Israël et Pierre, un des disciples de Jésus, les deux hommes étaient très déterminés à agir, nous pourrions même les diriger impulsif et volage, mais Dieu avait un plan pour eux. leur personnalité a contribué à atteindre l'objectif de Dieu, leur détermination leur a donné l'élan nécessaire pour faire de grandes choses pour Dieu.

En raison de l'ampleur de la tâche que Noé a reçue nous pouvons le voir comme un homme très patient et dévoué, n'importe qui peut le rendre impropre à cette tâche, les caractéristiques particulières de la personnalité de Noé autorisent Dieu à l'utiliser pour cette tâche.

Pour Jean, le disciple bien-aimé, Jésus lui considère comme celui qui pourrait prendre soin de sa mère. La manifestation lui montrait comme une personne attentionnée, dédiée et montrer votre amour, ces caractéristiques ont permis à Jésus à vous demander d'accomplir cette tâche spécifique.

Différentes personnes sont à même de faire quelque chose pour Dieu, à ce stade, il peut sembler difficile de comprendre comment il est possible alors qu'en tant être si différents, nous pouvons être comme Dieu, mais nous ne devons pas oublier que Dieu est créateur. Tout comme le corps a beaucoup de pièces, chacune a une fontion différente, chacune des caractéristiques de la personnalité humaine peut être utilisée par Dieu de différentes manières si nous le lui permettons.

b. Le caractère

Un élément de la personnalité est le personnage qui est spécifiquement liée à la nature et la moralité d'une personne liée à l'éthique et le contexte social. Le caractère est de savoir comment une personne doit réagir ou habitudes de se comporter face à la situation dans laquelle elle se rencontre précisément à travers la nature humaine qui permet au personnage d'être utilisé par Dieu.. C'est donc dans cet aspect de l'être humain où il est important que nous réfléchissions à notre ressemblance à Dieu. Malheureusement le péché nous blesse dans les aspects de la conception originale de Dieu, mais nous avons la capacité de modifier notre caractère et l'œuvre que Dieu a fait en nous permet cette restauration.

Bien que notre personnalité peut être diverse, c'est à dire la façon dont nous pensons, sentons, ou la façon dont nous faisons les choses, nos réactions sont définies par notre caractère. Dieu a besoin des personnes avec des traits de caractéristique différentes, mais tous sont capables d'être autocontrôlé. Il peut utiliser différentes personnes, indépendamment de leur personnalité, tant qu'ils permettent à leurs réactions à être dominées par la volonté de Dieu, Colossiens 3:10.

Une personne peut avoir une personnalité agressive, mais est capable de manifester de la bonne manière et au bon moment, Dieu peut utiliser cette fonctionnalité pour son but (Pierre, Moise). Tout comme quelqu'un peut être très calme et sa réaction doit également être d'actualité (Jean). Bien que ce sujet relatant notre personnalité, nos propres impulsions est difficile pour les autres, mais nous devons nous voir comme fait à la ressemblance de Dieu, de sorte que notre tâche en tant que chrétiens doivent imiter le caractère de Dieu, Ephésiens 4:13,24.

Dans le cas de Moïse et de Pierre, très clairement, nous pouvons voir comment leur soumission, leurs personnalités, les ont amenés à commettre des actes qui ne faisaient pas partie du plan de Dieu (par exemple, lorsque Moïse tua l'Égyptien et Pierre coupa l'oreille du soldat romain). Une fois qu'ils se sont rendus de leur volonté de Dieu et agissent avec la justice et de la sainteté, de connaître la vérité, Dieu va utiliser pour transformer l'histoire de son peuple.

Révisez/Application :

Demandez aux élèves de répondre individuellement, puis discutez en groupe si les gens se sentent à l'aise.

1. Comment décririez-vous Pierre après avoir lu Jean 18:10-11 ? *(Comme quelqu'un d'impulsif, qui agit sans grande considération pour ses actions, quelqu'un qui est audacieux, peut-être courageux, et qui défie l'autorité.)*

2. Quelle serait votre description basée sur ce que dit Actes 2:13-15 ? *(Comme quelqu'un de déterminé, qui se défend et répond aux autres par des actions et qui n'est pas intimidé.)*

3. Peu de temps s'est écoulé entre un événement et un autre Quelles différences et similitudes trouvez-vous entre la première réaction de Pierre et la seconde? *(Pierre est toujours le même homme impulsif, qui répond aux autres selon ce qu'il pense, sans peur de ce que disent les autres, bien qu'entre le premier événement et le second sa réponse soit plus précise, il présente une défense avec plus de contrôle, pas agressive mais mieux dirigé.)*

Défi : Maintenant que vous avez pris le temps de vous connaître un peu mieux, réfléchissez durant cette semaine à comment vous pouvez faire en sorte que votre personnage reflète davantage la ressemblance de Dieu en vous. Rappelez-vous que les réactions de Dieu sont toujours justes, aimantes et saintes.

Tout comme Pierre, votre personnalité possède ses caractéristiques particulières, Dieu ne veut pas les changer, Il veut les utiliser pour Sa gloire. Quels changements pensez-vous que vous devriez faire en vous-même afin que vos réactions soient plus centrées sur le caractère juste, saint et aimant de Dieu ?

Petit miroir, petit miroir

Leçon 37
Vivian Juárez • Guatemala

Objectif : Les élèves apprendront la conception chrétienne de l'estime de soi.

A mémoriser : « Et l'Éternel dit à Samuel : Ne prends point garde à son apparence et à la hauteur de sa taille, car je l'ai rejeté. L'Éternel ne considère pas ce que l'homme considère ; l'homme regarde à ce qui frappe les yeux, mais l'Éternel regarde au cœur » (1 Samuel 16:7).

Avertissement

Avant le début du cours, demandez-leur comment ils ont relevé le défi de la semaine dernière. Demandez-leur s'ils ont travaillé sur les changements qu'ils doivent apporter à leur personnage.

Accepter

Connecter / Télécharger

Introduction dynamique (12 à 17 ans).

- Matériaux : Revues et journaux.

- Instructions : Divisez la classe en groupes (deux ou trois groupes) et leur demandez de trouver des coupes dans les magazines de personnes qui, selon eux, pourraient représenter : une personne intelligente, Albani, la prochaine miss universelle, prochain président de son pays, un médecin, un secrétaire et un athlète.
    A la fin il faut les demander de présenter les élus et discuter sur les raisons pour lesquelles il a été choisi, certains seront choisis pour leurs réalisations c'est-à-dire ce qu'ils ont fait, dans d'autres cas, vous trouverez que ces gens ont une apparence appropriée.
    Expliquez que dans cette dynamique que nous jugeons les gens par l'apparence (à moins que les nouvelles expliquant qui vous êtes), et nous étiquetons l'apparence, mais ce n'est pas ce que Dieu fait avec nous.

Introduction dynamique (18-23 ans).

- Matériaux : Papier et crayon.

- Instructions : Demandez à chaque élève de faire une description de la personne à sa droite sur votre bon agent car ils n'auront pas à révéler ce qu'ils ont écrit.
    Lorsque vous avez terminé, demandez-les de penser à ce qu'ils ont écrit et discutez de ce qu'ils avaient besoin de savoir pour écrire sur cette personne. Vous remarquerez que ceux qui savent mieux faire une description plus complète du partenaire, tandis que ceux qui ne connaissent pas beaucoup fera une description de l'apparence seulement.
    Expliquez que pour décrire correctement quelqu'un vous devez savoir plus (goûts, souhaits, désirs, etc.) et pas seulement par leur apparence.

La tendance humaine à se concentrer sur l'extérieur n'a pas beaucoup changé au fil des ans. Il est naturel de voir et de là créer un jugement sur quelque chose ou quelqu'un. Cette situation a fait l'image que le principal élément de preuve de la qualité des produits que nous voyons et, malheureusement, nous voyons des gens. Il est reconnu fortement pour tout le monde, indépendamment de l'apparence, de comprendre la façon dont Dieu nous voit, peut-être beaucoup de ses élèves ont envisagés les valeurs pour déterminer qui ils sont, ils ne sont pas nécessairement appropriées pour développer une estime de soi chrétienne appropriée.

1. Qu'est-ce que l'estime de soi ?

L'estime de soi est la considération, la reconnaissance et l'estime de soi, la façon dont une personne regarde détermine leur comportement, donc l'aspect de l'estime de soi est un facteur très important.

Dans Romains l'Apôtre Paul demande aux chrétiens de prêter attention à la notion d'eux-mêmes, leur invitation particulière est de ne pas avoir une plus haute opinion d'eux-mêmes qu'ils doivent « Dieu m'a gracieusement nommé comme un apôtre, ne vous vantez pas de pouvoir faire ceci ou cela. Au lieu de cela, voyez-vous comme la capacité que Dieu leur a donnée en tant que disciples du Christ. Le corps humain est composé de plusieurs parties, mais toutes n'ont pas la même fonction. Quelque chose de semblable se passe avec nous comme une église, malgré leur nombre, tous ensemble, forment le corps du Christ » (Romains 12:3-5).

Depuis une personne agit en fonction de ce que vous pensez, Paul voulait s'assurer que les chrétiens qui ont d'assurances d'humilité ont le potentiel pour eux de développer leur fonction spécifique dans le corps de Christ. Le passage mentionne aussi que Dieu donne des dons à chacun, qui lui permettent de remplir sa fonction.

Le concept qu'une personne a à elle-même est déterminé par divers facteurs. En tant que chrétiens, Dieu doit être le facteur le plus important lors de la définition de notre facteur d'estime de soi.

2. Comment voulez-vous construire l'estime de soi ?

Pendant l'adolescence, les gens ressentent de nombreux changements, ce qui peut causer de l'anxiété parce qu'ils sont entrain de se comparer constamment avec les autres pour voir si elles « sont à la hauteur » à ce que, à son avis il est idéal. Toute comparaison sera principalement liée à l'aspect physique qui peut directement affecter l'estime de soi, il est important que les élèves puissent mentionner tous les facteurs qui déterminent ce qu'ils sont afin qu'ils puissent construire un procès régulier.

a. La Famille

Nos parents influencent grandement la façon dont nous pensons de nous-mêmes. Pendant l'enfance principalement, l'idée que les parents ont pour leurs enfants est essentielle pour eux, les enfants veulent souvent impressionner les parents à faire des choses qu'ils attendent. Les parents peuvent renforcer l'estime de soi de leurs enfants ou autrement l'affaiblir.

Vous remarquerez peut-être entre les étudiants qui ont reçu l'encouragement à la maison et ceux qui, autrement, n'auraient pas reçu suffisamment de valeur, si vous connaissez les parents de leurs élèves on peut savoir quel genre d'adolescent vous avez en face de vous.

Permettez à vos élèves de comprendre, bien que leur famille ait aidé à identifier le concept d'eux-mêmes, il y a d'autres choses qu'ils doivent tenir compte.

b. Société

Un autre facteur qui influe sur notre estime de soi est l'environnement dans lequel nous vivons, pendant l'adolescence, des jugements portés par les pairs (des personnes du même âge) exercent plus d'influence que les adultes. Il est probable que les élèves de ce temps sont en train de redéfinir leur valeur sur cette base, plutôt que considéré par ce que leurs parents pensent d'eux comme quelque chose d'important, il est donc bon que vous mettiez l'accent sur les soins qui doivent être pris lors du choix des amis comme Paul a conseillé Timothée dans sa lettre, 2 Timothée 3:2-5.

Les valeurs qui définissent la société exaltent les normes qu'une personne cherche à atteindre, les élèves sont exposés à tout cela et pour eux, c'est une considération importante. Certains styles exaltent, la mode et l'apparence, vous avez besoin de vous démarquer dans le monde, est une situation que les adolescents ont à traiter. 2 Timothée 3:3,5 Paul écrit que l'amour de soi et la vantardise sont les attitudes folles qu'on ne devrait pas imiter. Vos élèves devraient savoir que ce cri dans la société ne doit pas être déterminé par l'idée qu'ils ont d'eux-mêmes.

c. Dieu

Pour ce point de la leçon, les élèves ont déjà vu de nombreux commentaires qui ont été présents et d'avoir une idée sur eux-mêmes, ce qu'il sont et ce qu'ils croient. Il est probable que, jusqu'à présent, ils n'ont pas beaucoup considéré comme l'opinion que Dieu a pour eux de déterminer leur estime de soi, il est important que vous vous souvenez avec quel soin que Dieu nous a formé (Genèse 1:27) et qui est important pour Dieu (1Samuel 16:7).

Certains de ces élèves ont confrontés à des situations difficiles et l'image qu'ils ont d'eux-mêmes ne peuvent pas être correcte, d'autres ont payé trop d'attention à leur apparence et quand il semble que c'est tout ce qui compte.

Rappelez-leur que les œuvres de Dieu sont merveilleuses et formidables (Psaume 139:13-17) et que chacun a été prévu par Dieu pour un but particulier (Ephésiens 2:10). Qu'ils voient que ce qui importe vraiment, c'est la vue que Dieu a d'eux, est l'endroit où se trouve la valeur et l'estime approprié.

3. Une bonne estime de soi

Un problème d'estime de soi est non seulement d'avoir une image de soi, il peut aussi causer un problème plus élevé que le concept même. Ne pas avoir l'estime de soi suffisante entraîne des difficultés dans les relations interpersonnelles, en plus de réduire la joie ou la possibilité de profiter de la vie quotidienne, par l'une des deux raisons : pour se sentir supérieur ou inférieur aux autres. Mais un problème encore plus grande causé par un concept de soi inexact, est que la potentielle de servir Dieu est affectée.

Une faible estime de soi est une source d'insécurité, les gens qui se sentent inférieurs aux autres ne cessent de se comparer aux autres, d'autre part, une personne avec des idées arrogantes sur elle-même ne développe pas son plein potentiel comme n'étant pas nécessaire à la fin, les deux situations sont le résultat de se concentrer sur elle-même et pas considérer ce qui est vraiment important : la valeur que Dieu nous donne.

Dieu nous a conçu un plan parfait et a décidé de donner à chaque fonction, tandis que nous n'acceptons pas le plan de Dieu pour notre vie, nous ne pouvons pas profiter pleinement de tout ce pour quoi nous avons été créés. De ce point de vue, on peut dire qu'il est plus ou moins important que d'autres et nous avons tous joué un rôle essentiel dans l'édification du royaume de Dieu (1 Corinthiens 12:14-18).

Révisez/Application :

Demandez aux élèves de répondre individuellement, puis discutez en groupe si les gens se sentent à l'aise.

1. Comment définiriez-vous l'estime de soi dans vos propres mots ?
2. Si vous connaissiez quelqu'un qui croit moins et que vous deviez l'aider, comment diriez-vous le texte de 1 Samuel 16:7 avec vos propres mots ?
3. Pensez-vous avoir une bonne estime de vous-même ?
4. Si votre réponse était négative, que pensez-vous pouvoir faire pour l'améliorer ?

Défi :
Aujourd'hui, nous avons appris qu'il existe plusieurs facteurs qui influent sur l'opinion que vous avez de vous-même, et que cette opinion affecte la façon dont vous vous comportez, pendant cette semaine, réfléchissez à la conception que vous avez de vous-même et demandez à Dieu de vous aider à vous valoriser ainsi. Il le fait.

Rencontre unique

Leçon 38
Gabriela López • México

Objectif : Les élèves comprendront la signification d'être seul et la solitude.

A mémoriser : « Regarde-moi et aie pitié de moi, Car je suis abandonné et malheureux. Les angoisses de mon cœur augmentent ; Tire-moi de ma détresse » (Psaumes 25:16-17)

Avertissement

Ne commencez pas votre cours sans vous renseigner au préalable sur le défi de la semaine dernière. Demandez si ils ont pensé pendant la semaine à la valeur que chacun de nous a devant Dieu.

Accepter

Connecter

Introduction dynamique (12 à 17 ans).

- Matériaux : Feuilles de papier écrites avec les mots : seul et la solitude
- Instructions : Collez les feuilles de papier avec le mot seul et d'autres avec le mot solitude dans différentes parties de la pièce de décoration et d'attirer l'attention des élèves. Formez des groupes de réflexions sur les questions suivantes : Quand vous êtes seul Comment vous sentez-vous ? Cherchez-vous à être seul ? Qu'entendez-vous par la solitude ?

Une fois qu'ils ont fini, demander à chaque groupe d'exposer et ensuite une synthèse.

Introduction dynamique (18-23 ans).

- Matériaux : Tableau de papier ou cartes ou grands papiers de Journal et marqueurs ou tableau noir. Feuilles de papier pour les élèves à écrire et stylos.
- Instructions : Demandez-les d'écrire sur la feuille deux craintes quant à la question de la solitude. Après demandez à chacun de lire ce qu'il a écrit, sans explication. Bien que, le type (sur le tableau ou cartes ou grand journal ou a la craie afin que chacun puisse voir et d'essayer de synthétiser), ce qu'ils vont dire. Rationalisez cette étape et encouragez les élèves à faire l'effort d'écouter l'autre. Inscrivez les données, puis demander aux élèves de donner la liste choisie de deux qui retire les impressions ou attirer leur attention. Prenez quelques minutes pour discuter de craintes.

Cette dynamique permettra à surgir les sentiments et les préoccupations des jeunes sur le thème de la solitude.

Télécharger

Les psychologues croient que c'est seulement quand quelqu'un n'est pas en communication avec d'autres personnes ou quand ils perçoivent que leurs relations sociales ne sont pas satisfaisantes.

Le dictionnaire donne au moins trois définitions de ce qui est la solitude :

1. Manque de compagnie, qui est recherché par les humains pour méditer et avoir une rencontre avec lui-même.
2. Lieu ou terre de désert inhabité, même physiquement, nous pouvons être dans un lieu seul.
3. Regret et tristesse que l'on ressent par l'absence, le décès ou la perte d'une personne ou d'une chose peut dire que le sentiment d'impuissance sans que la personne nous avons estimée, aimée.

Et c'est cette dernière définition que nous pouvons utiliser comme solitude lui-même, celui qui est installé à l'intérieur de l'homme, pas vu, qui n'est pas touché mais profondément installé dans la personne et qui est difficile d'échapper. Bien qu'il soit idée paradoxale chez les chrétiens, car à tout moment, nous savons que Dieu est avec chacun de nous, ne signifie pas qu'il y a des moments où nous avons senti les êtres les plus démunis. Nous le voyons dans le cri du roi David dans le Psaume 102, « La prière d'un affligé » se réfère.

1. Seul et solitaire

Il y a en fait deux types de solitude : le personnel (manque d'une relation intime avec quelqu'un) et sociale (manque d'amis). La solitude est désagréable pour ceux qui vivent l'expérience. Il peut parfois être accompagné d'éléments dépressifs et souvent confondu avec lui l'isolement social. Parfois, il est dit que quand quelqu'un vit dans la solitude il est timide ou dans un groupe social petit, mais il n'est pas le cas.

Lorsque notre capacité à rapporter est faible, cela augmente la probabilité que nous restions seuls parce que nos relations sont moins enthousiastes et pas identifiées que du point de vue mentale ou émotionnelle, cela est nous.

Cependant, il y a certaines personnes qui sont le plus souvent enclins à se sentir convaincues qu'elles ne sont pas faciles, pas digne d'être appréciées. Ces personnes rejettent d'amis potentiels afin de se protéger contre le rejet possible et à ranger avec les autres, mais ce n'est pas nécessairement la solution il y a là encore d'autres barrières. La définition la plus courante de la solitude est l'absence de la société et qui tend à être liée à des états de tristesse, de chagrin et de la négativité et de ne jamais voir les avantages souhaités et la solitude occasionnelle peuvent apporter.

2. Nous ne sommes pas seuls

En tant que jeunes chrétiens nous ne pouvons pas dire que nous sommes libres de nous sentir seuls parfois. Nous sommes des êtres humains imparfaits et nous sommes en proie à nos faiblesses, qui ne veut pas dire que nous devrions toujours prendre notre douleur et la souffrance, parce face à toute adversité, nous avons espoir en Christ.

Nous avons également vu dans différents passages de plusieurs hommes de Dieu passent à travers la solitude douloureuse. Le meilleur exemple est David, pleurer avec différents psaumes : « Regarde-moi et aie pitié de moi, car je suis seul et affligé » (Psaume 25:16) « Je suis comme un pélican du désert, Je suis comme un hibou des solitudes, et je suis comme un passereau solitaire sur le toit » (Psaume 102:6-7) ! Nous voyons un David en détresse, peut-être sombré dans une tristesse terrible d'être poursuivi, pas d'amis, pas de famille et peut-être même abandonné par Dieu.

Et pourtant, nous voyons la douleur de la solitude vivante incarnée en Jésus-Christ, lorsqu'il est prononcé « Eloi, Eloi, Lama sabachthani ? C'est, étant interprété, Mon Dieu, mon Dieu, pourquoi m'as-tu abandonné » (Marc 15:34) ? Il est clair que nous ne sommes pas exempts de se sentir seuls, impuissants, en détresse, anxieux et tristes. Mais en ce moment, le cri doit être adressé à Dieu.

Aussi un enfant de Dieu, qu'ils soient jeunes ou adultes peuvent tomber dans la dépression chronique et la solitude, à côté des frères, à travers lequel Dieu montre son amour et de sa compagnie.

Quand Jésus a été ressuscité et monté à la droite du Dieu le Père, ses disciples étaient sans abri et se sont cachés et certains sont retournés dans leurs tâches. Mais Dieu a envoyé l'Esprit Saint pour être avec eux et toujours les accompagner.

Dieu à travers Sa Parole nous montre que, en dehors de l'envoi de l'Esprit Saint comme notre consolateur, laissez-nous en commun avec l'église (Romains 12:15-16 et Philippiens 2:2-4), dans lequel nous sommes une. Par elle, nous sommes appelés, entre autres, d'être ensemble, pas seulement physiquement mais unis dans l'amour fraternel, pleurer avec ceux qui pleurent, rire avec ceux qui rient, garantissant à nos frères et les accompagner en tout temps. Donc, nous ne sommes pas seuls, nous sommes un seul corps en Christ et comme tel doit être imbriqués dans un lien de la paix, l'amour et la camaraderie.

3. La rencontre personnelle avec Dieu

En plus de l'église, il y a quelqu'un de plus important qui ne nous a jamais quité : Notre Dieu. Il est certain que beaucoup de gens souffrent de cette solitude chronique et douloureuse. Beaucoup ont vu leur solitude coule leur vie, doivent venir à l'asile, ou le suicide. Cependant, beaucoup aussi, dans leur solitude, ils ont cherché Dieu et ils l'ont trouvé.

La solitude est aussi un temps de réflexion, de connaître à fond et sincèrement avec nous-mêmes.

Il y a un temps pour communiquer avec les autres et de communiquer en profondeur avec nous-mêmes, nous avons besoin de la solitude. La culture d'aujourd'hui ne considère pas la valeur d'être seul, et encore moins apprécié les avantages de départ pour être seul avec Dieu.

Être seul avec Dieu, nous pouvons faire un regard honnête sur nous-mêmes pour voir les défauts que nous devons corriger. Il est dans l'analyse franche de nos actions, nous trouvons les points faibles de notre obéissance à la Parole de Dieu et ses paroles.

Donc, quelqu'un a dit : « la solitude est comme aller dans le désert ». Le terme « désert » est utilisé à plusieurs reprises dans l'Écriture, et non comme un lieu physique, mais comme une situation de vie dans laquelle il y a la solitude, la tristesse et la douleur. Il n'y a pas de cœur de vanité où il est seul avec Dieu et avec lui-même.

Ainsi, la solitude et la tristesse est une chance de grandir en Dieu, d'espérer en Lui pour le caractère doux et beau de notre tendre bien aimé le Seigneur Jésus-Christ en nous. De plus, nous savons que dans de nombreuses situations difficiles Dieu nous a apportés la victoire et la solitude ne fera pas exception, même si la solitude se réfère à des moments de tristesse et de douleur, ne regarde pas la solitude, parce que Dieu peut nous fortifier, ainsi, Sa Parole dit que Sa puissance s'accomplit dans notre faiblesse. Il utilise le deuil, passer par la tristesse, la détresse, le sentiment d'impuissance, la solitude, quel que soit la chose qui se passe, mais n'est pas valable, il veille à notre souffrance, parce que nous savons où se tourner, pleurer, demander et s'accrocher à Dieu.

Et tout au long de nos vies à Dieu, nous pouvons dire que nous restons, parfois debout, d'autres renversés, vigoureux ou faibles, mais confiants que nous allons augmenter encore et encore, et non pas par notre propre force ou parce que nous sommes très audacieux, mais parce que notre Père céleste nous a promis.

Révisez/Application :

Demandez aux élèves de compléter les phrases suivantes (dans leurs propres mots). Demandez aux élèves de répondre individuellement, puis discutez en groupe si les gens se sentent à l'aise.

1. Il existe trois définitions de la solitude : la première est le manque de compagnie, la seconde concerne un lieu isolé et enfin est le sentiment de chagrin et de mélancolie.
2. En psychologie, il existe au moins deux types de solitude, personnelle et sociale. De quoi est composé chacun d'eux ? Personnel : absence de relation intime, Social : manque d'amitiés.
3. Quand on veut et cherche à être seul, pourquoi le faites-vous et que cherchez-vous en tant que chrétien ? Un regard honnête à l'intérieur de nous-mêmes.
4. Comment nous, jeunes chrétiens, devrions-nous affronter le sentiment de solitude, en prenant l'exemple de David ? Nous devons crier à Dieu.

Défi : Prenons des temps de « solitude » cette semaine pour être en présence de Dieu, révisant nos vies selon sa Parole.

Comptez jusqu'à 10

Leçon 39
Vivian Juarez • Guatemala

Objectif : Les élèves vont comprendre que la colère n'est pas un péché, mais doit être maîtrisé et contrôlé.

A mémoriser : « Ne te hâte pas en ton esprit de t'irriter, car l'irritation repose dans le sein des insensés » Ecclésiaste 7:9.

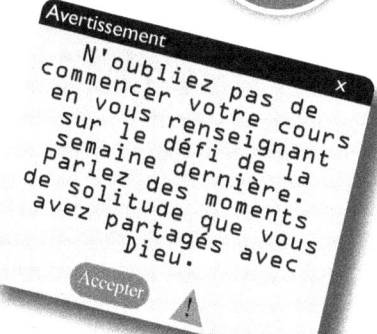

Avertissement
N'oubliez pas de commencer votre cours en vous renseignant sur le défi de la semaine dernière. Parlez des moments de solitude que vous avez partagés avec Dieu.
Accepter

Connecter | Télécharger

Introduction dynamique (12 à 17 ans).

- Matériaux : Un morceau de papier pour chaque élève qui a écrit une émotion : joie, tristesse, émotion, la frustration, la surprise, la suspition, horreur, etc. (Compte tenu du nombre d'étudiants, qui procure la même émotion et ne se répète pas plus de deux fois, sauf le mot «colère» qui peut se produire plusieurs fois pour souligner la leçon).

- Instructions : Donnez un morceau de papier à chaque élève et demandez-leur de ne pas montrer aux autres. Puis, un par un il devra s'asseoir pour représenter une émotion sur son papier et après ses collègues vont découvrir de quelle émotion s'agit-il.

  A la fin, demander à certains comment se sentent-ils. Laisser les élèves qui parlent de « colère » parler à la fin pour que tout le monde puisse discuter de ce que la colère fait sentir. Certains de ses élèves pour représenter la colère ont mené des actions violentes comme frapper une chaise ou exposer les mains, souligner cette fonction et commente-la.

Introduction dynamique (18-23 ans).

- Instructions : Lisez à vos élèves l'extrait suivant de l'histoire « laisse sécher la colère », puis demandez-leur de le commenter.

Jetons colère !

Mariana a pu être heureuse pour avoir reçu un cadeau d'un jeu de thé de couleur jaune. Julia, son amie est venue très tôt pour lui demander de jouer. Mariana ne pouvait pas ce jour puis sortait avec sa mère. Julia lui alors a demandé de lui prêter son jeu de thé.

Au retour de la tournée, Mariana aperçoit son jeu de thé reste sur le sol, privé de quelques tasses et le plateau ont été rompues. En pleurant et nerveuse Mariana se déchargea de sa mère : Maman regarde ce qu'elle a fait avec mon jouet, Julia ? Je lui ai prêté mon jouet et elle l'a tout brisé.

Mariana voulait aller à la maison de Julia de demander des explications, mais sa mère lui dit : Ma fille, tu te souviens de ce jour où vous êtes venue avec votre nouvelle fraicheur de direction et passant la voiture éclaboussé de boue salir vos vêtements ? Lorsque vous rentrez chez vous et vous voulez laver immédiatement l'habit mais votre grand-mère ne t'a pas laisser laver la boue, elle a dit qu'elle a dû laisser sécher la boue, car il serait alors plus facile d'enlever la tache, avec la colère c'est la même, laissez la colère passe en premier et se sera beaucoup plus facile à résoudre, après tout...

Demandez aux élèves de penser du Conseil de la Mère de Mariana et les résultats qu'ils ont eu quand ils sont entraînés par la colère et quand ils décident d'attendre un peu.

Avez-vous déjà entendu l'expression «quand quelque chose vous rend en colère, compte jusqu'à dix avant de répondre»? C'est une méthode qui peut aider à répondre à pas quelque chose que vous regretterez plus tard.

La colère est une émotion humaine normale qui nous aide à reconnaître l'effet que certaines circonstances nous font et nous permet d'être attentifs à toute menace à défendre. L'inconvénient de l'émotion est lorsqu'on n'est pas en mesure de la contrôler, et ne pouvoir contrôler la colère peut être destructeur et causer des problèmes en nous-mêmes et dans nos relations avec les autres.

Bien que la colère soit un état émotionnel qui varie en intensité, il peut être parfois dominée, alors que nous pensons que c'est lui qui nous contrôle et déclenche la fureur ou la colère en nous, en nous faisant réagir de façon agressive.

Bien que la colère est naturelle chez l'homme, cela ne signifie pas que nous pouvons la laisser suivre son cours, la Bible nous dit de ne pas laisser la colère domine nos actions, ne cédez pas à la colère imprudemment, nous devons d'abord examiner si la raison qui la provoque est correcte.

Connecter | Télécharger

1. Soyez en colère et ne péchez point

La colère est une émotion qui peut survenir à tout moment, l'exhortation de Paul dans Éphésiens 4:26 à « être en colère et ne péchez pas... » est à la fois un avertissement à la porte qui s'ouvre notre colère. Plusieurs fois, lorsque nous sommes en colère, nous ne prenons pas le temps de penser à ce que la colère nous oblige à agir, et cela incite à avoir des réactions qui ne sont pas dignes d'un chrétien.

Proverbes 14:17 « Celui qui est prompt à la colère fait des sottises. Et un homme plein de malice s'attire la haine » nous rappelle que la colère peut facilement nous amener à faire des choses folles, c'est à dire, de faibles humains faute de ne pas pouvoir contrôler leur colère, peuvent effectuer des actions qu'ils ne feraient pas dans les circonstances normales. En revanche, plus tard dans le verset 29, la personne qui est lent à la colère qui ne se laisse pas dominer par par la colère est considérée comme une grande intelligence.

Souvent la colère est causée en raison d'une situation qui n'était pas la façon dont nous voulions ou avons l'intention ou quelques instants que nous voulions arriver, les chrétiens devraient laisser à l'Esprit Saint qui nous domine et non notre folie, « Celui qui est lent à colère a une grande intelligence, Mais celui qui est prompt à s'emporter proclame sa folie » Proverbes 14:29.

Sentez-vous en colère mais voulant faire le meilleur de vous-même? La meilleure façon c'est de nous laisser dominé par la patience et espérer que l'œuvre de Dieu soit au milieu de cette circonstance. Nous devons réfléchir à ce que Dieu veut que nous apprenions à l'époque.

A ce stade, nous pouvons comprendre que la colère en soi n'est pas le problème, mais nous faisons cause de cela.

2. Le soleil n'est pas sur votre colère

Après avoir compris le problème avec la colère c'est la réaction pécheresse possible de réactions pécheresses, Paul fait une deuxième recommandation est de ne pas laisser la colère durer longtemps, « ... ne péchez point; que le soleil ne se couche pas sur votre colère, ... » Éphésiens 4:26b.

La colère maintenue pendant une longue période provoque une gêne en personne, vous pouvez même vous trouver dans l'inconfort physique. Une colère qui maintient notre cœur provoque aussi des sentiments durs à l'égard de la personne ou situation que nous vivons et ce sera progressivement saper et touchant tous les domaines de notre vie.

Aussi, gardez la colère pendant longtemps bercer notre esprit de mauvaises pensées ou des idées elles-mêmes sont le péché et peuvent également conduire au péché de faire du tort à la personne ou d'une situation qui a déclenché cette émotion. Plus nous sommes en colère, plus il est difficile d'éviter de se donner au péché.

3. Ne donnez pas accès au diable

Éphésiens 4:27 « ... ni donner lieu au diable ». Donne-nous la raison principale pour laquelle nous devons être prudents avec colère. Cette émotion peut nous amener à pécher et ouvre la porte du mal en nous. Paul exhorte l'Église à vivre une vie différente, à abandonner leur mode de vie. La colère est une émotion commune, mais il peut avoir des effets très puissants que nous devons nous méfier de cette émotion.

Colossiens 3:10 dit : « ... et de mettre l'homme nouveau, qui à l'image de celui qui l'a créé se renouvelle, dans la connaissance... » pour trouver une invitation à mettre sur une nouvelle nature, il est normal de réagir avec colère à ce que nous n'aimons pas, mais Dieu attend de nous que nous nous rendons compte que la colère est capable d'ouvrir une porte au péché, nous pouvons nous débarrasser de la colère et nous habiller de la robe de l'humilité, de la miséricorde et de la patience afin de pouvoir offrir le pardon à ceux contre lesquels nous dégoûtons (Colossiens 3:12-13).

4. Fais-tu bien d'être en colère ?

Il est important de comprendre qu'il est normal d'être en colère. Dans la Bible, il y a plusieurs passages qui parlent de la colère de Dieu et Jésus (Jean 2:13-17). Esaïe 12:01 parle de la colère de Dieu, il se met en colère et indigné lorsque leurs enfants ne vivent pas comme ils devraient vivre. Dans Esaïe 57:16 « je ne veux pas contester une éternelle colère » mentionne que la colère de Dieu ne dure pas éternellement et qu'il nous aime et espère voir des changements dans nos vies. Ainsi, en tant que chrétiens, notre colère devrait être déclenchée par ces choses ou des situations qui offensent Dieu, qui s'opposent à la vérité.

Dans la Bible nous trouvons l'exemple du prophète Jonas, il a été offensé par le péché et le mal dans le peuple de Ninive, apparemment sa colère était pour une cause juste. Dieu l'avait envoyé pour prêcher la destruction de cette ville, mais Dieu a eu pitié de Ninive et elle a reçu le pardon. Jonas n'était pas satisfait et la colère encore plus, et à ce moment Dieu interroge sa colère (Jonas 4:4) que même si au début c'était bien intentionné, a fini par dominer Jonas lui rendait incapable d'aimer et pardonner à ceux de Ninive.

Nous devons être très prudents avec la façon dont nous justifions notre colère, s'il est vrai que Dieu attend de nous de faire entendre sa voix pour défendre le bien, il n'y a aucune justification à ne pas pardonner et soyons en bon terme avec les autres, Éphésiens 4:32 « Soyez bons les uns envers les autres, compatissants, vous pardonnant réciproquement, comme Dieu vous a pardonné en Christ ».

Nous ne devons pas oublier que nos émotions doivent être contrôlées par le Saint-Esprit et non par le désir personnel pour atteindre un but égoïste.

Révisez/Application :

Demandez à vos élèves de partager ce que cela signifie pour eux de '« ne laisser aucune place au diable » puis discutez ensemble des bonnes raisons de se mettre en colère. Assurez-vous qu'ils comprennent que Dieu attend de nous que nous soyons en colère contre les choses qui l'offensent, mais aussi que nous soyons capables de montrer de l'amour et de la gentillesse envers ceux qui nous offensent. Invitez-les à réfléchir à leurs réactions lorsqu'ils se sentent en colère et à être disposés à les changer s'ils constatent qu'elles ne sont pas du goût de Dieu.

Lisez Jean 2:13-17 dans votre Bible et répondez aux questions suivantes :

1. Comment pensez-vous que Jésus s'est senti quand il a vu ce qui se passait dans le temple ? *(Il me semble que Jésus s'est senti indigné, offensé, Il a vu que quelque chose qu'Il respectait et aimait tant était traité avec mépris ou pas avec l'importance qu'Il lui savait avoir.)*

2. Selon vous, quelle était la raison pour laquelle Jésus se sentait ainsi ? (verset 17) *(Cela a été le grand respect ou zèle que le temple représentait pour lui, voyant qu'ils le négligeaient ou le méprisaient, le faisait réagir ainsi.)*

3. Lisez Ephésiens 4:26-27 et écrivez sur les lignes suivantes ce que signifie pour vous « ne pas laisser de place au diable » : *(Une colère incontrôlée peut conduire à des réactions pécheresses, permettre à Dieu de dominer cette émotion empêchera le diable avoir une porte d'entrée dans nos vies parce que nous éviterons de pécher en nous mettant en colère).*

4. Comment réagissez-vous lorsque vous êtes en colère ? *(Souvent, notre colère provoque en nous des réactions qui ne montrent pas une vie chrétienne).*

5. Considérant les deux passages que vous avez lus, quelles sont, selon vous, les bonnes raisons de se mettre en colère ? *(Ces situations motivées par la crainte de Dieu et dans lesquelles nous réagissons pour défendre ce qui est juste, même lorsque la colère ne répond pas à une impulsion charnelle mais est contrôlée par le Saint-Esprit).*

Défi : Durant cette semaine, faites attention aux moments où vous commencez à vous mettre en colère, demandez-vous si le motif de votre colère est approprié, si ce n'est pas le cas, demandez à Dieu de vous aider à ne pas céder à cette émotion, et que vous puissiez ne vous fâchez que pour les choses qui offensent Dieu et que dans d'autres circonstances vous pouvez montrer que vous avez été renouvelé par Christ.

Joug inégal

Leçon 40
Odily Díaz • El Salvador

Objectif : Les élèves connaissent les conséquences d'une relation sous un joug étranger.

A mémoriser : « Ne vous mettez pas avec les infidèles sous un joug étranger. Car quel rapport y a-t-il entre la justice et l'iniquité ? Ou qu'y a-t-il de commun entre la lumière et les ténèbres ? » (2 Corinthiens 6:14)

Avertissement

Au début du cours d'aujourd'hui, posez des questions sur le défi de la semaine dernière. Demandez à des volontaires de partager leurs expériences sur la façon dont ils ont géré leur humeur pendant la semaine.

Accepter

Connecter | Télécharger

Introduction dynamique (12 à 17 ans).

- Matériaux : Documents qui ont écrit des noms d'animaux (. Ils font un bruit qui peut imiter, vache, poulet, grenouille, chien, etc.), faire deux de chaque.
- Instructions : Donnez un morceau de papier à chaque élève. Lisez en silence et trouver votre partenaire afin de faire juste le bruit de l'animal.

  Quand ils sont à ses côtés ils doivent y rester jusqu'à ce que tous trouvent leur partenaire.

  Pensez à les créer. Toute la création a été faite avec un but et d'un système. Même chez les animaux, il y a un ordre à raconter.

Introduction dynamique (18 á 23 ans).

- Matériaux : Documents qui ont écrit le nom d'une ville, faire deux de chaque.
- Instructions : Soumettre un papier à chaque participant avec le nom d'une ville (il y aura deux de chaque). Tous cherchent à s'accoupler et discuteront de la signification du mot joug. Après quelques secondes, l'enseignant présentera un autre rôle avec le nom d'une ville (ce temps sera de 4 de chaque), rejoindra les 4 et poursuivre le dialogue. Puis faire la même chose, mais chaque ville huit documents sont mis et est répété le partage. Puis la leçon correspondante est effectuée. Si le groupe est petit, vous pouvez le faire que deux fois.

Le concept de l'étrier qui apparaît dans ce passage est utilisé pour joindre deux choses ou des animaux. Dans ce verset est utilisé métaphoriquement dans le cadre de l'union de deux personnes.

Connecter | Télécharger

Deutéronome 22:10 dit : Tu ne laboureras point avec un bœuf et un âne attelés ensemble. Ces animaux ne sont pas de la même espèce, ne pouvait même pas prendre des mesures pour marcher en même temps. L'un d'eux sera toujours le seul à supporter le poids, ne sont également pas de la même hauteur et cela leur affecte. Le travail ne pouvait pas être avec succès ou non de conclure dans ces conditions, il serait le chaos total, un moyen épuisant et risqué pour les animaux.

« Ne vous mettez pas avec les infidèles sous un joug étranger. Car quel rapport y a-t-il entre la justice et l'iniquité ? Ou qu'y a-t-il de commun entre la lumière et les ténèbres ? Quel accord y a-t-il entre Christ et Bélial ? Ou quelle part a le fidèle avec l'infidèle ? » (2 Corinthiens 6:14,15).

1. Le joug est inégal à la confiance de l'amitié

Dans Jean 17:15-16 dit : « Je ne te prie pas de les ôter du monde, mais de les préserver du mal. Ils ne sont pas du monde, comme moi je ne suis pas du monde ».

Ces versets nous montrent clairement que nous ne sommes pas du monde, mais nous sommes en lui. Alors que nous sommes dans ce monde que nous avons à rencontrer à des gens qui vivent avec nous. Il fait partie de la grande commission, pour aller à tout le monde et prêchez l'Évangile à toute créature. Cela nous permet de relier à des personnes différentes pour des raisons commerciales, familles, l'éducation et de tirer parti de ces relations pour être un témoin et partager l'Évangile afin qu'ils croient en Dieu.

Mais ces versets disent clairement que, même si nous vivons dans ce monde, nous n'appartenons pas à lui. Les paroles de Jésus sont claires en demandant au Père pour nous sauver du mal. Cela a une relation étroite avec le joug étranger avec nos amis proches. C'est bien d'être amis avec des gens qui ne connaissent pas le Seigneur, mais certainement besoin de réserver nos amis de confiance à des gens qui ont la foi en Christ.

Il est important de se rapporter à différentes personnes et de partager certaines activités, mais il faut toujours se rappeler que, si notre foi n'est pas prise en charge, nous devons être prudents. Par exemple, quand un chrétien a un problème et le partage avec un ami qui n'est pas de la même foi, vous courez le risque de recevoir des conseils qui vont à l'encontre de la Bible et ce que Dieu veut pour lui.

Vous devez choisir de bons amis et des amis de confiance, vous devriez considérer si cette amitié vous rend meilleur enfant de Dieu, ou si au contraire vous vous éloignez de lui. Une véritable amitié vous fait grandir dans votre vie spirituelle. Un joug inégal, ou en d'autres termes, une amitié improbable, rend le processus lent ou pas de croissance dans votre vie et le plus probable est que vous repartirez complètement du Seigneur.

2. le mauvais Joug, comment est votre partenaire ?

Bien que le contexte de l'étude des Écritures ne parle pas spécifiquement de la cour, mariage, applique le principe de l'impossibilité de la communion entre le croyant et l'incroyant. Le joug était un appareil en bois qui lie les bœufs tiré le tout de la charrue. Dans Deutéronome, Dieu dit aux juifs de ne pas labourer avec un bœuf et un âne attelés ensemble. Il s'agissait d'une « inégalité de joug » douloureuse pour les animaux et peu pratique pour le propriétaire.

Partager la même foi

« Ne vous mettez pas avec les infidèles sous un joug étranger. Car quel rapport y a-t-il entre la justice et l'iniquité? Ou qu'y a-t-il de commun entre la lumière et les ténèbres ? » (2 Corinthiens 6:14)

Nous ne devrions pas joindre deux croyances différentes qui conduisent à un échec spirituel, personnel et matrimonial. Tout cela est dû a cause de deux opinions et points de vue différents.

Une relation amoureuse - mariage avec des personnes ayant d'autres croyances a de graves complications au moment de décider sur leurs activités quotidiennes. On pourrait avoir des engagements dans l'église et un autre a du temps libre. On voudrait faire quelque chose que pour l'autre se serait une violation des commandements de Dieu et, dans le cas spécifique du mariage, la foi est celle que les enfants suivent ?

Dans 1 Corinthiens 7 on parle au sujet du mariage et de l'importance de cette relation. L'apôtre Paul nous avertit également l'importance d'épouser une personne qui partage la même foi. Paul nous avertit que cette différence peut causer des problèmes, mais si l'un a rencontré Christ après avoir épousé l'autre c'est une autre situation, mais il ou elle doit toujours essayer de vivre ensemble. « Aux autres, ce n'est pas le Seigneur, c'est moi qui dis : Si un frère a une femme non-croyante, et qu'elle consente à habiter avec lui, qu'il ne la répudie point ; et si une femme a un mari non-croyant, et qu'il consente à habiter avec elle, qu'elle ne répudie point son mari. Car le mari non-croyant est sanctifié par la femme, et la femme non-croyante est sanctifiée par le frère; autrement, vos enfants seraient impurs, tandis que maintenant ils sont saints. Si le non-croyant se sépare, qu'il se sépare; le frère ou la soeur ne sont pas liés dans ces cas-là. Dieu nous a appelés à vivre en paix. Car que sais-tu, femme, si tu sauveras ton mari? Ou que sais-tu, mari, si tu sauveras ta femme ? » 1 Corinthiens 7:12-16.

Vous devez prendre en compte que ce n'est pas seulement important que l'autre personne croit en Dieu, mais ils partagent le même appel au service de se souvenir de lui ce que la Parole de Dieu dit dans Amos 3:3 «Si deux personnes marchent ensemble, c'est qu'ils sont d'accord. »

La Bible est spécifique à comparer la lumière et les ténèbres, nous ne pouvons pas les relier. Il serait comme essayer de mélanger l'eau avec de l'huile! Il y aura toujours des problèmes dans une relation de ce type.

Sachez que pour établir une relation amoureuse il est important de partager la même foi, un même niveau de maturité émotionnelle, physique et mentale avec l'autre personne semblable. Rappelez-vous aussi qu'il est important d'analyser l'opinion de vos parents, les pasteurs, les dirigeants de votre église et amis. Pourquoi ? Car ils verront des choses que vous ne pouvez pas voir, parce que parfois les sentiments interfèrent avec la raison et on ne peut pas voir si les autres aspects y sont.

Lorsque nous sommes dans l'amour, on oublie souvent l'objectivité causant l'autre personne à idéaliser. Dans l'œuvre littéraire, Dont Quichotte de la Manche, il y a une phrase écrite par le personnage du nom de Sancho en se référant à l'amour, c'est comme dire qu'une personne regardant à travers une paire de lunettes qui font cuivre semble or, la richesse de la pauvreté, comme des perles à des croûtes. Et combien cela est vrai, l'amour rend souvent aveugle, qui les conduit à idéaliser sa Dulcinée.

Cette idéalisation conduit de nombreux jeunes à voir des «signes» que votre copain ou copine va devenir Chrétien comme eux. Le plus triste est de réaliser jusqu'à ce qu'ils passent des années de mariage qui ne seront pas facile et vivre en regrettant de ne pas avoir tenu compte de l'avertissement sous un joug étranger.

Voici quelques phrases trompeuses que les gens utilisent pour justifier le joug inégal :
- Il va devenir chrétien. J'ai la foi.
- Nous souffrons beaucoup si nous avons fini la relation. Et Dieu n'aime pas nous voir souffrir.
- Ce serait un mauvais exemple à rompre avec lui.
- Les choses vont changer plus tard.
- Il ne dérange pas que je vais à l'église.
- Ma relation avec Dieu est personnelle. Ne pas avoir à partager ma foi.
- A mon âge, il n'y a pas de simples croyants. Le Seigneur comprend.
- Mon ami est la meilleure personne que je connais comme chrétien.
- Vous n'êtes pas né de nouveau, mais il croit en Dieu.
- Il a promis que lorsque nous nous marions, il irais à l'église avec moi.

Ne soyez pas dupe, justifiez-vous pas la relation que vous avez, la Bible est claire: ne pas se joindre à l'inégal joug avec les infidèles.

Révisez/Application :

Demandez aux élèves de répondre individuellement, puis discutez en groupe si les gens se sentent à l'aise.

Construire un acrostiche avec le mot DIVERGENCE. Vous devez écrire des mots ou des phrases liés à la leçon. Exemple de comment cela pourrait se passer :

Dieu
Illumine tout son désir de
Voir que nous sommes en mesure d'aider les
Enfants perdus de son champ pour le
Rejoindre pour lui en le
Garantissant le royaume à travers nos dons et nos talents avec,
Encourageant avec une attitude positive et
Non irritable
C'est-à-dire que, étant lumière entre eux
Encourageons-les

Défi : Faites une liste de vos amis de confiance. Ce faisant, analysez si votre relation avec eux est inégalement attelée selon ce qui a été vu dans la leçon.

Priez pour le partenaire que Dieu amènera un jour dans votre vie. Si vous avez déjà une relation amoureuse avec quelqu'un, demandez-vous si cette relation est conforme aux paramètres vus en classe. Si ce n'est pas le cas, priez le Seigneur pour qu'il vous pardonne et demandez-lui de vous aider à mettre fin à la relation qui vous éloigne de lui d'une bonne manière.

Tout pour Jésus

Leçon 41
Tabitha Gonzalez • États-Unis

Objectif : Les élèves apprendront qu'à cause du Christ, ils seront souvent rejetés et persécutés même, mais Dieu promet de ne pas nous laisser seuls.

A mémoriser : « Heureux serez-vous, lorsqu'on vous outragera, qu'on vous persécutera et qu'on dira faussement de vous toute sorte de mal, à cause de moi » Mathieu 5:11.

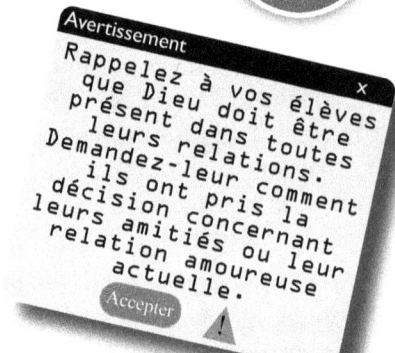

Avertissement : Rappelez à vos élèves que Dieu doit être présent dans toutes leurs relations. Demandez-leur comment ils ont pris la décision concernant leurs amitiés ou leur relation amoureuse actuelle.

Connecter | Télécharger

Introduction dynamique (12 à 17ans).

- **Instructions :** Vous aurez besoin d'un ou deux volontaires. Le reste des participants forment un cercle, entrelaçant magnifiquement avec les bras (épaule à épaule). Le bénévolat et les bénévoles doivent être en dehors du cercle, et lorsque l'ordre est donné de tenter de convaincre ou contraindre les autres participants afin de leur permettre d'entrer dans le cercle. Les garçons et les filles qui font le cercle de cul font tous les efforts pour maintenir la personne ou par des personnes en dehors de pouvoir pénétrer le cercle.

  Après le match, demander à la personne qui y était dehors comment estime-t-il cela, en essayant d'entrer dans le cercle et voir ce que les autres participants font pour l'empêcher.

  Ensuite, demandez le reste du groupe, avez-vous senti d'être dans une situation où vous vous sentez Etre Rejeté par le groupe ? Partagez des réponses avant d'entrer dans le développement du sujet.

Introduction dynamique (18-23 ans).

- **Instructions :** La liste suivante contient quelques phrases pour les participants de choisir s'ils seraient prêts à risquer d'être rejeté ou persécutés. Les participants doivent trier la liste par ordre de priorité, en utilisant les valeurs de 1 à 10, ce qui serait la situation de celui ou celle qui aurait certainement prendre le risque et qui ne saurait pas.

  ____ Exprimez mon désaccord avec mes parents à nettoyer ma chambre.

  ____ Défendre quelqu'un de ma famille.

  ____ Rejetant une invitation à boire de l'alcool

  ____ Aller à un match de football avec des gens qui n'aiment pas mes amis.

  ____ Défendre mon honneur devant la jeune fille / garçon que j'aime.

  ____ S'abstenir de rapports sexuels avant le mariage.

  ____ Défendre ma foi chrétienne.

  ____ Aider un ami qui est traité injustement.

  ____ Lutte contre la discrimination raciale.

  ____ Rebelle à la façon dont mon amie ou pas veut me voir.

  ____ Prenez du temps pour partager les différentes façons dont les phrases sont organisées.

Les jeunes acceptent le défi de vivre la vie chrétienne à la maison, à l'école ou au travail. Certainement commencer avec les meilleures intentions du monde, et un engagement que nous pouvons décrire comme réel. Mais alors, quelque chose se passe, quelque chose qui leur manquait. Ils se rendent compte qu'ils n'étaient peut-être pas prêt à renoncer à quelque chose, au moins dans la mesure où ils pensaient. Ils n'aiment pas être rejeté, je me sens comme le groupe, et il semble que son nouveau mode de vie, la seule chose qui leur a apporté, c'est le ridicule, le rejet et même la persécution. Le découragement peut apparaître sur la vie des jeunes, évoquant l'idée que la vie chrétienne est impossible, et se demandent ensuite, « cela en vaut-il la peine ? ne serai-je pas le seul à souffrir ? »

Connecter | Télécharger

1. Le coût de suivre Jésus

Quand nous lisons dans l'Evangile que Jésus a invité les gens à le suivre, nous nous rendons compte qu'il était toujours très clair. Il savait que les gens autour de lui étaient reconnaissants pour les miracles qu'il avait faits en eux, mais ils ne voulaient pas le suivre simplement par signes ou pour la nourriture qu'ils ont reçue. Parce qu'ils reconnaissent même que le Sauveur voulait les échapper à la punition de l'enfer. Il voulait qu'ils le suivent afin qu'ils soient comme lui-même. C'est la grande différence entre le christianisme et les autres religions : Une seule personne, Jésus. C'est être un chrétien : une relation complète et continue de l'amour et de l'obéissance à Jésus.

Jésus a clairement indiqué que d'avoir une relation complète avec Lui voudrait dire qu'on se moquera de nous, on dira que nous sommes fous, on nous rejettera, et même pourrait signifier de donner notre vie, Luc 9:23. Pour les gens de l'époque où Jésus a dit ces mots, l'illustration de la croix a été très claire, cela voulait dire la souffrance et la mort. Cela renforce ce que Jésus a dit au début de son ministère, dans le Sermon sur la Montagne dans Matthieu 5:11-12.

Serait-ce à dire que la vie chrétienne est synonyme de souffrance ? Non, au contraire, si nous lisons bien, et comme Jésus l'a décrite, est synonyme de bonheur, de joie, de paix, parce que même dans le milieu de la souffrance et de rejet, nous espérons que notre récompense est beaucoup plus. Et pour moi le plus important, est de donner un sens à cette attitude de vie, c'est que nous le faisons pour quelqu'un qui est tout et cela vaut la peine, quelqu'un qui nous a tant aimés qu'il a donné sa propre vie !

Nous ne doutons pas que le rejet est une conséquence naturelle de notre décision de suivre Jésus. Lorsque nous vivions loin de Dieu, c'était la façon dont nous agissons en fonction des paramètres ou des règles d'un rebelle au monde de Dieu, de sorte que lorsque nous avons une vie de péché, nous nous sommes engagés à vivre selon la volonté de Dieu. Pour cette raison, la façon dont nous vivons aujourd'hui ne vaut pas la peine pour beaucoup d'autre autour de nous qui ne vivent pas selon le dessein de Dieu. Nous nous devenons un miroir qui confronte et rend leur réalité, pour cette raison, beaucoup de gens préfèrent de rester à l'écart, insulte, moquerie et beaucoup plus, dans une tentative d'échapper à leur réalité et ne pas être exposé par lumière. Demandez aux élèves s'ils ont reçu de rejet ou ridicule parce qu'ils sont chrétiens.

2. Comment surmonter le rejet ?

Après avoir parlé un peu sur le coût suivre Jésus, une question se pose, est-il peut-être que le chrétien ne doit pas avoir peur du rejet ?

Je vais essayer de répondre à cette question, en utilisant l'expression « abnégation ». Cette exigence ne signifie pas que nous cessons d'être humains, avec tout ce que cela implique. Notre refus est de satisfaire nos désirs ou besoins d'une manière égoïste, parce que maintenant notre volonté est de ne pas être comme « nous », mais comme Jésus. Cela signifie que nous avons encore des besoins et des désirs, comme tout être humain, mais maintenant, nous voulons et nous nous engageons à répondre à la volonté de Dieu.

Un besoin humain naturel est de socialiser. Nous sommes des êtres sociaux par nature (Genèse 2:18) et pour cette raison nous aimons être et se sentir partie d'un groupe. Surtout les adolescents et les jeunes veulent être acceptés et appréciés par les autres gars, tant de fois que le conflit entre être accepté et confesser et de vivre leur foi dans le Christ provoque une certaine frustration ou crainte en eux.

Souvent, la peur que les autres ont, ils ne seront pas acceptés pour ce qu'ils sont, ce qu'ils pensent ou comment ils agissent, les amenant à cacher leur relation avec Christ. Rappelez- Pierre, lorsqu'on lui a demandé s'il connaissait Jésus ? Il avait peur d'être associé à Jésus ! Mais attendez, nous nous sommes passé par là ! D'une certaine manière, plus ou moins en grande partie, nous avons tous peur du rejet, et le seul moyen de surmonter c'est de savoir que nous avons quelque chose de plus que la peur elle-même. Voici quelques conseils qui aideront les jeunes à avoir l'esprit et le cœur portés correctement. Écrire sur le conseil d'administration ou des bandes de carton quatre conseils qui apparaissent en gras, pour les élèves de visualiser et de commenter la mise en œuvre de chacun.

1. Premièrement, reconnaître que, bien que des amis ou des camarades de classe ou de travail nous rejettent à vivre une relation dynamique réelle avec le Christ et nous devons nous rappeler que nous sommes acceptés et accueillis par quelqu'un de beaucoup plus grand qu'eux, Dieu (Actes 5:29). Plus important est l'approbation de Dieu aux hommes.

2. Deuxièmement, être convaincu que cela peut même passer par le ridicule, les insultes et la violence même physique, rien de tout cela se compare à la satisfaction de savoir que nous avons souffert pour le Christ et l'espérance de l'éternité avec Lui (Matthieu 5:11-12). Il vaut la peine d'être rejeté à suivre le Christ.

3. Troisièmement, la croyance que Dieu lui-même, par son Saint-Esprit est en nous, nous donne le courage, le droit du confort, la joie et la paix que Dieu seul peut donner. En outre, nous ne sommes pas seuls. Il y a beaucoup d'autres qui font partie de notre propre équipe et souffrent pour le Christ, (1 Pierre 5:09). Dieu est avec nous et nous donne le courage de résister. Il ya beaucoup de chrétiens comme vous qui souffrent pour le Christ.

4. Enfin, étant un radical dans notre relation avec le Christ nous nous rendons compte que nous ne sommes pas rejetés du tout. Au lieu de cela, il y aura beaucoup de gens qui non seulement nous respectent, mais qui viendront à nous, car ils savent que nous avons quelque chose dont ils ont besoin et avons pu garder longtemps. Quelque chose qui vaut la peine de vivre et de mourir! (Matthieu 5:16). Beaucoup de gens nous respectent et nous donnent de la valeur pour avoir osé être différent.

Rejet n'est pas facile à gérer. Cependant, malgré la difficulté de suivre Jésus, l'histoire de l'église est pleine de gens qui ont donné tout à Jésus, les gens qui étaient prêts à vivre pour lui et mourir en soi. Ces personnes ne sont pas conformes au monde dans lequel il vivait, mais il tint ferme, comme voyant celui qui est invisible (Hébreux 11 et 12), ils étaient des disciples qui pourrait crier si fort, les hommes et les femmes ont trouvé qu'il est nécessaire d'avoir trouvé Jésus et prirent la décision de le suivre, il est préférable de marcher avec lui.

Une fois que nous trouvons face à face avec Jésus, aucun retour en arrière. Nous ne pouvons pas faire en réalité, nous ne voulons pas. Comment arrêter une amitié avec quelqu'un qui a donné sa vie pour moi et avec moi à chaque instant ! Une fois Jésus a ouvert mon cœur et j'ai commencé à connaître le mystère qui était en Lui, j'ai décidé qu'il n'y avait pas a régresser, malgré le rejet. Je résume en un mot : Tout pour suivre Jésus !

Toujours vivre avec cette réalité dans nos cœurs et garder à l'esprit la promesse faite par Jésus lui-même : « Je vous ai dit ces choses, afin qu'en moi vous ayez la paix. Vous aurez des tribulations dans le monde ; mais prenez courage, j'ai vaincu le monde » (Jean 16:33).

Invitez le groupe à réfléchir sur les problèmes auxquels ils sont confrontés en raison de vivre leur foi dans le Christ, soit à l'école, travailler ou même dans la famille.

Révisez/Application :

Pour profiter au maximum du temps, divisez le groupe en trois équipes. Chaque équipe se verra attribuer un passage (Genèse 39, Daniel 3, Actes 4:1-21) Ils doivent répondre à ces questions concernant leur passage :

1. Quel est le problème mentionné ?
2. Quelle a été votre réaction face au danger de rester ferme dans votre foi ?
3. Existe-t-il des cas similaires à notre époque ? Si oui, partagez quelques exemples.

Défi : As-tu souffert ou vis-tu des problèmes à cause de vivre ta foi en Christ, que ce soit à l'école, au travail ou même dans la famille ? Il explique un peu au verso de la page.

Selon vous, quelle est l'action ou la réponse que vous devriez entreprendre face à ces problèmes ?

Engagez-vous cette semaine à prendre les mesures que vous avez décrites dans la réponse précédente. Parlez à votre enseignant de l'école du dimanche pendant la semaine des résultats de la décision que vous avez prise.

Véritable amour

Leçon 42

Vivían Juárez • Guatemala

Objectif : Les élèves vont apprendre le concept de l'amour vrai et ses caractéristiques.

A mémoriser : « Celui qui n'aime pas n'a pas connu Dieu, car Dieu est amour » I Jean 4:8.

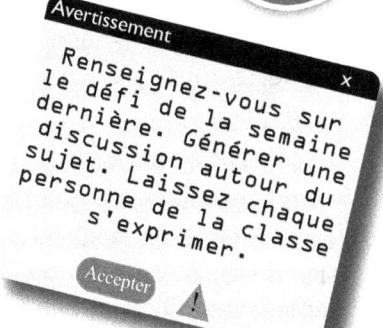

Avertissement

Renseignez-vous sur le défi de la semaine dernière. Générer une discussion autour du sujet. Laissez chaque personne de la classe s'exprimer.

Accepter

Connecter | Télécharger

Introduction dynamique (12 à 17ans).

- Matériaux : Une écharpe ou les yeux bandés et plusieurs objets de différentes formes et tailles.
- Instructions : Vous avez l'un de vos élèves qui est disponible à faire du bénévolat pour cette dynamique, les yeux bandés et lui demander d'identifier les différents objets disposés, les décrit, puis essayez de les nommer. Assurez-vous que les objets sont faciles à être identifiés sinon cela peut créer de la confusion (peut-être un peu ornement en céramique ou ustensiles de cuisine, matériels de bureau, autre objet familier à vos élèves).

  A la fin, il faut avoir une discussion avec les élèves sur ce qui a facilité certains objets qui ont été identifiés et d'autres non pas. Certes, certains commentaires tournent autour de l'idée qu'il est plus facile de reconnaître des objets avec lesquels vous êtes le plus familier, faire en particulier l'accent sur cette idée, le mieux que vous savez sur quelque chose (l'amour dans ce cas) l'identification est la plus facile dans des circonstances différentes.

Introduction dynamique (18-23 ans).

- Instructions : Grâce à cette dynamique, essayez de savoir quelles sont les idées qu'ils ont de l'amour de leurs élèves. Demandez-leur de partager ce qu'ils pensent des mentions suivantes : « L'amour est aveugle » et « L'amour et la toux ne peuvent être cachées ».

  Les observations seront utiles pour les étudiants à comprendre la façon dont ils apprécient l'amour, qui est et qui n'est pas l'amour pour eux et que les choses peuvent attendre pour quelqu'un que vous aimez.

En parlant de l'amour, il peut être compliqué, la société a été mandatée pour vendre de nouvelles définitions qui sont loin de l'idée originale qui nous éclairent sur l'amour de Dieu. Ses élèves sont constamment assaillis à des situations qui assimilent l'amour avec le sexe, de donner des cadeaux ou pour satisfaire leurs propres désirs ou caprices à la personne qu'ils aiment.

La Bible dit clairement que la seule façon que nous savons, c'est grâce à l'amour de Dieu. Beaucoup de ses élèves peut avoir l'idée très claire, mais d'autres peuvent être frustrée pour ne pas obtenir l'amour qu'ils voulaient: ses parents, ses amis ou sa famille, dont beaucoup ont vécu le rejet. D'autres élèves sont susceptibles de connaître l'amour qu'ils créent parce qu'ils jouissent de leurs relations avec les autres.

Connecter | Télécharger

1. Qu'est-ce que l'amour ?

Répondre à cette question n'est pas une tâche simple, il y a beaucoup de notions que les élèves comprennent qu'ils ne les atteindront pas encore, mais il est très important que vous pouvez fournir une justification pour les critères qui vont se développer dans votre vie d'amour. Rappelez-vous que votre expérience de vie est différente d'eux et assurer leur marche avec Dieu aussi.

Si nous allons dans les écritures, elles nous diront que « Dieu est amour ».

Il est intéressant que Dieu n'a pas d'amour ou donner de l'amour, mais il est amour. Dans 1 Jean 4:8 et 16 dit : « Celui qui n'aime pas n'a pas connu Dieu, car Dieu est amour... Et nous avons connu et cru l'amour que Dieu a pour nous. Dieu est amour, et celui qui demeure dans l'amour demeure en Dieu, et Dieu en lui ».

L'amour est une décision, nous choisissons d'aimer ou de ne pas aimer quelqu'un. L'amour ne dépend pas de l'humeur ou les circonstances, cela peut effectivement être plus clair lorsque, par exemple, nous mettons en colère avec nos parents ou notre meilleur ami, mais cela ne détermine pas si cette personne est aimée. Le véritable amour demeure en dépit des malentendus et des circonstances difficiles. Ceci est démontré dans un cas pratique (les parents qui travaillent à donner de l'éducation et le bien-être de leurs enfants, un jeune homme qui se révèle à aider son ami à l'école, un jeune homme qui respecte sa petite amie à tout moment) on ne peut pas dire qu'on aime quelqu'un et ne rien faire pour celui que nous aimons ou que nous avons besoin de le voir heureux. Le plus grand exemple de ceci est vu en Dieu qui a donné son fils pour nous sauver et avoir la vie éternelle selon Jean 3:16.

Les circonstances ne définirent pas l'amour ou du moins ne devrait pas faire parler d'amour comme Dieu le voit. Une personne peut être heureuse, triste, en colère et cela ne détermine pas l'amour pour les autres. Une personne peut être occupée, reposée, détendue ou pressée et cela ne fera pas beaucoup à aimer quelqu'un.

Assurez-vous que ce soit clair pour les élèves qui leur permettent d'être plus attentifs au caractéristiques à identifier l'amour au-delà de vos sentiments, des émotions ou des circonstances.

2. Les Caractéristiques de l'amour

Dans 1 Corinthiens 13 : « Quand je parlerais les langues des hommes et des anges, si je n'ai pas la charité, je suis un airain qui résonne, ou une cymbale qui retentit. Et quand j'aurais le don de prophétie, la science de tous les mystères et toute la connaissance, quand j'aurais même toute la foi jusqu'à transporter des montagnes, si je n'ai pas la charité, je ne suis rien. Et quand je distribuerais tous mes biens pour la nourriture des pauvres, quand je livrerais même mon corps pour être brûlé, si je n'ai pas la charité, cela ne me sert de rien. La charité est patiente, elle est pleine de bonté; la charité n'est point envieuse; la charité ne se vante point, elle ne s'enfle point d'orgueil, elle ne fait rien de malhonnête, elle ne cherche point son intérêt, elle ne s'irrite point, elle ne soupçonne point le mal, elle ne se réjouit point de l'injustice, mais elle se réjouit de la vérité; elle excuse tout, elle croit tout, elle espère tout, elle supporte tout. La charité ne périt jamais. Les prophéties prendront fin, les langues cesseront, la connaissance disparaîtra. Car nous connaissons en partie, et nous prophétisons en partie, mais quand ce qui est parfait sera venu, ce qui est partiel disparaîtra. Lorsque j'étais enfant, je parlais comme un enfant, je pensais comme un enfant, je raisonnais comme un enfant; lorsque je suis devenu homme, j'ai fait disparaître ce qui était de l'enfant. Aujourd'hui nous voyons au moyen d'un miroir, d'une manière obscure, mais alors nous verrons face à face; aujourd'hui je connais en partie, mais alors je connaîtrai comme j'ai été connu. Maintenant donc ces trois choses demeurent: la foi, l'espérance, la charité; mais la plus grande de ces choses, c'est la charité ».

Paul parle de l'Eglise comme le corps et définit ce qui est vrai de l'amour, il est intéressant de voir ses caractéristiques. Paul précise que l'amour n'est pas seulement fait de bonnes choses pour les autres. L'action doit être dans l'amour. Demandez aux élèves de lire 1 Corinthiens 13 et écrire les caractéristiques que Paul mentionne sur l'amour (patients et aimables, pas jaloux, pas vantard, pas fier, ne fait rien de mal, ne cherche pas son propre intérêt, pas provoqué, pense aucun mal, ne se réjouit pas de l'injustice, se réjouit de la vérité, excuse tout, croit, espère et persévère toujours. et la chose principale est que l'amour ne faillit jamais.)

Il est bien connu que l'idée de l'amour doit être prouvée. Couples parlent de « tests de l'amour » échec dates commercialement importantes de vendre la nécessité de donner (le cadeau le plus cher de l'amour qui est) comme un symbole de l'amour. Bien que ces idées n'ont pas répondu à une bonne motivation, la réalité est que l'amour peut être démontré et même ne doit pas être caché.

Quand quelqu'un aime ou avoir de l'amour dans sa vie qui ne peut être négligé les caractéristiques sont manifestées.

Dans le passage que nous avons lu plus haut à propos de l'amour (1 Corinthiens 13), Paul a encouragé les Corinthiens à considérer l'amour comme la principale motivation pour faire les choses et qu'au-delà de faire de « bonnes actions » de l'intérieur devrait pousser les attitudes à soutenir ces actions.

Montrez à vos élèves comment chacune des fonctions décrites dans 1 Corinthiens 13:4-8 exige un engagement d'un ami de les faire. Cette liste représente les actions directes qui cherchent le bien-être de la personne que vous aimez et pas un bon avantage ou égoïste, ce qui est contraire à l'idée populaire que l'amour est « bien » ou par l'amour d'un état est obtenu le plaisir personnel. Selon l'amour de l'apôtre qui est considéré par rapport à celui que nous aimons et le bien-être.

3. La portée de l'amour

Certes, tous les étudiants seront d'accord que le plus grand acte d'amour, nous avons déjà la réception, il fait partie de Dieu en envoyant Jésus dans le monde pour mourir pour nous (Jean 3:16). Il est simple de penser que chaque fois que nous trouvons des preuves d'amour, le recours à Dieu. D'autre part, lorsque nous devenons chrétiens nous devons montrer l'amour de Dieu.

Dans la Première Lettre de Jean, nous trouvons une exhortation à l'amour, le spectacle de Jean nous rappelle que l'amour est la plus réelle preuve que nous sommes enfants de Dieu et nous avons une nouvelle vie, « Bien-aimés, si Dieu nous a ainsi aimé, nous devons aussi nous aimer les uns les autres. Personne n'a jamais vu Dieu. Si nous nous aimons les uns les autres, Dieu demeure en nous et son amour est parfait en nous. Par ceci nous savons que nous demeurons en lui et lui en nous, parce qu'il nous a donné son Esprit. Et nous avons vu et nous attestons que le Père a envoyé le Fils, le Sauveur du monde. Celui qui confesse que Jésus est le Fils de Dieu, Dieu demeure en lui et lui en Dieu. Et nous avons connu et cru l'amour que Dieu a pour nous. Dieu est amour, et celui qui demeure dans l'amour demeure en Dieu et Dieu en lui. Dans ce qui est l'amour parfait en nous, afin que nous ayons de l'assurance au jour du jugement : car comme il est, tels nous sommes aussi dans ce monde. En amour, il n'y a pas de peur, mais l'amour parfait bannit la crainte, car la crainte suppose un châtiment. Celui qui craint n'est pas parfait dans l'amour » 1 Jean 4:11-18. Dans les versets 16-18 du chapitre 3 nous rappelons que l'amour doit nous pousser à faire quelque chose pour les autres, qui sont basées non seulement sur les mots, mais il exige une action et nous aimons notre limite à fixer par rapport à l'exemple de Jésus.

L'amour n'est pas un sacrifice désagréable, si nos vies restent en Dieu, Il est celui qui déverse son amour en nous et nous permet de montrer à d'autres. Dans l'amour de Dieu nous pouvons trouver aussi des avantages personnels, comme c'est le cas dans la sécurité. (1 Jean 4:17-18).

Révisez/Application :

Demandez aux élèves de répondre individuellement, puis discutez en groupe.

Écrivez votre propre version de 1 Corinthiens 13 selon les réalités de votre contexte. Vous pouvez le faire à partir de quelques versets que vous choisissez ou de tout le passage.

Défi : Invitez vos élèves à réfléchir sur ce que l'amour de Dieu doit faire en nous et à travers nous de manière pratique. Demandez aux élèves d'essayer de mettre en pratique ce qu'ils ont écrit dans l'révisez/application.

Comment ça fait du mal !

Leçon 43
Gabriela López • Mexique

Objectif : Les élèves comprennent que la mort physique fait partie de la vie, et aussi comme pour nous chrétiens, elle est le chemin de la vie éternelle, afin qu'elle ne considère pas comme fin tragique et douloureuse.

A mémoriser : « Jésus lui dit: Je suis la résurrection et la vie. Celui qui croit en moi vivra, quand même il serait mort; et quiconque vit et croit en moi ne mourra jamais. Crois-tu cela ? » Jean 11:25-26.

Connecter | Télécharger

Introduction dynamique (12 à 17ans).

- Matériaux : Papier cartonné / papier ou tableau marqueurs, marqueurs, feuilles, plumes.
- Instructions : Dessinez sur le bord d'un navire avec son voile de l'équipage à la mer. A expliqué que l'équipage est composé d'un médecin, un ingénieur, un athlète, un voleur, un toxicomane, un chrétien, un psychologue, un alcoolique, un adolescent, un vieillard, etc. (En tant que professeur qui a la liberté de mettre l'équipage et d'appeler l'attention de votre groupe). Le bateau a continué sa course et tout à coup le navire coule, réussi à obtenir un petit bateau dans lequel ne rentre deux personnes l'une pour les poignées et les autres membres d'équipage. La question pour le groupe, où chaque participant doit rédiger sa réponse. Quelle personne que pouvez-vous sauver ? Et pourquoi choisissez-vous de la sauver ? Permet alors d'exprimer ce qu'ils pensent, et après essayer de parvenir à une conclusion avec l'ensemble du groupe.

Cette dynamique permettra de répondre à ce genre de personnes associées à la mort et ce qui les motive à en sauver d'autres.

Introduction dynamique (18-23 ans).

- Matériaux : Papier ou bond de carton, marqueurs.
- Instructions : Vous devez tout dessiner un symbole qui peut vous faire penser du thème de la mort. Après quelques secondes il faut former de petits groupes et leur donner le temps d'aller avec les symboles en vue de l'interpréter entre eux. Ensuite, demandez à chaque groupe de dessiner un symbole essayant de ramasser les éléments des membres. Finalement chaque groupe présentera son ou les symboles et les autres essaient de les interpréter.

Cette dynamique vous permettra de savoir ce concept encore sur le thème de la mort, qu'elle soit traditionnelle ou quelque chose de ce que Dieu dit à propos de la mort ou les connexes.

Nous voyons dans ce passage que Jésus a expliqué largement Marta le thème de la vie éternelle. Jésus vous rappelle que vous avez pensé que la mort physique est la fin de tout être humain, mais Dieu, dans sa miséricorde infinie nous donne la vie éternelle.

Cependant, il est bien connu et il a vécu à la mort d'un être cher, c'est un moment de douleur à travers cela, elle se fait l'idée que c'est du commun des mortels. Donc, notre leçon portera sur le thème du deuil de la perte d'un être cher. Et bien il semble que, face à la mort d'un être cher tout le monde vient nous consoler et nous sentons un soulagement, Dieu dans Sa Parole, a une promesse dans 1 Thessaloniciens 4:16 : la vie éternelle, mais il semble que nous oublions d'elle en ces moments.

Connecter | **Télécharger**

Pour les jeunes, il est très rare de penser à la mort comme l'effet de faire face à la perte d'un être cher, et la mort physique elle-même. L'écrivain Max Scheler dit " que l'homme d'aujourd'hui ne vit plus dans le visage de la mort, et est brutalement devant elle comme devant un mur qui tombe de façon inattendue dans l'obscurité. " Le thème de la mort devient un tabou et des slogans comme, vivre chaque jour comme si c'était le dernier jour. Mais ce que les chrétiens pensent quand arrive le décès d'un proche?

1. Comment nous les chrétiens ont vécu la mort ?

Il existe différents courants psychologiques que les soins thérapeutiques directs pour les personnes qui ont vécu la mort des êtres chers. C'est, en d'autres termes, Vous pouvez accepter que la personne ne reviendra pas et de vivre la réalité de la perte, de savoir que vous aurez un vide, un besoin de quitter « l'être aimé qui est mort ». Il est donc important d'avoir l'occasion de pleurer, parce que nous respirons la perte de quelqu'un qui est aimé et partagé des expériences et des rêves. Dans la douleur intense que la personne est confrontée à la question de la courte durée de la vie humaine, ce qui est douloureux, mais c'est une partie du même cycle.

Mais ces résultats ne donnent pas la paix, car il n'y a finalement que sa démission à l'inévitable, mais pas une acceptation sereine de la mort.

L'acceptation doit exister entre les chrétiens en Dieu tout simplement parce que nous avons une grande promesse, dans les paroles de Jésus Christ lui-même a dit : « Et, lorsque je m'en serai allé, et que Je vous aurai préparé une place, Je reviendrai, et Je vous prendrai avec moi, afin que là où Je suis vous y soyez aussi ». (Jean 14:3). Par la foi, nous croyons à la résurrection des morts, Jésus-Christ reviendra pour ses enfants et les corps des justes et les injustes seront ressuscités et bénéficier d'un procès équitable (Matthieu 25:31-46). Ainsi la mort physique devient la dernière étape pour passer à la vie éternelle.

A chaque mort sans Christ, l'homme se sent abattu, parce qu'il n'a aucun espoir. Nous devons donc nous poser la question, sommes-nous vraiment prêts à recevoir la vie éternelle ? Nos proches sont-ils prêts à affronter la mort ? Si la réponse est positive, nous nous affirmons à la Parole de Dieu qui nous dit : « En vérité, je vous le dis, celui qui garde ma parole ne verra jamais la mort » (Jean 8:51).

2. Qu'est-ce que la douleur ?

Vivre pleinement chaque moment de l'année qui passe nous avale et nous nous efforçons de vivre et de faire beaucoup de choses avant l'heure de la mort où la fin est inévitable, (Bien que chez les jeunes cela n'est pas souvent consciente). A la pensée du monde que la mort est l'équivalent de l'existence de chaque être humain part, souffre, pleure et le chagrin de la perte.

Donc, il est nécessaire de parler de deuil, certains écrivains romantiques parlent de la douleur comme « la fille de la Mort », regarde cette façon parce que c'est le processus que les êtres humains ont vécu et connu comme une réaction affective à la perte de quelqu'un ou quelque chose (mais ne pas vivre que pour la mort). Mais le deuil de la mort d'un être cher est l'expérience la plus déchirante et soulève les sentiments les plus profonds et durables, parce que la perte est irréversible. Alors que les chrétiens ne voient pas la mort comme la fin, la séparation de ceux qu'on aime est toujours douloureuse.

De nombreux médecins et spécialistes parlent des étapes du deuil, qui sont divisées en six, en général on ne peut pas parler de processus phonologiques, car ils varient d'une personne à une autre. Les étapes sont les suivantes :

1. Le déni, qui est un mécanisme de défense de l'être humain à des situations intolérables, la meilleure solution est de ne pas voir ce qui est devant et dit "ne peut pas être « Je ne peux pas le croire ».

2. La colère survient habituellement occasionnelle pourquoi il devait mourir ? Pourquoi c'est lui ? Pourquoi maintenant ? Ces questions n'ont pas de réponses à cette personne de l'impuissance riposte avec son entourage de manière agressive et impatient.

3. Pacte ou négociation est la tentative, les gens ont souvent improductifs, pour essayer d'arrêter de faire, de sentir, de pleurer ou de reporter l'événement traumatique, à savoir fixer des limites à la douleur, peut-être avec des temps spécifiques pour pleurer. « Je ne vais pas pleurer », « Je ne vais pas penser », etc.

4. Dépression, connu sous le nom de tristesse profonde, où il est très difficile à surmonter, et apporte même des conséquences physiques, perte d'appétit, le sommeil et les troubles du comportement, la douleur envahit complètement.

5. Acceptation, lorsque la personne admet finalement que l'être aimé ne va pas revenir ou perdu et pas de récupération et...

6. L'espoir est la certitude qui succédera et surmonter.

3. Comment les chrétiens vivent la douleur ?

Comme nous l'avons vu, la mort d'un proche ou d'un être cher, nous fait mal parce que c'est une perte et en même temps nous confrontons à notre propre mort. La seule fois où les humains sont conscients qu'ils vont mourir, c'est quand quelqu'un meurt. C'est alors que nous nous rendons compte que la mort fait partie de la vie, qui a fini par toucher les choses en face aussi.

La question est de savoir comment faire face à la mort d'un être cher ? En tant que chrétiens, nous avons la possibilité de déposer une doléance : nous marchons c'est bien conscient que « Car si nous vivons, nous vivons pour le Seigneur ; et si nous mourons, nous mourons pour le Seigneur. Soit donc que nous vivions, soit que nous mourions, nous sommes au Seigneur » Romains 14:8. Donc la mort physique devient un moyen d'entrée dans la présence éternelle de Dieu. Ainsi, la douleur devient pour nous d'accepter le départ de notre bien-aimé de la présence du Seigneur.

En attendant le retour du Seigneur Jésus-Christ, son Église doit continuer à proclamer l'Évangile et doit conserver les enseignements de son divin Maître à travers un style de vie « sainte ». Nous devons partager l'évangile avec nos proches et nous sommes prêts, nous pouvons dire avec le Psalmiste, « Précieuse, aux yeux du Seigneur la mort de ses saints » Psaume 116:15. A plu au Seigneur qui verra la mort physique de nos proches ? Oui, vous êtes sa sainte qui vous attend.

Pour profiter de l'éternité avec les Chrétiens et les non-chrétiens devraient pleurer pour ceux que nous aimons. Mais si nos proches sont dans le Christ, nous avons un espoir supplémentaire, qui est de savoir qu'ils ne vont pas mourir, mais, dans la présence de notre Dieu d'amour.

Donc, pour eux, forcé à les conduire aux pieds du Seigneur Jésus-Christ, de peur qu'ils souffrent de la vraie mort: la mort spirituelle, qui, si irréparable.

En tant que jeunes chrétiens, nous sommes appelés à affronter la mort avec courage physique, parce que nous devons nous rappeler de guider dans toute la vérité. Bien sûr, cela ne signifie pas que nous ne devrions pas pleurer. Les larmes ont été placées par Dieu pour exprimer des sentiments et se défouler dans notre angoisse. John 11:35 nous dit que Jésus a pleuré à la mort de son ami Lazare.

Nous sommes appelés à prêcher pour les autres d'avoir cette assurance du salut avant la mort. Devons nous vivre de cette pensée de Jacques 5:19-20 qui nous exhorte sur : « Mes frères, si quelqu'un parmi vous s'est égaré loin de la vérité, et qu'un autre l'y ramène, Qu'il sache que celui qui ramènera un pécheur de la voie où il s'était égaré sauvera une âme de la mort et couvrira une multitude de péchés ».

Donc deuil complexe, face à la paix et la tranquillité que notre bien-aimé sera bientôt dans la présence de Dieu, et s'il est vrai que la mort de quelqu'un nous confronte à posséder, savoir joyeuse que suivre le même destin : la vie éternelle et glorieux !

Révisez/Application :

Demandez à vos élèves d'énumérer et d'expliquer brièvement les 6 étapes du deuil.

- Négation
- Colère
- Accord ou négociation
- Dépression
- Acceptation
- L'espérance

Défi : Dans la vie, selon Ecclésiaste 3:2, il y a un temps pour tout : Il y a un temps pour pleurer et un temps pour mourir. En tant qu'êtres humains, nous devons être préparés car nous serons confrontés à plusieurs reprises au décès d'un être cher et nous devrons également accompagner des connaissances qui traversent cette situation. Mémorisez les six étapes du deuil, elles vous aideront à l'avenir à vous comprendre ou à comprendre les autres qui vivent la perte d'un être cher.

Option ou commande ?

Leçon 44
Zeida Lynch • Argentine

Objectif : Les élèves vont comprendre que le pardon n'est pas une option, c'est un mandat du Seigneur.

A mémoriser : « Pardonne-nous nos péchés, car nous aussi nous pardonnons à quiconque nous offense » (Luc 11:4a).

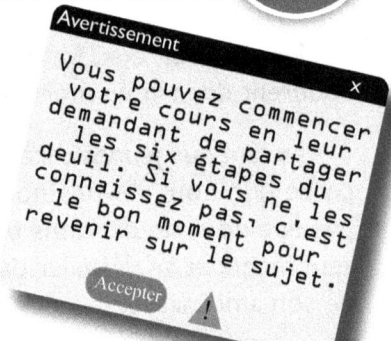

Avertissement : Vous pouvez commencer votre cours en leur demandant de partager les six étapes du deuil. Si vous ne les connaissez pas, c'est le bon moment pour revenir sur le sujet. Accepter

Connecter | Télécharger

Introduction dynamique (12 à 17ans).
- Instructions : Demandez aux élèves de représenter l'Écriture dans Mathieu 18:23-35. L'enseignant encouragera les élèves qui participeront. Les personnages sont: Jésus, le Roi, le premier débiteur, le second débiteur, amis, dirigeants. Permets aux élèves à utiliser leur imagination et de créativité pour recréer ce passage biblique. Puis commencer la leçon.

Introduction dynamique (18 à 23ans).
- Instructions : Divisez les en groupes et les demander de lire le passage, puis penser à une histoire contemporaine qui ressemble à celle que Jésus a dit. Ensuite, demandez-les de partager avec le groupe.

  Cela vous aidera à voir comment ils voient la question du pardon dans leur vie quotidienne.

L'amertume et la haine qui existent sous différentes formes, ont souvent eu leur début dans les petites questions qui n'ont pas été résolues dans le temps. Lorsque nous exerçons le pardon de façon constante, nous évitons les petites plaies qui se développent et deviennent des maladies qui peuvent nous tuer. Jésus a été très clair en nous enseignant l'importance de pardonner à ceux qui nous ont offensés. Pour les adolescents, il est un domaine très sensible, car ils trouvent de nouvelles façons d'interagir avec leurs parents, frères, sœurs, parents, amis, etc. Et souvent, blessé, mais n'osent pas en parler et ne pas pratiquer le pardon ou s'excuser.

Connecter | Télécharger

Le pardon est un sujet sur lequel Jésus a payé une attention particulière. Mais pourquoi le pardon est-il nécessaire ? Le pardon est nécessaire pour rétablir une relation brisée. Lorsqu'on fait quelque chose intentionnellement ou pas qui offense notre relation de voisinage, ce n'est pas la même, la confiance est perdue et souvent l'amitié est perdue. C'est alors que nous avons besoin de pardonner ou demander pardon. Dieu nous commande de pardonner, Matthieu 6:14-15 et soyez en paix avec tous, Hébreux 12:14.

Où est l'origine du pardon ?

Le pardon a son origine dans l'amour rédempteur de Dieu pour l'humanité. Quand Adam et Eve ont cassé la relation qui existait avec Dieu à cause de la désobéissance, Dieu n'a pas les laisser dans la même situation. Avec peine, il a promis la restauration et de la rédemption. Nous pouvons dire que le pardon vient du cœur de Dieu miséricordieux. Il a toujours été prêt à rétablir sa relation avec l'humanité. Christ est venu et a donné sa vie à cette fin. Il a envoyé son Esprit Saint, afin qu'Il puisse et profiter de ce qu'est la sainte communion.

1. Dieu et le pardon

Dans Matthieu 18:23-27 Jésus a dit ce qui suit : « C'est pourquoi, le royaume des cieux est semblable à un roi qui voulut faire rendre compte à ses serviteurs. Quand il se mit à compter, on lui en amena un qui devait dix mille talents. Comme il n'avait pas de quoi payer, son maître ordonna qu'il fût vendu, lui, sa femme, ses enfants, et tout ce qu'il avait, et que la dette fût acquittée. Le serviteur, se jetant à terre, se prosterna devant lui, et dit : 'Seigneur, aie patience envers moi, et je te paierai tout.' Ému de compassion, le maître de ce serviteur le laissa aller, et lui remit la dette. »

Le roi appela ses serviteurs à être juste avec lui. De même que Dieu nous appelle aujourd'hui à être juste avec lui. Avez-vous connu le pardon de Dieu dans votre vie… ? Il est intéressant, c'est Dieu qui appelle ses fonctionnaires responsables. De même qu'il nous appelle tous maintenant d'être juste avec lui.

Selon le commentaire de William Barclay (le commentaire de Matthieu p. 227) dit que la dette avait ce serviteur « dépasserait le budget d'une province » de l'époque. « Le chiffre d'affaires total de la province qui comprenait l'Idumée, la Judée et la Samarie étaient seulement 600 talents » et cet homme avait dû 10,0000 talents. Cette dette ne pouvait être versée. De même, il n'existe aucun moyen où nous pouvons régler ses comptes avec Dieu. Les infractions que nous avons commises contre lui à cause de notre péché sont inestimables. Il n'est pas un grand ou petit péché, blanc, rouge ou vert. Il y a aussi la possibilité d'être libre de cette nature pécheresse. Nous avons tous péché et sont privés de la gloire de Dieu.

Quelle serait la pénalité pour ne pas payer la dette ? La pénalité pour ne pas payer la dette a été la perte de sa famille et tous ses biens. Cela a laissé le serviteur dans une situation pire. L'humanité mérite une punition pour le péché, est la mort éternelle. Non seulement la mort physique, mais la séparation éternelle d'avec Dieu.

Quelle a été l'attitude du roi ? L'attitude du roi a été fondée sur la compassion, le relâcha et laissez-le aller. Il l'a non seulement pardonné aussi la dette et l'a libéré de la peine. Tout comme le roi de la miséricorde, pardonne le serviteur, Dieu dans son infinie miséricorde, par le Christ nous pardonne. Son pardon n'est pas basé sur nos actions, le pardon est basé sur le sacrifice du Christ sur la croix du Calvaire à notre place.

Dieu est représenté par ce roi. Quand l'homme a appelé à un procès, la dette qu'il a avec Dieu est inestimable. Rien de ce que l'homme fait, il ne mérite pas le pardon de Dieu. La Bible dit le salaire du péché, c'est la mort. Cependant, Dieu dans sa miséricorde infinie, pardonne-nous et nous libère de la peine, parce que le Christ a versé son sang sur la croix pour nos péchés. Son pardon est gratuit et restaurateur.

Avez-vous vécu le pardon de Dieu dans votre vie ? Guidez vos élèves à un temps de prière, les inviter à renouveler leur engagement envers Dieu, si certains ne l'ont pas accepté comme leur Sauveur, c'est l'invitation qu'il n'a pas reçu. Dans le même temps, ouvrir la possibilité pour ceux qui, quelle que soit la raison ont voulu renouveler leur engagement avec le Christ.

2. Le pardon et moi

Dans Matthieu 18:28-33, nous lisons : « Après qu'il fut sorti, ce serviteur rencontra un de ses compagnons qui lui devait cent deniers. Il le saisit et l'étranglait, en disant : Paie ce que tu me dois. Son compagnon, se jetant à terre, le suppliait, disant : Aie patience envers moi, et je te paierai. Mais l'autre ne voulut pas, et il alla le jeter en prison, jusqu'à ce qu'il eût payé ce qu'il devait. Ses compagnons, ayant vu ce qui était arrivé, furent profondément attristés, et ils allèrent raconter à leur maître tout ce qui s'était passé. Alors le maître fit appeler ce serviteur, et lui dit: Méchant serviteur, je t'avais remis en entier ta dette, parce que tu m'en avais supplié ; ne devais-tu pas aussi avoir pitié de ton compagnon, comme j'ai eu pitié de toi ? »

   a. Le passage nous apprend qu'en sortant de sa rencontre avec le roi, il trouva un ami qui lui avait une dette.

   b. Cette dette était de 100 pence. Pas pour quelque chose d'approchant la dette qu'il avait auprès du roi.

   c. L'attitude envers son ami était opposée à celle du Roi envers lui. Il jeta son ami en prison.

   d. Le roi a immédiatement été informé de ce qui s'était passé.

   e. Le roi espérait que son attitude aurait été la miséricorde à ses compagnons d'esclavage.

Dieu nous pardonne, surtout ceux qui ont été pardonnés par lui agissent de la même manière avec ceux qui nous ont offensés. Le pardon que Dieu exige de nous est de le mettre en mots. C'est une attitude qui doit jaillir d'un cœur miséricordieux. Un tel cœur est obtenu lorsque nous laissons le Christ régner en lui complètement. Pardonnez notre voisin est de faire ce que le roi a fait, rembourser la dette, les laissant libres et plus l'opprobre.

Peut-être que nous n'oublierons pas ce qu'ils ont fait pour nous, mais si nous pouvons nous souvenir sans causer de la douleur sans se sentir quelque chose de mal contre l'autre personne. Lorsque cela arrive, nous serons pardonnés.

Chez les adolescents, il est très fréquent de décevoir leurs parents, et que la relation avec eux est affecté.

Guidez-les à demander l'aide de Dieu de pardonner. Soulignez le fait que le roi dans l'histoire biblique Réclama miséricorde du serviteur à son ami. De même, Dieu nous appelle à être miséricordieux envers ceux qui nous ont offensés. Pas une question de qui a eu ou a le droit et qui a commis une faute ou que c'est une question d'étendre la miséricorde à cette personne et faire ce que Dieu demande de nous.

3. Conséquences de ne pas pardonner

Matthieu 18:34-35 « Et son maître, irrité, le livra aux bourreaux, jusqu'à ce qu'il eût payé tout ce qu'il devait. C'est ainsi que mon Père céleste vous traitera, si chacun de vous ne pardonne à son frère de tout son cœur. » Il Nous dit que la punition pour le premier serviteur a été fatale. Il a été envoyé en prison jusqu'à ce qu'il eût payé tout sa dette. Comme nous l'avons vu au début, que c'était impossible, parce que la dette a été très, très grande. Le serviteur a préféré la punition éternelle. Jésus se termine par la conclusion que la même chose va nous arriver si nous ne pardonnons pas. Le pardon n'est pas seulement une question de choix ou la décision est une commande claire de Jésus. Mais alors que Lui seul peut nous aider à y parvenir. Le pardon est le résultat de notre relation avec lui, souvent notre vie chrétienne est empêché d'avancer par le sujet du pardon.

Donner aux élèves les cartes et les demander d'écrire les noms des personnes qui ont commis une infraction et qui n'ont pas encore pardonné. Encourager les élèves à examiner leur propre vie et d'identifier les personnes qui ont besoin de pardonner et de demander pardon. Guidez-les à méditer un instant sur le type d'infraction qu'ils ont reçu.

Mettre uniquement les cartes qu'ils le voient. Avoir un temps spécial de prière pour demander l'aide de Dieu pour leur vie dans ce domaine.

Ensuite, demander aux élèves de prendre le temps de prier et de pardonner à ceux qui les ont offensés et que les cartes de signal, de rupture de pardonner avec l'aide de Dieu. S'ils disent de bonnes chances qu'il irait également à ces personnes et demander pardon personnellement.

Révisez/Application :

Laissez vos élèves écrire leurs idées et les partager avec le groupe.

1. Que dit Jésus à propos du pardon dans Matthieu 6:12 ? *(Que nous devons pardonner pour que Dieu nous pardonne.)*

2. Que se passera-t-il si nous pensons que quelque chose qui nous a été fait est impardonnable et que nous ne pardonnons pas selon Matthieu 6:15 ? *(Si nous ne pardonnons pas à ceux qui nous offensent, Dieu ne nous pardonnera pas.)*

3. Pensez-vous que l'ampleur des offenses que nous recevons est plus grande que celles que nous commettons contre Dieu ? *(NON)*

4. Combien de fois devriez-vous pardonner les offenses selon Jésus dans Matthieu 18:21-22 ? *(Chaque fois qu'ils m'offensent, je dois pardonner.)*

Défi : Réfléchissez un instant, y a-t-il une personne dans votre vie à qui vous devez pardonner ? Efforcez-vous et demandez au Seigneur de vous aider à le faire.

L'ennemi Intime

Leçon 45
Vivian Juárez • Guatemala

Objectif : Les élèves apprennent que la peur est le contraire de la foi et nous ont limité la portée de nos objectifs.

A mémoriser : « Je vous laisse la paix, je vous donne ma paix. Je ne vous donne pas comme le monde la donne. Que votre cœur ne se trouble point, et ne s'alarme point » (Jean 14:27).

Connecter / Télécharger

Introduction dynamique (12 à 17ans).

- Itinéraire : Demandez à chacun des élèves Qu'est-ce qu'il ferait s'il souhaitait cesser de craindre ?

    Écoutez attentivement chacune des choses mentionnées et puis pointez sur certaines situations que nous craignons est un avertissement du danger et à avertir les autres de ne pas nous empêcher de réaliser quelque chose. Par exemple, je me souviens quand votre maman vous a dit que le feu brûle et tu désobéis et tu brûles. Tu te souviens d'avoir eu peur de toucher le feu ? Ce genre de peur est une peur normale qui vous protège de tout mal. Mais la crainte de ce que nous entendons, c'est qu'il ne laisse pas vous déplacez vers un but par peur de l'échec.

Introduction dynamique (18-23 ans).

- Instructions : Demandez aux élèves qui partagent de telles situations de peur, qu'ils partagent l'expérience complète, n'ont pas besoin de faire tout, seulement ceux avec quelques exemples des situations où nous ressentons de la peur si possible, vous partagez également une expérience dans laquelle vous avez eu peur.

    Après trois ou quatre exemples, ils verront que la peur les empêche de réaliser certaines actions, qui parfois dans une bonne occasion et cette peur entre autres est un obstacle à la réalisation d'un objectif. Laissez-les voir aussi, que parfois, vous passez par des situations que vous rencontrez, en dépit de la peur.

Bien que la peur soit une conséquence naturelle de l'émotion humaine de perception d'une menace et cherchent à se défendre, l'invitation de Jésus à ses disciples est de ne pas laisser leur cœur dominé par la peur. Ce qu'ils feraient face était difficile mais Jésus savait que si la peur paralysante les envahit ils seraient incapables de le faire. Jésus a offert à ses disciples de sa paix comme une ressource pour s'assurer que votre cœur n'a pas été gouverné par la peur.

Quand Jésus nous donne un ordre en même temps il nous donne aussi la promesse de sa présence, « Allez donc et faites des disciples de toutes les nations, les baptisant au nom du Père, du Fils et du Saint-Esprit, et enseignez-leur à obéir ce que je vous ai commandé. Et je suis avec vous tous les jours jusqu'à la fin du monde » Matthieu 28:19-20.

Connecter / Télécharger

1. Peur

« Il répondit : J'ai entendu ta voix dans le jardin, et j'ai eu peur, parce que je suis nu, et je me suis caché. » (Genèse 3:10).

La peur est une émotion normalement provoquée par la présence ou l'anticipation d'une menace, la peur fait habituellement l'être humain choisit de se défendre comme un moyen d'éviter les dommages.

La première fois que la Bible parle de la peur est dans le livre de la Genèse après qu'Adam et Eve ont désobéi à Dieu. Selon la définition de la peur, il est évident que comme une réaction normale aux circonstances, Adam avait peur de ce qui pourrait arriver et choisir de se défendre, se cacher de Dieu. Il est intéressant d'examiner la relation entre le péché et la peur, jusqu'à Adam et Eve avaient leur confiance en Dieu, votre désobéissance fit l'expérience d'une nouvelle sensation. Le plan de Dieu est d'être libre de la peur.

Dans de nombreux cas, la peur empêche la réalisation des objectifs, et devient un ennemi à l'intérieur de l'être humain, ce qui ne permet pas de développer la foi, en attaquant directement notre confiance en Dieu. Dieu a un but pour chaque personne, si nous voulons être des fidèles disciples qui doivent faire face à la peur et à agir courageusement, c'est de faire sa volonté.

2. L'invitation de Jésus est de ne pas avoir peur.

Jésus savait que ses disciples auront à confronter à des situations difficiles et cela pourrait affecter leur foi en leur faisant sentir la peur directement. Dans Jean 14, Jésus nous offre une alternative à un cœur craintif.

a. Croire en Jésus

Jean 14:1,16 « Que votre cœur ne se trouble point. Croyez en Dieu, et croyez en moi. ... Et moi, je prierai le Père, et il vous donnera un autre consolateur, afin qu'il demeure éternellement avec vous, ... »

Le principe de la vie chrétienne consiste à croire en Dieu (verset 1). Jésus a invité ses disciples à croire en lui et ainsi recevoir la direction dont ils avaient besoin. Jésus n'a aucun moment du côté de la sensation de ses disciples, il savait qu'ils avaient reçu un grand soutien par leur présence, mais il savait aussi qu'il allait bientôt les quitter. Grâce à l'invitation de Jésus, nous pouvons comprendre un principe important : Quand Dieu nous demande de faire quelque chose, il nous équipe également de le faire. Jésus voulait que ses disciples maintiennent leur engagement envers lui.

b. Recevez votre paix

Jean 14:27 « Je vous laisse la paix, je vous donne ma paix. Je ne vous la donne pas comme le monde la donne. Que votre cœur ne se trouble point, et ne s'alarme point. »

Lorsque nous ressentons de la peur, nous devenons exciter, et n'ont pas clairement connu les impulsions qui réagissent, des fois ce qui rend de grands risques. Au verset 27 Jésus donne un cadeau précieux à ses disciples comme un antidote contre la peur : la paix.

La paix que Jésus offre est destinée à prendre soin de notre cœur de peur. Sentez-vous la tranquillité qui nous permet de ne pas nous éloigner de notre but. Si nous laissons notre vie à la volonté de Dieu, nous sommes sûrs de faire face à des situations difficiles, mais Jésus nous offre sa paix pour faire face à ces circonstances. Un cœur troublé par la peur se concentre sur ce qui les indispose et non dans le but que vous voulez atteindre.

c. Surmonter la peur

Dans 2 Timothée 1:7 « Car ce n'est pas un esprit de timidité que Dieu nous a donné, mais un esprit de force, d'amour et de sagesse. »

La meilleure façon de surmonter la peur est de faire face à la vérité et les promesses que Dieu a pour nous dans sa Parole.

Après la mort de Jésus, le cœur des disciples a été blessé par cette perte. Jean raconte comment la peur était présente parmi les disciples, ils avaient peur des Juifs et pour cette raison ils ont été enfermés, « Et quand il eut dit cela, il leur montra ses mains et son côté. Les disciples furent dans la joie en voyant le Seigneur » (Jean 20:19).

Jésus apparut devant eux, et en remarquant qu'ils ont oublié ce qu'il avait dit et les dit « La paix soit avec vous ». Après ces paroles, il souffla sur eux, et leur dit : Recevez le Saint Esprit. Ceux à qui vous pardonnerez les péchés, ils leur seront pardonnés ; et ceux à qui vous les retiendrez, ils leur seront retenus. (Jean 20:22-23).

Tout au long de l'histoire et dans les présents disciples de jours de Jésus ont fait face à l'adversité afin de répondre à l'appel de Dieu dans leur vie. Pour les premiers disciples de Jésus, le chemin n'a pas été facile, beaucoup d'entre eux ont donné leur vie pour leur foi en Dieu et étaient prêts à sacrifier beaucoup de choses pour leurs convictions, certainement cette attitude est nécessaire et non la peur. La clé de ces héros de la foi a été de croire en les promesses que le Seigneur Jésus a données. C'est enlever toute crainte et injecter la valeur dans leur vie pour faire face à tout. De même aujourd'hui, nous devons croire dans les promesses de Dieu.

Paul dans sa deuxième lettre à Timothée nous rappelle que Dieu ne nous a pas donné un esprit de crainte qui nous empêche de s'acquitter de son mandat. Au lieu de cela chaque fois que je pense que la peur commence à se reposer dans nos cœurs nous invite à dépasser l'esprit de force, d'amour et de maîtrise de soi (2 Timothée 1:7).

Bien qu'il y ait péché dans la vie de l'homme son esprit sera infusé avec le contraire de ce que dit Tim. Au lieu de pouvoir, il y aura des causes de la faiblesse, de la peur et de la lâcheté. Au lieu de l'amour mais du ressentiment et de l'amertume. Tout cela produira de la peur. Et au lieu de la maîtrise de soi, il y aura un manque de contrôle de nos émotions et les actions qui nous mèneront à vivre dans la servitude à nos peurs et nous empêchent d'accomplir notre but en Dieu. Mais si nous sommes en Christ : « Mais dans toutes ces choses nous sommes plus que vainqueurs par celui qui nous a aiméS » Romains 8:37.

Révisez/Application :

Demandez aux élèves de répondre individuellement, puis discutez en groupe si les gens se sentent à l'aise.

La peur est un ennemi de la foi qui nous empêche de nous reposer en Dieu. La paix que Jésus nous offre est notre meilleure alliée pour vaincre la peur.

Prenez le temps d'identifier vos peurs en complétant les phrases suivantes :

1. J'ai peur de …
2. J'ai peur quand …
3. Ça me fait peur quand je pense à …

Dans 2 Timothée 1:7, il est dit que Dieu nous a donné un esprit de puissance, d'amour et de maîtrise de soi. Lisez les versets suivants, reliez-les à chacune des phrases précédentes et découvrez comment le pouvoir, l'amour et la maîtrise de soi vous aident à surmonter vos peurs :

- 2 Corinthiens 12:9
- 1 Jean 4:18

Défi : Il y a beaucoup de situations qui peuvent nous faire peur, mais Dieu nous offre la solution pour y faire face, considérez cette semaine comment vous laissez la lâcheté vous empêcher d'agir avec puissance, amour et maîtrise de soi. Faites une liste de vos peurs et réfléchissez à la manière dont Dieu peut vous aider en utilisant le pouvoir, l'amour et la maîtrise de soi.

Créé pour un but

Leçon 46

Sara Cetino • Guatemala

Objectif : Les élèves vont comprendre que nous sommes tous créés pour un but en Dieu.

A mémoriser : « L'Éternel agira en ma faveur. Éternel, ta bonté dure toujours, N'abandonne pas les œuvres de tes mains ! » Psaumes 138:8.

Avertissement

Pour commencer votre cours, demandez le défi de la semaine dernière. Parlez de vos peurs et de la façon dont vous les avez gérées au cours de la semaine. Célébrez vos progrès.

Accepter

Connecter | Télécharger

Introduction dynamique (12 à 17ans).

- Instructions : Vous inviterez les élèves à chaque réponse aux questions suivantes :
    1. Travaillez-vous ou étudiez ?
    2. Pratiquez-vous du sport ?
    3. Que voulez-vous être dans 10 ans ?
    4. Que souhaitez-vous pour atteindre votre rêve personnel ?

Ensuite, demandez à chaque élève ou un si le groupe est trop grand pour répondre aux questions. Chaque fois qu'un élève répond à la question qui a été posée par l'enseignant, les élèves devraient remettre en question sa réponse, par exemple, dans la question, travailler ou étudier? Si les réponses des élèves peuvent dire que les études.

Que faites-vous? Étudiez-vous ce que vous aimez? Allez-vous servir dans la vie de ce que vous étudiez?, Etc. L'objectif est de vérifier que la personne est convaincue de ce qu'il fait, parce qu'il sait, il fait ce qu'il veut dans la vie.

Introduction dynamique (18-23 ans).

- Matériaux : Cartes et crayon.
- Instructions : L'enseignant demandera aux élèves à répondre aux questions suivantes:
    1. Quels sont vos projets pour cette année ?
    2. Quels sont vos projets pour les 3 prochaines années ?
    3. Quels sont vos plans pour les 5 prochaines années ?
    4. Quels sont vos projets pour les 10 prochaines années ?

Encouragez chacun à répondre. Après que chacun ait répondu aux questions (ou certains si le groupe est très grand) ils doivent expliquer leur réponse, l'enseignant doit essayer d'obtenir autant d'informations que possible pour voir si l'étudiant a un but dans la vie.

Nous sommes son ouvrage, dans la Bible, dans le livre de la Genèse nous lisons comment Dieu préparait la « scène » de placer sur elle sa plus grande création : l'Homme. Pensez vous que Dieu ne savait pas la raison pour laquelle Il nous a créés ? La question est de savoir comment vous savez que nous avons été créés pour un but.

Connecter | Télécharger

Pourquoi avons- nous été créés ? Beaucoup de gens pensent que nous avons été créés pour un but dans cette vie et sur cette terre. Par exemple, Paul a été créé pour apporter l'Évangile aux Gentils ; Gandhi a été créée pour apporter la liberté à la nation Inde. D'autres pensent que nous avons été créés pour contribuer à la croissance de cette société ou ce monde. Par exemple, Thomas Edison a été créé pour inventer l'ampoule électrique, grâce à lui nous avons la lumière dans nos maisons. D'autres croient que nous avons été créés à reproduire, procréer des enfants, les aimer, soigner et élever une famille.

1. Nous sommes la création de Dieu

Maintenant, si je n'ai pas fait un excellent travail, comme décrit ci-dessus, ou si je n'ai même pas marié;

Était-ce la peine d'être créé ? Je veux dire, dans quel but que Dieu avait créé ? Pourquoi Dieu donnerait la peine de me créer, si peut-être je n'ai pas étudié, je n'ai pas fait de l'excellent travail, et je n'ai pas contribué à cette société de manière notable ?

Nous pouvons comprendre le mot comme but : Courage ou l'intention de faire ou ne pas faire quelque chose. Quand nous disons que nous sommes créés par Dieu, c'est Dieu qui nous a créés, nous amène à comprendre que Dieu nous a faits volontairement et non par accident.

Les chapitres 1 et 2 de la Genèse sont connus pour avoir raconté la création du monde et tout ce qui l'habite. L'homme était un travail merveilleux et le couronnement de Dieu. Il dit que les hommes et les femmes ont été créés par Dieu (Genèse 1:27).

Par la suite, nous entendons par le mot que nous sommes toute la création de Dieu, formés par lui (Psaume 139:15-16). Pour aucune raison, nous devons croire que nous sommes nés par hasard. Notre naissance n'est pas par accident ou négligence ou erreur de calcul font partie du plan de Dieu et nous avons un but pour notre vie, « Jéhovah accomplit son but en nous : ta miséricorde est toujours de ne pas abandonner le travail de ses mains » Psaume 138:8.

2. Créé pour être en communion avec Dieu

Dieu nous a créés pour être en communion avec Lui, d'avoir une relation avec lui, de partager tout ce que nous sommes avec lui.

Donc, pour répondre à la question : « Pourquoi avons-nous été créés ? » Nous avons été créés pour être en communion avec Dieu et vivre dans une relation très intime avec Lui, c'est l'objectif principal. Si vous gérez beaucoup de choses dans cette vie, c'est merveilleux, mais ce n'est pas la raison principale de votre existence. Si vous aidez beaucoup de gens, c'est génial!, Mais vous n'avez pas été créés pour cela. Si vous inventez quelque chose qui va être profitable à la société, Excellent !, Mais vous n'avez pas été créés pour cela.

Dieu veut que nous vivions en communion avec lui, c'est son désir que nous obtenons le salut, vivons par ses commandements et à maintenir une communion intime avec Lui « Le secret du Seigneur est pour ceux qui le craignent, et il leur montrera son alliance » Psaume 25:14 (Proverbes 3:32 ; Jacques 4:8).

3. Créé avec un but

Dans Éphésiens 1:3-6, nous voyons que Dieu nous a créés pour le louer. C'est la raison de notre existence. Vous n'avez pas demandé « Pourquoi suis-je créé ? » Vous avez été créé pour adorer Dieu.

Dans Romains 8:28, nous lisons : « ... pour ceux qui aiment Dieu, toutes choses concourent pour le bien, selon son dessein ». Quel est ce but ? Puissions-nous être « l'image de son Fils ». Tout ce que Dieu permet de se produire dans votre vie, il permet de réaliser ce but !

En dehors de l'objectif général, Dieu a créé chaque personne avec un but précis dans la vie. Dieu nous a donnés des talents et des compétences, ce qui est important n'est pas seulement la connaissance qui peut servir un but, mais être clair que Dieu nous a créés non pas par hasard, Dieu nous a créés pour un but et dans notre lutte pour l'atteindre Il prendra soin de nous et ne nous abandonnera pas.

Notre vie passe par plusieurs cycles, a commencé dans l'enfance et peu à peu nous prenons des décisions sur notre avenir, nous devons faire face à des questions comme Que vais-je étudier ? Où puis-je travailler ? Avec Qui dois-je me marier ? Et dans chacune de ces questions, nous devons chercher la volonté de Dieu pour accomplir son but dans nos vies.

Quoi que vous fassiez, vous devez être sûr que l'alternative que vous choisissez va aider à Dieu faire de vous ce qu'il veut.

Révisez/Application :

Demandez aux élèves de répondre individuellement, puis discutez en groupe si les gens se sentent à l'aise :

1. Que ressentez-vous lorsque vous lisez Esaïe 46:3-4 ?

2. Pourquoi Ephésiens 1:4-5 dit-il que nous avons été créés ? (*Saints, sans tache d'être enfants de Dieu.*)

3. Dans votre vie personnelle, pensez-vous que vous remplissez le but pour lequel Dieu vous a créé ?

    Si votre réponse est négative, que devez-vous faire pour vous y conformer ?

    Si votre réponse est positive, remerciez Dieu et demandez-lui de vous aider à continuer à remplir son objectif dans votre vie.

Défi : Si nous sommes clairs que Dieu avait un but quand il nous a créés, nous accorderons plus de valeur à notre vie, nous ne sommes pas un simple accident de la nature, nous croyons que Dieu contrôle tout ce qui se passe dans nos vies avant même que nous le soyons née. Je peux vivre ma vie comme je veux, mais seul Dieu sait ce qui est le mieux pour moi, Il m'a créé, Il me connaît, Il sait de quoi je suis capable ; demandons à Dieu de nous guider dans notre marche et que nos vies accomplissent son dessein.

24 Heures

Leçon 47

Natalia Pesado • États-Unis

Objectif : Les élèves doivent comprendre que d'être un chrétien est de 24 heures, et pas seulement quand cela nous convient ou quand nous allons au temple.

A Mémoriser : « Je vous exhorte donc, frères, par les compassions de Dieu, à offrir vos corps comme un sacrifice vivant, saint, agréable à Dieu, ce qui sera de votre part un culte raisonnable » Romains 12:1.

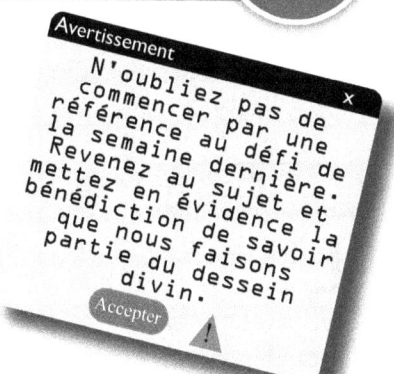

Avertissement : N'oubliez pas de commencer par une référence au défi de la semaine dernière. Revenez au sujet et mettez en évidence la bénédiction de savoir que nous faisons partie du dessein divin. *Accepter*

Connecter | Télécharger

Introduction dynamique (12 à 17ans).

- **Matériaux :** Ballons remplis d'air (environ trois fois le nombre d'élèves que vous avez dans votre classe).

- **Instructions :** Demandez à vos élèves de former un cercle (debout et en regardant à l'intérieur), laissant un espace vide au milieu. Dites aux élèves que leur tâche est de continuer à mettre des ballons que vous allez les donner à l'intérieur du cercle. Ces ballons vont tomber lentement de plus en plus à l'intérieur du cercle mais il faut les tenir en l'air. Et l'enseignant va voir les étudiants qui font face à la difficulté de les tenir tout en l'air. Rappelez-leur qu'ils ne peuvent utiliser que leurs mains pour cet exercice.

  A la fin, amenez les élèves à une brève discussion sur la façon dont ils ont investi toute son énergie, d'attention et de persévérance. Comparez ce processus comme la vie chrétienne, en temps complet faisant de notre dévotion, d'attention et d'énergie pour être fidèle à Dieu. Encouragez-les dans le processus, de leur faire savoir que cela vaut la peine.

Introduction dynamique (18-23 ans).

- **Matériaux :** Trois sacs de plastique transparent, trois tasses de farine, un peu de terre, trois sacs en plastique transparent avec une tasse de farine dans chaque sac. Un paquet doit avoir deux cuillères à soupe de terre avec de la farine, un autre doit avoir une cuillères de terre mélangée avec de la farine (assurez-vous qu'il est suffisant pour les élèves à noter qu'il y a un peu de terre en farine, et devrait être significativement en minorité que le premier sac) et en dernier lieu il faut avoir un paquet avec de la farine pure.

- **Instructions :** Au début de la classe, les élèves présentent l'idée de cuisiner un gâteau pour un anniversaire spécial, et posent des questions sur les ingrédients nécessaires pour faire un pastel. Dites-les d'apporter de la farine dans la classe d'aujourd'hui, et se montrer aux élèves le sac contenant la farine avec peu de terre et le sac contenant de la farine avec de terre. Vous devez vous assurer qu'aucun étudiant n'a encore vu le sac avec de la farine ordinaire. Demandez-les quel sac préférable pour un gâteau ? Probablement choisissez qui a moins de terre. À ce moment, vous pouvez leur rappeler que « c'est la même chose que le diable fait pour nous. Il nous présente le péché moins grave et en suite le pire péché. Cependant, Dieu attend de nous de mettre de côté les deux offres et d'accepter ce qu'Il a pour nous, une vie vraiment pure» (adapté de Mère Christianité, par CS Lewis). Nous enseignons actuellement le sac et dites les que la farine pure « C'est de faire un bon gâteau en recette délicieuse et nous n'avons pas fait de mal à personne. »

Aujourd'hui, les gens ont beaucoup d'options à choisir : deux lieux de restauration rapide et les ordinateurs de magasins et de jeux de vidéo, comme dans les vêtements de travail et des chaussures. Pour ne pas dire les boutiques de maquillage ! Même dans le domaine spirituel, nous avons de nombreuses options différentes pour la télévision, la radio, la variété des églises et des prédicateurs. Pour cette raison, il est important que les jeunes chrétiens savent quel est l'appel de Dieu dans leurs vies, afin qu'ils puissent concentrer sur lui, sans distractions. L'appel de Dieu pour nous englobe toute notre vie, et nous consacre entièrement à Lui, c'est-à-être à temps plein !

Connecter | Télécharger

L'un des plus grands désirs de Dieu est d'avoir une relation personnelle et intime avec nous, les êtres humains. Considérant ce fait, nous pouvons nous demander comment nous avons commencé avec une telle tâche ? La vérité est que Dieu lui-même mis ce processus en mouvement, et a commencé à attirer notre attention et tout préparer pour que nous puissions avoir une relation avec Lui Cette vérité nous rappelle que Dieu est prêt à faire tout ce qu'il faut pour avoir une relation avec nous, en effet, il l'a déjà fait.

1. Les compassions de Dieu

Dans Romains 12:1 Paul commence à parler de la « miséricorde de Dieu ». Un sens du mot « miséricorde » est « ne pas donner à quelqu'un ce qu'ils méritent ». Dès le début de ce passage, Paul nous rappelle que nous étions dans le péché, et que le résultat du péché, c'est la mort. Nous méritions la mort. Cependant, Dieu, dans sa miséricorde, ne nous donne pas la mort que nous méritions et a envoyé son Fils Jésus pour mourir pour nos péchés.

C'est, avant de nous dire ou nous demander quoi que ce soit, l'apôtre Paul, il est clair que la situation était et ce que Dieu a fait à cet égard. Les compassions de Dieu sont plus spécifiquement mentionnées dans les onze chapitres précédents de Romains.

L'importance est de mettre les choses à claire, parce que parfois, quand on nous demande quelque chose, en tant qu'êtres humains, nous avons tendance à penser, pourquoi dois-je obéir ? Pourquoi devrais-je écouter à la demande de Dieu ? La raison est simple, Dieu a déjà tout donné pour vous. Dieu a donné son fils unique qui devait mourir sur la croix pour vous. Alors maintenant, Dieu vous demande quelque chose qui n'est pas impossible, parce que c'est quelque chose que lui-même a déjà fait pour vous. C'est une merveilleuse caractéristique de Dieu, Il nous parle avec des mots et par l'exemple. Nous pouvons lui faire confiance !

2. L'appel de Dieu

Dans la première partie de Romains 12:1, nous lisons que Paul nous exhorte, nous appelle à faire quelque chose. Prier au sens de demander ce que nous voulons, est vraiment ce qui est demandé. Et l'ordre de Paul est incroyable. Il nous demande de « présenter nos corps comme vivant, saint et agréable à Dieu ». De la même manière que Jésus-Christ a été présenté comme un sacrifice pour notre salut, maintenant Dieu nous demande de nous donner entièrement à Lui. Pour Jésus, le sacrifice implique la mort physique. Pour nous, Paul nous dit d'être un sacrifice, mais vivant. À première vue, il semble contradictoire et des sacrifices dans l'Ancien Testament exigeaient la mort et l'effusion de sang. Dans la nouvelle alliance du sang de Jésus était le sacrifice pour tous, Dieu n'exige pas notre sang. Dieu nous veut encore en vie, que nous décidions de sacrifier nos propres désirs et à suivre les plans et les désirs du cœur de Dieu.

Deuxièmement, l'apôtre Paul nous exhorte à offrir nos corps comme un sacrifice saint aussi. Dans les sacrifices de l'Ancien Testament il était important que l'animal présenté à l'abattage n'avait pas de faute, parce que Dieu méritait mieux. Dans la nouvelle alliance, Dieu a donné le meilleur sacrifice, son fils Jésus (Jean 3:16). Nous devons maintenant offrir le meilleur à notre Dieu saint, notre vie à son service.

Enfin, comme nous le lisons à la fin de Romains 12:1, ce type de sacrifice sera un moment inoubliable à Dieu.

Continue au verset 2, Paul explique qu'il est possible de présenter nos corps comme un sacrifice vivant, saint à Dieu, nous devons lutter contre la mode de notre société. Ce monde à plusieurs reprises « n'a rien à voir avec Dieu », et encore moins une vie de « sacrifice ». Paul décrit judicieusement ce qui devrait être le processus, dit « Ne vous conformez pas au siècle présent », mais (en échange au contraire) « soyez transformés par le renouvellement de votre esprit ». Dans ce verset, Paul nous avertit de remplir l'appel de Dieu pour notre vie, nous devons « être différent des autres », et être transformé (qui signifie littéralement « changer notre forme »), en vue d'adopter la forme de Dieu.

Quelles sont les choses qui devraient être changées pour ne pas se conformer à cette époque? Est –ce notre comportement ? Comment nous comportons nous dans le temps que nous sommes sur le lieu de travail ou d'études ? Si Jésus est avec nous 24 heures, nous serions toujours la même ? Utilisons-nous la semaine les mêmes vêtements que nous portons quand nous allons à l'église ? Jamais utiliser le même vocabulaire et les mêmes expressions ?

(Permettre aux élèves de répondre, les laisser s'exprimer, cela vous aidera à mieux connaître et les aider à se consacrer au Seigneur. Dieu parle à travers eux dans la leçon).

3. Notre dévouement total à Dieu

Fait intéressant, les deux versets liés mentionnent l'esprit ou l'intellect. Paul dit : « qui est votre service raisonnable » et « l'esprit ». Il est important de comprendre que ce que nous voyons et entendons, est très étroitement lié à ce que nous pensons, sentons et faisons. Donc, nous devons faire attention à ce que nous voyons, entendons, ce que nous remplissons nos esprits. Dieu nous appelle à renoncer à tout pour lui, tout ce que nous voyons et entendons, à l'église, à la maison, à l'école, quand nous sommes avec nos amis et quand nous sommes seuls. Qu'est-ce que les passages suivants nous disent à ce sujet : Ephésiens 4:29, 5:1-8 ; Philippiens 4:8 ; Colossiens 3:16-17, (Distribuez les passages entre les étudiants et les faire appliquer à ce qui est dit).

Dieu nous donne un appel radical pour nos vies. Dieu nous appelle à être chrétien à temps plein, est vraiment signifié d'être changé de l'intérieur.

Frère Ralph Earle décrit l'appel du chrétien dans trois aspects. Il dit que l'appel du chrétien est un appel à la consécration = « à offrir vos corps », un appel pour la séparation = « Ne vous conformez pas plus », et enfin, un appel à la transformation = « transformé » (Bible Commentaire Beacon, tome 8, p. 258). Un appel de cette ampleur englobe tout ce que nous sommes, peu importe où nous sommes ou ce que nous sommes ou quelle heure il est. Nous comprenons et apprécions le fait que l'appel de Dieu sur nos vies est une vocation à temps plein, et exige de tous nos efforts.

4. La provision de Dieu

Après avoir étudié le merveilleux appel que Dieu présente dans nos vies, nous pouvons nous sentir débiles et commencer à réfléchir à « comment il serait difficile de répondre ou de parvenir à » cet appel sur notre propre contentement. Et c'est vrai, pour nous, il est impossible de vivre pour Dieu à temps plein ! Cependant, quelque chose que nous devrions toujours nous rappeler que Dieu ne nous laisse jamais seuls. Il a pris des dispositions pour nous aider à atteindre cet appel. Dans le verset 2 de Romains 12, Paul nous dit de nous transformer de « connaître » la volonté de Dieu, mais de la vivre « nous allons vérifier ». Accepter d'être chrétien à temps plein signifie accepter la volonté de Dieu pour nos vies sans condition. Mais l'acceptation doit comprendre, comme le dit Paul, que la volonté est « agréable et parfaite ».

Chaque pas donné doit être conforme à l'appel ou de la volonté de Dieu, l'étape révèle que Dieu veut que nous rapprochions de Lui parce qu'Il nous aime. Pour cette raison, nous comprenons que Dieu a pris des dispositions, et que nous sommes seuls sur ce chemin.

Pensez à un camp avec le groupe de jeunes gens pour se rendre à l'endroit où ils décident de gravir une montagne de plusieurs mètres de haut, avec la chaleur de l'après-midi. En atteignant le sommet, ils se sentent tous très soif et ont besoin de boire de l'eau fraîche. Ils se rendent vite compte que personne ne se souvenait d'apporter des bouteilles d'eau, ce qui sera le voyage difficile vers le bas ! Plus tard, au repos, le groupe commence à chercher les tentes et réaliser que vous avez oublié de les emballer et il n'y a pas de couvertures ! Cette nuit durable est froide pour tous les campeurs !

Les bonnes nouvelles sont que, avec Dieu, nous pouvons dormir tranquille. Il nous a fourni tout le nécessaire pour ce voyage soit à temps plein. Rappelez-vous que le Saint-Esprit est avec vous, pour vous rappeler, vous montrer, et vous aider à suivre la « volonté de Dieu, ce qui est agréable et parfaite ».

Révisez/Application :

Demandez aux élèves de répondre aux questions ci-dessous.

a. Nommez quelques-unes des miséricordes de Dieu dans votre vie. Ils peuvent être du passé ou du présent.

b. Quelles choses as-tu abandonnées pour répondre à l'appel de Dieu ?

c. Si aujourd'hui vous deviez consacrer votre vie, quelles choses devriez-vous mettre devant Dieu ?

Rappelez-vous qu'il est bon de penser et de considérer les façons dont Dieu travaille dans nos vies. Cela nous aidera non seulement à reprendre notre souffle dans les moments difficiles, mais cela nous aidera également à avoir une attitude correcte de gratitude envers Dieu. C'est un privilège quand Dieu daigne agir dans nos vies ! Ne l'ignorez pas ! Dis-lui de continuer à travailler sur toi.

Et mettez devant le Seigneur les choses que vous avez mentionnées au point c.

Défi :
L'appel de Dieu est d'être chrétiens toujours et partout et de ne pas changer notre manière d'être en fonction du milieu où nous nous trouvons. Cette semaine, méditez sur la façon dont vous êtes dans chaque endroit où vous vous trouvez. Demandez au Seigneur de vous aider à être un chrétien 24 heures sur 24 et non un chrétien à temps partiel. Lorsque vous arrivez chaque soir, faites une revue de la journée, puis priez le Seigneur. Partagez-le avec votre classe dimanche prochain, cela peut motiver les autres.

Citoyen du ciel

Leçon 48
Sara Cetino • Guatemala

Objectif : Les élèves prendront conscience que le chrétien est le citoyen du ciel et de préparer leurs trésors dans le ciel et pas pour la terre.

A mémoriser : « Car là où est ton trésor, là aussi sera ton cœur » (Mathieu 6:21).

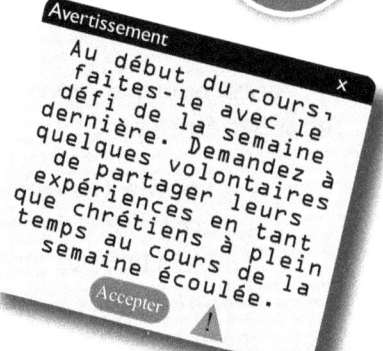
Avertissement
Au début du cours, faites-le avec le défi de la semaine dernière. Demandez à quelques volontaires de partager leurs expériences en tant que chrétiens à plein temps au cours de la semaine écoulée.
Accepter

Connecter | Télécharger

Introduction dynamique (12 à 17ans).

- Instructions : Ils vont demander aux élèves d'écrire 10 choses nécessaires pour la joie. Le professeur les notera avec la craie sur une grande feuille de papier.

   Vous devez ensuite essayer de les mettre dans des situations où ils se rendent compte que les choses peuvent être détruites et sont pas éternelles. Par exemple, une voiture qu'on vole. La question est, que ce passerait-il ? Avez-vous du bonheur ?

Introduction dynamique (18-23 ans).

- Instructions : Dessinez la pyramide sur le tableau noir ou tableau bleu ou une grande feuille de papier. Demandez aux élèves de compléter la pyramide des priorités ci-dessous. On doit écrire ce qui compte le plus pour eux et descendre dans les priorités pour atteindre la base (par exemple, la maison, la famille, etc.) Laissez-leur de dire ce qu'ils écrivent.

Au début de la classe il faut demander quelles sont les choses qui sont prioritaires dans leur vie? Matthieu dit que ce que nous considérons comme nos trésors est ce que nous investissons plus de temps et d'efforts. Demandez-leur s'ils avaient pensé à un moment donné.

Connecter | Télécharger

Avez-vous un coffre à la maison? Combien de fois avez-vous mis de l'argent là-dedans? Je sais que certaines personnes, à la fin de la journée, ils ont mis tout ce qu'elles ont de leurs poches dans un coffre. Ça pourrait être pas beaucoup d'argent, mais lorsque vous ajoutez quelque chose chaque jour, il est incroyable de voir comment rapidement le compte augmente.

Si nous utilisons un coffre ou un compte d'épargne à la banque est une bonne idée d'avoir un plan d'épargne pour les urgences ou inattendues ou quand nous voulons faire quelque chose de spécial, mais nous devons veiller à ce que le trésor que nous créons ne pas atteindre le plus important dans nos vies. Jésus nous a avertis à ce sujet quand Il a enseigné à propos de l'argent à ses disciples. Il leur a dit qu'ils ne devraient pas s'inquiéter pour hausser les trésors sur la terre, mais ils devraient se concentrer sur les trésors faits dans le ciel, lire Matthieu 6:19-21

1. Trésors de la Terre

Les trésors sur la terre ne sont pas durables. La teigne les détruit. Parmi les richesses matérielles mentionnées dans la Bible, souvent vêtements sont mentionnés. Josué 7:1-26 mentionne Acan qui pour « un vêtement de Babylone magnifique, et deux cents sicles d'argent, et une médaille d'or » ont perdu ses biens, la vie de toute sa famille et sa propre vie. Dans 2 Rois 5 nous dit que Naaman a été guéri par Dieu avec l'intervention du prophète Élisée et tenait à lui remercier avec « un talent d'argent et deux vêtements de rechange ».

Dans Esaïe 51:8, Dieu compare les ennemis de Sion en disant : « vous êtes Comme un vêtement, la teigne les rongera comme de la laine que mange le ver mais ma justice durera éternellement, Et mon salut pour toujours et à jamais », montre qu'il est sur toutes choses qui passent dans ce monde. Dans Jacques 5:2, nous lisons : « Vos richesses sont pourries, et vos vêtements sont rongés par les teignes » il a parlé contre ceux qui accumulent la richesse.

Alors, pourquoi vous efforcez-vous d'avoir beaucoup de vêtements s'il est un trésor qui finira par être détruit.

- **La rouille (rouille) corrompt (détruit).** Tous les produits métalliques (automobiles, appareils électriques, machines) finiront par briser à court ou moisir, rouillé, ruiné. Aujourd'hui, beaucoup de gens installent dans leurs systèmes de sécurité d'alarme de voitures, et les voleurs de voler de tels systèmes d'amusement pour vendre les voitures (avec la voiture ou séparément) pour les autres. Il est bon de verrouiller la voiture et ainsi « sécuriser » barré les portes et les fenêtres de l'entreprise et à la maison, mais qui croient vraiment dans ces choses « sécuriser » nos trésors terrestres ?

- **Rats,** souris et les termites. Vous pouvez ajouter à ce que Jésus dit une autre longue liste « destructeurs » : inondations, incendies, tempêtes et propriétés détruites valent des millions. Les rats et les souris détruisent les grains. Les termites (termites) sont cent fois plus destructrices que les incendies et les tempêtes, détruisent presque neuf maisons en bois. Il semble que ce nocif ronge toutes les essences de bois qui sont extrêmement savoureux et sont mangées avec un appétit insatiable.

- **Faillites.** Beaucoup d'établissements ont fait faillite. Beaucoup de gens perdent leurs économies de cette façon ! Et bien sûr, beaucoup d'entreprises échouent, et le résultat est catastrophique pour les riches (perdre leur investissement) et les pauvres (perdre leur emploi). Une cause majeure de faillites est la fraude et la corruption.

Il y a beaucoup d'autres choses destructrices. Les choses mentionnées dans cette liste ne sont pas terminées avec les forces destructrices ici. Le résultat de tout cela est que les trésors de la terre ne durent pas, ils sont passagers. Comment un homme intelligent peut donc consacrer sa vie à accumuler des choses d'une durée si courte ? En outre, bien que de nombreux biens seront conservés pendant une centaine d'années ou plus, « Et que servirait-il à un homme de gagner tout le monde, s'il perdait son âme ? Ou, que donnerait un homme en échange de son âme ? » Matthieu 16:26.

Et ce qui arrive quand nous mourons ? « Et j'ai haï la vie, car ce qui se fait sous le soleil m'a déplu, car tout est vanité et poursuite du vent. J'ai haï tout le travail que j'ai fait sous le soleil, et dont je dois laisser la jouissance à l'homme qui me succédera. Et qui sait s'il sera sage ou insensé ? Cependant il sera maître de tout mon travail, de tout le fruit de ma sagesse sous le soleil. C'est encore là une vanité. Et j'en suis venu à livrer mon cœur au désespoir, à cause de tout le travail que j'ai fait sous le soleil. Car tel homme a travaillé avec sagesse et science et avec succès, et il laisse le produit de son travail à un homme qui ne s'en est point occupé. C'est encore là une vanité et un grand mal. Que revient-il, en effet, à l'homme de tout son travail et de la préoccupation de son cœur, objet de ses fatigues sous le soleil ? » (Ecclésiaste 2:17-22). L'homme travaille comme un esclave, devient presque fou de désir, et pourquoi ? Pour tout laisser à l'un que tout n'a pas fonctionné pour lui. C'est de la folie (vanité) d'accumuler des biens sur la terre.

2. Trésors dans le ciel

Demandez : quels trésors sont dans les cieux ? Comment créons-nous des trésors dans le ciel ? Jésus a enseigné que la seule façon est de donner de l'argent aux pauvres. Pouvez-vous penser à d'autres façons que nous pouvons créer des trésors dans le ciel ? Je pense que nous pouvons créer des trésors dans le ciel, lorsque nous faisons des choses pour aider les autres. Des choses comme : visiter les malades, nourrir les affamés, ceux qui sont tristes, prier les uns pour les autres, donner un refuge aux personnes sans domicile, être amicale à quelqu'un qui est seul, pardonner à quelqu'un qui nous a fait du mal, des excuses quand nous blessons une autre personne, etc.

Ce sont les choses que nous pouvons faire ici et ils seront stockés comme « trésors dans le ciel » dont parle Jésus. Il Peut ne pas sembler beaucoup, mais si nous faisons quelque chose pour quelqu'un tous les jours, et de le faire avec amour et sans intérêt seront bientôt rejoindre nos trésors dans le ciel.

Dans 2 Corinthiens 5:1, nous lisons que « si notre maison terrestre est détruite, nous avons un édifice de Dieu, une maison qui n'est pas faite de main d'homme, éternelle, dans les cieux ». La Bible nous enseigne que les choses ou des trésors sur la terre peuvent subir des dommages ou complètement ruiner alors que nous accumulons des trésors dans le ciel qui sont éternelles et indestructibles.

Nous savons que si nous travaillons à des fins terrestres ou célestes est une question de simplicité. Observons la façon dont nous utilisons le temps, la façon dont nous parlons, la façon dont nous utilisons les ressources (à servir Dieu, Proverbes 3:9, ou pour accumuler plus de biens, Luc 12:18, etc.) Qu'est-ce que Dieu nous encourage ? Beaucoup de frères ne sont zélés dans le culte, mais pour parler de leur travail et leurs activités, ils sont fortement encouragés ! (Dieu les regarde). Où est le cœur ? C'est difficile à dire.

« Donc, avoir de la nourriture (pour manger) et des vêtements, nous sommes heureux avec cela », a dit Paul dans 1 Timothée 6:8. Combien de frères sont vraiment heureux avec juste les choses essentielles de la vie ?

« Car l'amour de l'argent est une racine de tous les maux ; et quelques-uns, en étant possédés, se sont égarés loin de la foi, et se sont jetés eux-mêmes dans bien des tourments » 1 Timothée 6:10. L'amour de l'argent qui a motivé les hommes (et femmes) de commettre tout péché dans le monde. Cette pensée est alarmante ! Nous devons nous réveiller et réaliser le danger à vouloir accumuler des biens matériels, pour accumuler tout simplement.

3. Richesses éternelles

Quel est le remède ? Ne pas « mettre leur espérance dans des richesses incertaines, mais de la mettre en Dieu, qui nous donne avec abondance toutes choses pour que nous en jouissions » 1 Timothée 6:17. Job a dit, « Si j'ai mis dans l'or ma confiance, Si j'ai dit à l'or : Tu es mon espoir ; Si je me suis réjoui de la grandeur de mes biens, De la quantité des richesses que j'avais acquises ; Si j'ai regardé le soleil quand il brillait, La lune quand elle s'avançait majestueusement, Et si mon cœur s'est laissé séduire en secret, Si ma main s'est portée sur ma bouche ; C'est encore un crime que doivent punir les juges, Et j'aurais renié le Dieu d'en haut ! » Job 31:24-28. Psaume 52:7 dit : « Voilà l'homme qui ne prenait point Dieu pour protecteur, Mais qui se confiait en ses grandes richesses, Et qui triomphait dans sa malice ! » Psaume 62:10b stipule : « Quand les richesses s'accroissent, N'y attachez pas votre cœur ». Lorsque le jeune homme riche s'en alla triste « car il avait de grands biens », dit Jésus, « Mes enfants, qu'il est difficile à ceux qui se confient dans les richesses d'entrer dans le royaume de Dieu ! » Marc 10:24b.

Le cœur est lié à la trésorerie, et ne peut pas être à deux endroits. Si les trésors sont sur la terre, la raison d'être ici : si les trésors sont dans le ciel, le cœur sera là. Nous devons être généreux donateurs, Luc 6:30, 34, 35,38. Rappelez-vous toujours que Dieu dit, « L'argent est à moi, et l'or est à moi » (Aggée 2:8). Nous devons toujours servir Dieu avec « nos » biens matériels, parce qu'ils sont en fait de Lui (Proverbes 3:9 ; 1 Chroniques 29:14), et si Dieu nous donne en abondance est de donner beaucoup à ce qui n'en ont pas. Nous ne sommes que des intendants ! Ne perdez jamais la bénédiction de partager, c'est le plus grand trésor que nous pouvons avoir.

Révisez/Application :

Demandez aux élèves de répondre individuellement ou en groupes, puis discutez en grand groupe si les gens se sentent à l'aise.

Les étudiants se verront pour présenter les citations bibliques suivantes, ils doivent les lire et y trouver les trésors que nous pouvons accumuler au paradis : (les citations peuvent être placées à l'intérieur de cercles qui simulent des pièces de monnaie)

1. 1 Timothée 6:17-18, (espère en Dieu, les bonnes œuvres et le don)
2. Actes 2:44-45, (répartir selon les besoins de chacun)
3. Actes 4:32-37, (partager, donner notre témoignage, distribuer selon les besoins)
4. 1 Corinthiens 16:1-2, (faire des offrandes)
5. Matthieu 25:35-40, (donnez de la nourriture, un abri, des vêtements et de l'eau aux nécessiteux, visitez les malades et ceux qui sont en prison)
6. Galates 2:10, (aider les pauvres)
7. Galates 6:10, (chaque fois que nous en avons l'occasion, nous faisons le bien)
8. Jacques 1:27, (visiter les orphelins, les veuves et se garder irréprochable)
9. Philippiens 4:14-18, (donner à ceux qui sont dans la tribulation)
10. 2 Corinthiens 8:2-3, (soyez généreux)

Défi : L'enseignant doit dire à ses élèves que pendant la semaine ils essaient d'accumuler des trésors au ciel en se remémorant ce qu'ils ont vu en classe. Chaque fois qu'ils font quelque chose de bien pour les autres, ils ne doivent pas s'attendre à de la gratitude ou de la reconnaissance de leur part, car notre récompense sera au ciel. Demandez aux élèves de relire la liste qu'ils ont écrite au début du cours qu'ils considéraient comme la chose la plus importante de leur vie et de se demander s'ils sont d'accord avec ce qu'ils ont appris dans la leçon d'aujourd'hui.

Faible mais fort

Leçon 49
Ana de Yumán • Guatemala

Objectif : Les élèves seront conscients que chaque être humain a ses forces et faiblesses ; et Dieu peut les utiliser.

À mémoriser : « Et il m'a dit : Ma grâce te suffit, car ma puissance s'accomplit dans la faiblesse. Je me glorifierai donc bien plus volontiers de mes faiblesses, afin que la puissance de Christ repose sur moi » (2 Corinthiens 12:9).

Avertissement

Alors que vous commencez votre cours aujourd'hui, demandez à vos élèves comment ils ont réussi le défi de la semaine dernière. S'ils n'ont pas fait l'analyse, encouragez-les à le faire.

Accepter

Connecter | Télécharger

Introduction dynamique (12 à 17ans).

- Matériaux : Une pelote de laine.
- Instructions : Cette dynamique va lancer la laine pour former une toile d'araignée, mais chaque participant qui jettera la laine doit indiquer une faiblesse que vous avez et puis jeté la laine (timide, sérieux, charlatan, silencieux, etc.). Tout le monde doit être impliqué.

A la fin, ensemble répéter plusieurs fois le texte dans lequel les faiblesses sont exprimées « il m'a dit : Ma grâce te suffit, car ma puissance s'accomplit dans la faiblesse. Je me glorifierai donc bien plus volontiers de mes faiblesses, afin que la puissance de Christ repose sur moi », 2 Corinthiens 12:9.

Introduction dynamique (18-23 ans).

- Instructions : Demandez à deux volontaires de quitter la salle de classe. Ceux qui restent doivent exprimer une force et une faiblesse.

Puis ils doivent s'asseoir en cercle et choisir une personne effectuant les gestes exprimant la force et la faiblesse qui sont dans le groupe. Un des volontaires doit rentrer dans la classe et devine la force ou la faiblesse que ce représentant mime et à qui il appartient. (Le leader doit changer de mime, jusqu'à ce qu'il devine deux ou trois, puis faire rentrer l'autre volontaire qui était dehors).

Les points forts sont des tours de défense pour conjurer les ennemis, aident une personne à faire face ou à résister à des situations difficiles. C'est le courage de supporter l'adversité et de résister aux dangers. Certains sont synonymes : la résistance, la vigueur, l'énergie, la force, le caractère, l'intégrité, la force.

La faiblesse est le manque de force ou la force physique pour supporter des situations difficiles. Certains utilisateurs si anonymes sont faibles : Fort, faible.

Connecter | Télécharger

Chaque être humain est différent de l'autre par sa personnalité, caractère, les aptitudes et les cadeaux. Ce qui peut être facile pour les autres, peut être difficile pour des autres. Vous pouvez observer leurs camarades de classe ou frères et sœurs et de voir qu'ils sont différents non seulement en raison de leur sexe (homme ou femme), mais parce que certains sont bons pour faire face à la pression et d'autres pas, certains sont bon pour prendre des risques et autres non-mais tous sont importants.

Si vous parlez d'une force que l'autre personne a (se faire des amis facilement, par exemple) et vous ne pouvez pas, cela peut causer en vous la frustration, la déception et l'estime de soi commence à tomber. (L'idéal que vous souhaitez n'est pas possible, vous devriez vous concentrer sur la réalité). Quand il est conscient de ses forces et faiblesses, c'est un solde sur votre estime de soi parce que vous tenez à ce que vous faites bien et ce que vous ne pouvez pas faire.

1. Mes points forts

Paul invite les Corinthiens à réfléchir sur la position de ceux que Dieu a choisis de montrer la nature de la sagesse de Dieu. L'élite du premier siècle a été décrit comme sage, politiquement influents et « bonne naissance » c'est la force de cette ville.

Mais Dieu n'a pas appelé les gens de cette élite d'enseigner leur sagesse. Élu le « fou » à la place de la sagesse, la faiblesse plutôt que les puissants, ceux que la société laïque ne considère pas à ceux qui sont flattés par eux comme important : « Car la folie de Dieu est plus sage que les hommes, et la faiblesse de Dieu est plus forte que les hommes. Considérez, frères, que parmi vous qui avez été appelés il n'y a ni beaucoup de sages selon la chair, ni beaucoup de puissants, ni beaucoup de nobles. Mais Dieu a choisi les choses folles du monde pour confondre les sages; Dieu a choisi les choses faibles du monde pour confondre les forts; et Dieu a choisi les choses villes du monde et celles qu'on méprise, celles qui ne sont rien, pour réduire à néant celles qui sont appréciées, afin que nulle chair ne se glorifie devant Dieu. Or, c'est par lui que vous êtes en Jésus Christ, lequel, de par Dieu, a été fait pour nous sagesse, justice et sanctification et rédemption, afin, comme il est écrit, Que celui qui se glorifie se glorifie dans le Seigneur » (I Corinthiens 1:25-29).

Le but de Dieu en faisant cela est d'éviter toute vantardise de l'état laïque ou atouts présumés (v. 29). Tout cela est l'œuvre de la faveur divine, la seule chose nécessaire est de se trouver en Jésus-Christ, que Paul a souligné dans son discours d'acceptation : « Je rends à mon Dieu de continuelles actions de grâces à votre sujet, pour la grâce de Dieu qui vous a été accordée en Jésus Christ. Car en lui vous avez été comblés de toutes les richesses qui concernent la parole et la connaissance, le témoignage de Christ ayant été solidement établi parmi vous, de sorte qu'il ne vous manque aucun don, dans l'attente où vous êtes de la manifestation de notre Seigneur Jésus Christ. Il vous affermira aussi jusqu'à la fin, pour que vous soyez irréprochables au jour de notre Seigneur Jésus Christ ». (I Corinthiens 1:4-8).

Pour Paul et pour tous les croyants dans le Christ, sagesse, justice, sanctification et rédemption sont en Christ.

Par conséquent, il est correctement cité le mandat de Jérémie 9:24 « Mais que celui qui veut se glorifier se glorifie D'avoir de l'intelligence et de me connaître, De savoir que je suis l'Éternel, Qui exerce la bonté, le droit et la justice sur la terre ; Car c'est à cela que je prends plaisir, dit l'Éternel ». Le prophète a parlé contre l'élite de son temps, comme ni sage ni puissant, ne peut se vanter de noble naissance, mais avait glorifié le Seigneur.

Un texte qui est paradoxal mentionne la force des faibles. Dieu confond et bat le fort et si personne ne peut se vanter devant Lui Dieu est la cause efficiente de notre existence en Jésus-Christ. Ce passage ne dit pas qu'il est mauvais d'avoir des forces, ou être bon à quelque chose, qui est en soulignant ce passage, c'est que le mal est à oublier que notre force vient de Dieu, et est bien « notre refuge et notre force... » (Psaume 46:1).

Les forces que nous possédons doivent s'occuper d'eux, mais ne pas oublier que c'est sur les faiblesses que nous avons trouvé la force d'en haut.

2. Mes faiblesses

2 Corinthiens 12:5 dit qu'il ne faut donner gloire à rien. Sur cette base, la vantardise est pleinement conscient que ce qu'il dit, pas ce qu'il dit du Seigneur, mais comme dans la folie. Cependant, il espère que les Corinthiens réagissent sur cette attitude, car ce qu'il dit avec ironie, volontairement ils se sont mis avec les fous, vous êtes sensible (une référence au fait que les deux ont vanté les adversaires de Paul, et être fier d'eux pour leur propre sagesse).

Les Corinthiens avaient été critiqués pour sa faiblesse apparente. Maintenant, il les répète dans vos propres mots, et explique qu'il est « trop faible » pour faire une démonstration de leurs forces ou se vanter ouvertement.

Paul parle de sa faiblesse comme la seule base solide pour se vanter. Bien qu'il ajoute, au silence avis, si vous choisissez de vous vanter, ne serait dire la vérité.

Dieu a promis à Paul que dans le milieu de la faiblesse et de la frustration qui a produit la piqûre que mentionne dans le passage (v. 7), trouver beaucoup plus de puissance de Dieu. Après avoir entendu cette parole de Dieu, Paul ne peut se vanter de ses faiblesses, pas parce qu'il l'aime, mais parce qu'il sait que le pouvoir de Christ repose sur lui dans sa faiblesse.

Va ensuite à appliquer la Parole de Dieu à d'autres domaines de votre vie où la faiblesse et visages souffrant (v. 10), parce que quand je suis faible, c'est alors que je suis fort.

Le but de Paul en parlant de cette façon était d'aider les lecteurs à comprendre beaucoup plus la raison de faiblesse humaine et la puissance de Dieu.

La « faiblesse », en quelque sorte a toujours impliqué une puissance potentielle. « Votre faiblesse apparente est juste un échantillon de votre immense pouvoir. » Lorsque vous vous sentez faible allez faire confiance au Seigneur et ce qu'il peut faire à travers vous, de ne pas compter beaucoup sur votre capacité, mais sur ce que Dieu aura de meilleurs résultats.

Le pouvoir que vous avez, même à partir de l'étiquette de «faible», est plus grand que celui que vous pouvez avoir.

Révisez/Application :

Demandez aux élèves de répondre individuellement, puis discutez en groupe si les gens se sentent à l'aise :

Demandez-leur de faire l'exercice suivant comme indiqué :

1. Écrivez trois faiblesses et trois forces (elles peuvent être celles que vous avez mentionnées au début).

2. Comment pensez-vous que vos faiblesses peuvent être transformées en forces ?

Défi : Après avoir identifié vos faiblesses et réfléchi à la façon de les transformer en forces ou en réalisations. Choisissez-en un et travaillez dessus au cours de la semaine. Partagez l'expérience dimanche prochain.

Approuvé ou désapprouvé

Leçon 50
Myriam Pozzi • Argentine

Objectif : Les élèves vont chercher la volonté de Dieu et l'accomplir.

A Mémoriser : « Je veux faire ta volonté, mon Dieu ! Et ta loi est au fond de mon cœur » (Psaume 40:8).

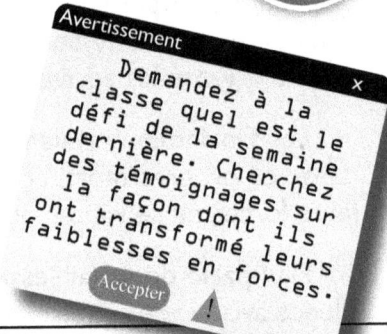

Avertissement : Demandez à la classe quel est le défi de la semaine dernière. Cherchez des témoignages sur la façon dont ils ont transformé leurs faiblesses en forces. Accepter

Connecter | Télécharger

Introduction dynamique (12-17 ans).

- Instructions : Divisez la classe en deux groupes. Demandez à chaque groupe de lire l'histoire racontée dans I Samuel 15:1-23. Ils doivent ensuite faire une adaptation de l'histoire à une situation actuelle.

    Conclure en disant que lorsque la volonté de Dieu arrive clairement à notre connaissance, tout ce que nous faisons pour changer parce que nous croyons qu'il est plus précis, c'est de la folie et de la rébellion et peuvent avoir des conséquences désastreuses pour le reste de nos vies.

Introduction dynamique (18-23 ans).

- Instructions : Divisez la classe en deux ou trois groupes. Demandez à chaque groupe de faire une liste de ce que sont les principes, les stratégies ou les ressources qu'ils ont à connaître la volonté de Dieu. Après quelques minutes permettent aux deux groupes de partager leur liste. Après avoir commencé à reprendre la leçon et au cours de la leçon, on peut reprendre les choses qu'ils ont mentionnées.

On ne trouve pas toujours dans la Bible la réponse à nos questions au sujet de ce que Dieu veut pour nous. Voici quelques exemples :

Devrais-je prendre ce nouveau travail ou pas ?

Je suis profondément attiré par quelqu'un et nous croyons tous les deux d'être dans l'amour. Est-ce la volonté de Dieu que nous disons petit ami ?

J'ai une situation très tendue dans l'église avec le pasteur, un leader ou un autre frère. Dois-je attendre un autre ?

Qu'est-ce que le Seigneur veut pour mieux me préparer ?

Ayant un ami non croyant et on se sent bien avec, est il conseillé ? Etc.

La question de la volonté de Dieu dans une affaire donnée, n'est pas quelque chose qui peut être résolue au moyen d'un talisman ou oracle, mais par la perception et la sensibilité spirituelle qui se développent dans la mesure où nous nous adressons à Dieu.

Connecter | Télécharger

Dans la vie chrétienne l'approbation ou la désapprobation de Dieu dépend de nous de connaître et de respecter sa volonté. Jésus est un exemple de cela, il a été totalement soumis à la volonté du Père et comparé l'obéissance à la volonté de Dieu avec quelque chose d'aussi vital que la nourriture pour le corps (Jean 4:32-34)

La Bible contient de nombreux exemples d'hommes et de femmes qui ne suivent pas la volonté de Dieu qui ont eu des conséquences tragiques. Mais nous avons également constaté un David qui dit que nous avons appris dans le texte de la journée « faire ta volonté me ravir » ou que Paul décrit dans Romains 12:2 à la volonté de Dieu comme « agréable et parfait ».

1. La volonté de Dieu pour tous les hommes

Tout au long de l'Écriture, il ya trois choses que nous pourrions dire, c'est ce que Dieu veut pour tous les hommes et les femmes du monde :

1. Le Salut :

Dieu veut que tous les hommes soient sauvés ! Jean 3:16 dit « Car Dieu a tant aimé le monde qu'il a donné son Fils unique, afin que quiconque croit en lui ne périsse point, mais qu'il ait la vie éternelle ». La volonté de Dieu, tout d'abord, c'est que nous avons une relation avec Lui par Son Fils, Jésus. « Cela est bon et agréable devant Dieu notre Sauveur, qui veut que tous les hommes soient sauvés et parviennent à la connaissance de la vérité » (1 Timothée 2:3-4).

2. Sanctification :

Dieu veut que tous les hommes soient saints ! 1 Thessaloniciens 4:03 dit : « Ce que Dieu veut, c'est votre sanctification ; c'est que vous vous absteniez de l'impudicité ». Ce travail a été réussi par son Esprit pour nous guider vers la vérité. « Mais quand à lui, l'Esprit de vérité, il vous conduira dans toute la vérité » (Jean 16:13).

3. Le service et le culte :

Dieu veut que tous les hommes l'adorent et le servent. Dieu nous a donnés des cadeaux et des capacités à utiliser dans son service. Dieu nous équipe toujours à faire ce qu'Il nous appelle à faire. Le but ultime de Dieu pour nous tous, c'est qu'il soit glorifié, (1 Corinthiens 10:31) l'expansion de l'Évangile et de son royaume (Matthieu 28:19-20 et Philippiens 1:12). D'autre part Dieu désire aussi que tout ce qui respire honore son nom vivant. Il veut que nous l'adorions en esprit et en vérité Jean 4:24.

2. La volonté de Dieu pour moi

Beaucoup de jeunes veulent faire la volonté de Dieu, mais ne parviennent pas parce qu'ils ne savent pas la volonté de Dieu pour leur vie. Qu'est-ce que Dieu veut pour moi ? Comment savez-vous pouvez rechercher sa volonté ? Nous allons voir quelques outils que nous avons à notre disposition :

1. La recherche de Sa volonté dans la prière :

La première étape devrait être de rechercher la volonté de Dieu, c'est de prier chaque jour et chaque fois que vous avez la possibilité de demander à Dieu pour l'orientation et la direction à faire sa volonté (Éphésiens 1:17-18 ; Colossiens 1:9-10).

2. Chercher des conseils dans la Parole :

Parfois, l'Écriture est très claire, mais parfois ne l'est pas. Cependant, lorsque l'on considère globalement, elle nous donne toujours de la lumière lors de nos décisions. L'expérience de saint Augustin ne devrait pas être pour nous un exemple à suivre. Compte dans leurs « confessions » qui était dans le milieu d'une crise et entendit une voix mystérieuse disant : « Prends et lis ». En prenant un Nouveau Testament et tombé par hasard sur le texte de Romains 13:12-14, qui était déterminant pour sa conversion.

Il est une autre histoire, dit-il. Il y avait un croyant ayant un grave problème qu'il a essayé de trouver la volonté de Dieu (comme Augustin) de façon aléatoire il a pris le Nouveau Testament l'ouvrit et tombé sur le passage où il est dit que Judas alla se pendre (Matthieu 27:5). Comme il n'aimait lire la Bible il l'a fermé et l'a ouverte à nouveau avec son doigt marquant le passage qui dit « aller et faire de même » (Luc 10:37 b). Insatisfait, il a essayé de nouveau. Le texte lu à la troisième tentative était : « Ce Que vous devez faire, faites le vite » (Jean 13:27). En cela, nous devons être sérieux, nous ne pouvons pas compter trop sur ce que dit un verset pris au hasard, ou d'ouvrir la Parole de Dieu au hasard après la prière.

Nous lisons les Écritures tous les jours à la recherche de la volonté du Seigneur afin de nous guider et montrer sa volonté. Nous prenons le temps et examiner sérieusement avec de la patience (Phlippiens 2:16 ; Colossiens 3:16).

3. **La recherche de l'avis des hommes et des femmes de Dieu que Dieu a placés dans nos vies**

   Proverbes 1:5 ; 8:33. De nombreuses décisions importantes de certains personnages bibliques étaient dus à l'intervention de sages conseillers (Esther et Mardochée, Esther 2:19-20).

4. **La Confiance que Dieu fera sa volonté dans nos vies**

   « Confie-toi en l'Éternel de tout ton cœur, Et ne t'appuie pas sur ta sagesse; Reconnais-le dans toutes tes voies, Et il aplanira tes sentiers ». (Proverbes 3:5-6) « Je suis persuadé que celui qui a commencé en vous cette bonne œuvre la rendra parfaite pour le jour de Jésus Christ ». (Philippiens 1:6).

5. **La Bible dit qu'il y a une paix qui vient quand nous faisons ce qui plait à Dieu dans nos vies**

   Lorsque vous décidez entre deux alternatives que vous avez prié, parfois une option vous donnera plus de paix (Philippiens 4:6-7). Cette option est sans doute la volonté de Dieu. « L'œuvre de la justice sera la paix, Et le fruit de la justice le repos et la sécurité pour toujours. » (Esaïe 32:17).

C'est à nous en fait, de chercher la volonté de Dieu, à moins qu'il nous dise clairement ce que nous devons faire et encore c'est a travers sa parole, la bible que nous pouvons trouver sa volonté. Nous prenons toujours nos décisions avec des réserves et nous devons être très honnêtes avec nous-mêmes. D'une chose que nous pouvons être sûrs : « L'Éternel affermit les pas de l'homme, Et il prend plaisir à sa voie; S'il tombe, il n'est pas terrassé, Car l'Éternel lui prend la main » (Psaume 37:23-24).

Révisez/Application :

Donnez-leur un moment pour répondre aux questions, puis discutez avec la classe.

1. Quelles sont les questions que vous poseriez à Dieu sur sa volonté pour votre propre vie ?
2. De quelles manières avez-vous essayé de trouver une réponse ?
3. Quelles ressources ou stratégies utilisez-vous pour connaître '« la volonté de Dieu pour vous » ?

La chasse au trésor

Avec les élèves, découvrez à travers la Parole de Dieu quels sont les outils qui nous sont proposés pour « connaître sa volonté pour notre vie ».

- Colossiens 1:9 (mot n° 15 du texte) Prier
- Philippiens 2:16 (mot n° 4 du texte) Parole
- Psaume 16:7 (mot n° 6 du texte) Conseille
- Proverbes 3:5 (mot n° 1) Confiance

Défi : Mémorisez le texte de la leçon d'aujourd'hui. Que voulait dire David lorsqu'il a dit que la volonté de Dieu est « agréable et parfaite » ? Vous aimeriez profiter de cette même expérience. Prenez l'engagement à partir de maintenant pour rechercher la volonté de Dieu pour votre vie de la manière que nous avons apprise.

L'utilité de rêver

Leçon 51
David González • Etats-Unis

Avertissement

Le défi de la semaine dernière est une bonne façon de commencer. Demandez comment leur semaine s'est déroulée. De quelles manières cherchaient-ils la volonté de Dieu ?

Accepter

Objectif : Les élèves seront faux tarder que j'ai des rêves et des objectifs, mais dans le dessein divin pour leurs vies.

A mémoriser : « Fais de l'Éternel tes délices, Et il te donnera ce que ton cœur désire » Psaumes 37:4.

Connecter | Télécharger

Introduction dynamique (12 à 17ans)

- Matériaux : Avant la classe, écrit sur papier le nom des différents métiers et professions (maçon, charpentier, médecin, enseignant, etc.)
- Instructions : Lorsque vous démarrez la classe, collez avec de la colle ta cinquante un morceau de papier sur le dos de chaque participant, de sorte qu'il ne peut pas voir ce qui est écrit. Le but de chaque participant est de savoir ce qui est écrit sur le morceau de papier sur le dos, questionnez les autres sur les activités possibles effectuées. La limitation est que les participants ne peuvent répondre « oui » ou « non », par exemple: «Travailler sur le lieu ouvert ? Oui ».

  Il prendra fin lorsque chaque participant devine ce qu'est sa profession ou son métier.

  Puis demandez-leur ce qu'ils pensent de la tâche qui les a touchées, si l'on rêve d'être ce que dit leur papier.

Introduction dynamique (18-23 ans)

- Matériaux : Avant la classe, écrit sur papier le nom de différents métiers et professions (maçon, charpentier, médecin, enseignant, etc.)
- Instructions : Lorsque vous démarrez la classe, donner à chaque participant une feuille de papier et demandez-leur de penser à une raison pourquoi il croit que son « rôle » est le plus important dans la société. Demandez-leur d'être aussi créatif et amusant autant que possible, puis de les partager avec le reste de la classe.

  Ce sera un bon moment de rire, manger, qu'il y ait nécessairement un supérieur ou plus digne que d'autres, aussi longtemps que nous laissons le dessein de Dieu s'accomplisse dans notre profession ou occupation de vie.

Connecter | Télécharger

Quand nous étions enfants, les rêves inondent nos esprits. Nous avons imaginé de faire des choses surprenantes vivant dans de grands endroits, et par-dessus tout, nous étions heureux et nous les avons faites. Je suis sûr que beaucoup d'entre nous sont heureux et vivent avec satisfaction, mais peut-être que nous vivons une réalité un peu différente de ce que nous imaginions lorsque nous étions enfants. Cependant, nous pouvons trouver des personnes vivant avec le mécontentement qui a renoncé à ses rêves de l'enfance ou de l'adolescence ou pire, renoncé à son droit de rêver.

La Bible est claire en nous disant que si nous nous plaisons à Dieu et confions nos désirs et nos pétitions à lui, ces rêves de notre cœur seront accordés. Nous avons trouvé de nombreux exemples tout au long de la Bible, comme dans le cas de Joseph, Daniel, David, Abraham, et la liste pourrait continuer, mais à des fins dans cette leçon, nous allons regarder la vie de Néhémie.

1. N'avez-vous pas coupé les ailes !

Néhémie est un bon exemple de ce que cela signifie d'avoir des rêves et des objectifs, et des travaux de cours pour atteindre ces objectifs. Bien qu'il ne se trouve pas dans la Bible, le rêve de Néhémie comme un enfant était de reconstruire les murs de Jérusalem et la ville, nous avons trouvé des éléments qui nous font voir que dans son cœur en attendant de devenir grand est de faire quelque chose pour aider sa nation.

C'est précisément ce désir qui fait de lui de posséder une charge dans son cœur quand il a reçu des nouvelles de l'état de la ville de Jérusalem (Néhémie 1:3-5).

Nous ne savons pas exactement combien de temps Néhémie avait gardé dans son cœur le rêve d'aider son pays, mais le fait que son cœur a été aligné à la volonté de Dieu, pour cette raison, il a intercédé pour son pays qui était malade et qui a pas perdu espoir.

Vivre selon la volonté de Dieu nous concentre à 100% sur ce que nous voulons, en même temps que nous livrons à 100% de ce que nous faisons en ce moment, parce que nous considérons comme faisant partie du plan à réaliser nos rêves (bien que parfois il semble qu'il n'y a pas de relation). En outre, la vie au centre de la volonté de Dieu nous donne l'assurance que nos rêves ne sont pas égocentriques, mais plutôt une bénédiction pour les autres.

Pour Néhémie, le fait que le roi Artaxerxés avait de haute estime (2:1, 2, 5) cela nous montre que Néhémie était un travailleur responsable, il était l'échanson du roi (2:1). Cela a permis à Néhémie d'obtenir une réponse favorable quand il a demandé la permission de se rendre à Jérusalem (2:4-6). D'une certaine manière, il était essentiel d'être l'échanson. Néhémie a eu accès au roi, et sa tâche jouée de façon responsable lui a permis d'être prêt quand le moment est venu de passer à l'étape suivante.

2. Luttez-vous pour vos rêves

Il y a beaucoup de gens qui ont abandonné leurs rêves parce qu'ils sont considérés comme très difficiles et n'ont pas voulu payer le prix. Certains commencent l'aventure mais restent sur la route, tandis que d'autres choisissent tout simplement de ne pas essayer. Les raisons ? Beaucoup, mais peut-être les plus importants sont : l'absence de plans, peu ou pas de motivation, un environnement qui favorise leur capacité à rêver, et le plus important, pas de reddition de leurs rêves et mettre de côté les bonnes décisions et d'oublier de définir les objectifs que nous voulons atteindre, alors rien ne va. Nous devons d'abord décider ce que nous voulons être demain, en donnant notre vie dans l'obéissance totale à Dieu. Il ne met pas seulement des rêves dans nos cœurs, mais aussi nous donne des cadeaux, des aptitudes, des capacités, de l'enthousiasme, les gens autour de nous qui nous motivent, et bien d'autres choses pour nous de marcher dans la foi, la patience et la détermination dans la recherche de ces rêves. La clé ? Délectez-vous de votre volonté !

Révisez/Application :

Donnez-leur le temps de répondre aux questions, puis partagez.

Vous devez lutter pour vos rêves !

1. Mentionnez quelques personnages de la Bible qui se sont battus pour leurs rêves.
2. Comment décririez-vous Néhémie ?
3. Selon vous, quelle était la raison pour laquelle il a atteint l'objectif de reconstruire les murs de Jérusalem ?
4. Quand j'avais 5 ans, ce que je voulais le plus dans la vie, c'était …
5. Actuellement, mon objectif dans la vie est …
6. En comparant mes rêves d'enfant et maintenant de jeune homme, je me rends compte que les principales raisons pour lesquelles mes rêves ont changé / sont restés …
7. Les gens pensent que je suis doué(e) pour …
8. Je pense que je suis bon pour …
9. Actuellement, pour réaliser mon rêve, je fais ce qui suit …
10. Lorsque je réaliserai mon rêve, je suis sûr que je serai une bénédiction pour les autres de la manière suivante …

Défi : Demandez aux jeunes d'écrire à nouveau quel est leur plus grand rêve dans la vie et les différentes façons dont ils pourraient réaliser ce rêve. Au cours de la semaine, ils doivent parler à au moins cinq personnes (parents, pasteur, frères et sœurs, amis, dirigeants d'église, enseignant de l'école du dimanche) pour leur demander conseil.

La semaine suivante, ils doivent réserver du temps au début du cours pour parler des conseils qu'ils ont décidé d'adopter. Bien sûr, faites de votre mieux pour prendre du temps en dehors de la classe de l'école du dimanche pour parler avec chaque jeune homme, en essayant de les guider dans leurs décisions.

Pèlerin responsable

Leçon 52
David González • Etats-Unis

Objectif : Les élèves vont comprendre que, même si un citoyen du ciel et pèlerin sur cette terre, il a des responsabilités en vivant sur la terre.

A mémoriser : « C'est dans la foi qu'ils sont tous morts, sans avoir obtenu les choses promises ; mais ils les ont vus et salués de loin, reconnaissant qu'ils étaient étrangers et voyageurs sur la terre » Hébreux 11:13.

Connecter

Introduction dynamique (12 à 17ans).

- Instructions : Demandez à l'un des étudiants de quitter la classe, et le reste des jeunes assis en cercle et prendre certains afin de commencer à faire un rythme avec leurs mains (il sera l'extraterrestre), soit applaudissements ou tout autre mouvement. Le reste des participants doit toujours imiter le rythme que fait l' « extra-terrestre ». Périodiquement, vous devez changer de rythme.

  Une fois que les instructions sont claires, et l'ensemble du groupe est en train de faire le rythme il revient au jeune homme qui a laissé la classe rentre et cherche à découvrir l'étranger. Il aura trois chances de deviner de qui il s'agit. Après la dynamique, commentez que les chrétiens se sentaient souvent comme des étrangers, parfois peut-être même se cacher pour éviter la détection, mais la leçon d'aujourd'hui, nous voyons que comme chrétiens, nous appartenons au royaume de Dieu et nous avons une responsabilité à assumer en tant que citoyen de ce monde.

Introduction dynamique (18-23 ans).

- Matériaux : Papier et crayon pour tout participant.
- Instructions : Demandez aux jeunes de faire une liste de cinq choses qui les rendent différents / unique pour chacune des autres personnes. Après environ 2 ou 3 minutes, demandez-leur de partager ce que chacun a écrit.

  La tâche suivante consiste à énumérer trois caractéristiques qui distinguent les chrétiens de ceux qui ne le sont pas. Demandez-les de partager ce que chacun a écrit, et a continué à passer le sujet en expliquant que d'une certaine manière, être chrétien signifie que nous sommes différents de beaucoup des gens. Bien sûr, cela ne vise pas à dénigrer personne, mais reconnait que Dieu nous a mis un timbre-poste spécial avec un but particulier que nous rencontrons sur la terre.

Télécharger

Rappelez-vous le film E.T. ? Peut-être le très jeune ne savait même pas si ce film existait. Mais bon, si vous ne saviez pas ce qu'une heure ET ou un étranger, je le décrirais comme une personne sur un territoire étranger. Dans le film, la E.T. parle une autre langue et avait des règles de douane, juste… il ne faisait pas partie de l'endroit où il était venu.

1. Les citoyens des autres États

D'une certaine manière, les chrétiens sont étrangers dans ce monde. C'est ce que Jésus dit dans Jean 17:14-16, « ils sont dans le monde mais pas du monde ». Également dans Hébreux 11:13 nous trouvons une autre description des chrétiens, dit que nous sommes des étrangers et des pèlerins en ce monde. Pour cette raison, la plupart des principes et valeurs du monde sont étranges à nous. En tant que disciples de Christ, nous croyons que nous sommes en permanence confrontés à la culture, parce que nous avons des valeurs différentes, des priorités, langue différente, et bien d'autres choses. Nous sommes citoyens d'un autre royaume, et nous espérons atteindre l'endroit où nous appartenons à profiter pleinement du roi qui nous a appelés à faire partie de son royaume.

Je sais qu'il n'est pas facile de vivre comme un étranger à l'école, avec des amis, au travail, dans la famille, et même parfois d'être seul. Dans cette situation, je voudrais vous donner quelques conseils. Ne pas perdre de vue que vous n'êtes pas seul. Dieu a promis d'être avec nous en tout temps. Il a non seulement promis d'être avec vous pendant que vous levez les mains et chanter le dimanche matin. Dieu a promis d'être avec vous lorsque les amis de l'école, vous êtes invités à faire quelque chose que vous savez que ce n'est pas conforme à la volonté de Dieu, et tôt ou tard vous endommager. Dieu a promis d'être avec vous quand personne ne vous voit, et la tentation de voir, de toucher, vouloir, ou faire la mauvaise chose vient dans votre vie et vous fait secouer. Bien sûr, Dieu est aussi dans les plans que vous souhaitez effectuer, donnant la sagesse et des orientations pour vous déplacer.

2. Une grande responsabilité

Il est clair que nous sommes des étrangers dans ce monde et que notre citoyenneté est dans les cieux, là, nous aurons atteint notre destination finale, nous avons une grande responsabilité dans ce monde. Dans cette leçon, nous allons lire quelques passages qui nous montrent au moins 3 des responsabilités spécifiques.

Tout d'abord, Philippiens 2:3-12 nous exhorte à avoir la même pensée qui était en Jésus-Christ, qui a tant aimé le monde qu'il a créé, il a atteint le point de leçon d'humilité et être comme tout être humain, mais de plus il a été abaissé au point qu'il a donné sa vie en rançon pour l'homme. Nous avons la responsabilité et le privilège d'aimer les êtres humains de la même manière que Dieu les a aimés, de partager les nouvelles que Jésus est venu pour que ceux qui ne font pas encore une relation personnelle avec Lui, peut démarrer dès que possible.

Deuxièmement, nous avons la responsabilité d'aider les autres pèlerins qui, comme nous, sont de passage dans ce monde. Galates 6:9-10 nous dit de faire du bien à tous, mais en particulier à ceux de la maison de la foi. Il y a une pression pour que nous soyons des pèlerins, en essayant de nous persuader que nous renonçons à notre citoyenneté qui est dans les cieux. Pour cette raison, il est essentiel que nous soutenions et aimions les autres étrangers, qui, avec nous, sommes convaincus que cela vaut la peine de suivre Jésus. Soyons amis, nous nous encourageons et aidons nos frères dans le Christ à persévérer dans cette aventure ensemble et être à l'arrivée avec joie. Je dois aussi mentionner que nous sommes responsables pour le reste de la création de notre roi.

Quand Dieu a créé l'homme, il lui a ordonné de prendre soin et de gouverner la terre (Genèse 1:28). Cela faisait partie du rôle ou de la responsabilité de l'être humain quand il a été créé. Maintenant, nous les chrétiens, sachant que c'est la conception originelle de Dieu qui est dans le cadre de notre responsabilité. La Bible nous dit que la création elle-même, y compris la nature et les animaux autour de nous criant pour la restauration (Romains 8:21-23). En tant que citoyens du royaume de Dieu, notre mission est d'être de bons intendants de la création de Dieu, le soin et la préservation de l'environnement qui nous entoure.

3. Pour finir,

Etre chrétien ne signifie pas loin des autres. Il n'y a rien de mal à s'entendre avec les amis de l'école et le travail. Au contraire, nous devrions essayer de s'entendre avec eux pour s'occuper de leurs besoins, mais nous ne devons jamais oublier que nous appartenons au royaume de Dieu. Il nous demande de sages décisions et selon sa volonté. Il nous aide à rendre cela possible, et par la façon dont nous vivons, inviter d'autres personnes à le suivre et à l'aimer.

Révisez/Application :

Demandez aux élèves de répondre individuellement, puis discutez en groupe si les gens se sentent à l'aise :

1. Citoyens d'un autre royaume

- Vous êtes-vous déjà senti comme un « étranger » par rapport aux personnes qui ne sont pas chrétiennes ? Parce que ?
- Écrivez dans vos propres mots Jean 17:14.

2. Une grande responsabilité

- Selon Philippiens 2:3-11, quelle était la pensée qui était en Jésus-Christ ? *(Je ne considère pas le fait d'être égal à Dieu comme une chose à laquelle s'accrocher...)*
- Énumérez les principales responsabilités que nous avons en tant que citoyens du royaume de Dieu :
    1.
    2.
    3.
    4.
    5.

Défi : Réfléchissez à une action spécifique que vous pouvez mettre en pratique au cours de la semaine, liée aux trois principales responsabilités qui ont été partagées dans la leçon d'aujourd'hui :

1. Partager l'amour de Dieu …

2. Faire du bien aux chrétiens …

3. Prendre soin de la création …

www.ingramcontent.com/pod-product-compliance
Lightning Source LLC
Chambersburg PA
CBHW081252040426
42453CB00014B/2389